Titre courant

21

www.droz.org.

DANIEL DROIXHE

L'ÉTYMON DES DIEUX

*Mythologie gauloise,
archéologie et linguistique
à l'âge classique*

Publié avec le concours
de la Fondation universitaire de Belgique

LIBRAIRIE DROZ S.A.
11, rue Massot
GENÈVE
2002

ISBN: 2-600-00521-8
ISSN: 1420-5254

© 2002 by Librairie Droz S.A., 11, Massot, 1211 Geneva 12 (Switzerland)

All rights reserved. No part of this book may be reproduced, translated, stored or transmitted in any form or by any means, electronic, mechanical, photocopying, recording or otherwise without written permission from the publisher.

INTRODUCTION

Le 16 mars 1711, des travaux effectués dans le chœur de Notre-Dame de Paris pour y loger un caveau devant accueillir les restes des archevêques de la capitale butèrent sur un mur de basse époque romaine où étaient enclavés les blocs constituant le fameux «pilier des nautes parisiens», aujourd'hui conservé au Musée de Cluny. Ainsi qu'il fut écrit à l'époque, ces pierres montraient

> *quatre faces chargées de reliefs presque tous Gaulois, comme les Inscriptions qui restent en font foi. Le prix des Inscriptions qui peuvent se lire, augmente le regret qu'on a de ne pouvoir ni lire les autres, ni déchiffrer les reliefs qui sont maltraitez par le tems, ou par les coups de marteau et de ciseau des Ouvriers qui ont mis en œuvre les pierres, et qui pour mieux les enclaver dans le mur, et les ajuster au niveau des autres, les ont sciées en deux: en sorte qu'entre neuf ou dix pierres déterrées avec des ornemens qui exprimoient quelques mysteres de la Religion des Gaulois, il n'en est qu'une, dont on ait pu trouver les deux moitiés...*[1]

La sensationnelle découverte marquait une étape importante dans la connaissance d'un panthéon celtique que laissaient entrevoir une littérature classique sybilline et le fourmillement hasardeux de l'épigraphie, qui n'avait cessé, depuis deux siècles, de multiplier les révélations de divinités aux appellations énigmatiques. Qu'il soit d'hier ou d'aujourd'hui, le chercheur, devant ce panthéon, se trouve dans «la situation qui aurait pu être celle des médiévistes si, pour ana-

---

[1] MARTIN 1727, 2, p. *45 sv. Par le(s) premier(s) chiffre(s) suivant la date d'édition, on indiquera, selon les cas, le volume, livre, chapitre ou section où figure le passage cité, la référence à l'ouvrage écartant toute ambiguïté.

lyser la religion chrétienne, ils n'avaient eu que les sculptures de nos cathédrales sans les textes de l'Ancien Testament et des Evangiles »[2]. Le pilier des nautes offrait un des « très rares cas où nous avons la chance de posséder à la fois le monument figuré et une inscription qui permet de mettre un nom sur une image ».

Dans l'espace ouvert entre celui-ci et celle-là se développa toute une floraison d'interprétations étymologiques parmi lesquelles se distinguent les conjectures de Leibniz. Le 28 décembre 1711, le philosophe écrivait à Maturin Veyssière La Croze, correspondant privilégié pour les langues, à propos d'une des plus célèbres figures représentées sur la colonne[3]:

> *Je suis ravi de l'approbation que vous donnez à ma conjecture touchant* Cernunnos. *La recherche des Dieux particuliers, differens de ceux des Grecs et des Romains, particuliérement en Europe, seroit curieuse.* Reinesius *dans son* Deus Endouellicus *a donné un essai fort beau. Un certain Mr.* Della Torre, *qui a écrit des antiquités du Frioul, a parlé amplement du Dieu* Belenus. *La* Dea Nehalennia *me paroit avoir quelque rapport à la riviére* Vahalis. Boxhornius *a fait une dissertation en Flamand sur cette Déesse, que j'ai; mais je ne me souviens pas de l'explication qu'il en donne...*

La fin du passage rappelait une découverte ayant fourni une autre « pierre de Rosette » de la religion celtique. Le 5 janvier 1647 apparurent sur une plage de Zélande, après qu'une tempête ait repoussé « les flots de la mer au côté opposé », plusieurs stèles dédiées à une déesse Nehalennia jusqu'alors inconnue. Un professeur de Leyde, Marc-Zuer Boxhorn, lui consacra une dissertation étymologique où il exposait ses convictions concernant l'origine commune de la plupart des langues occidentales. L'opuscule lui a valu, de nos jours, le titre de « first historical linguist »[4]. Il éclipsa

---

[2] LAVAGNE 1998.
[3] LEIBNIZ 1768, 5, p. 499-502, lettres xix et xx. La seconde, non datée, prend place entre les courriers du 28 décembre et du 30 mai 1712.
[4] FELLMAN 1974; GENSINI 1991, p. 109; MORPURGO DAVIES 1996, p. 82 et 87.

divers autres essais philologiques que l'on se propose de considérer ici.

Auparavant, une autre figure celtique avait, depuis le milieu du XVIe siècle, intensément exercé la connaissance des langues. Quand Filippo della Torre, cité par Leibniz, publia en 1700 sa *Dissertation sur Belenus, dieu des anciens habitants d'Aquilée,* il synthétisa les conjectures émises par quelques-uns des plus importants philologues et « antiquaires » des siècles pécédents, où se distinguent les noms de Joseph Scaliger, William Camden, Claude Saumaise, Gérard Jean Vossius ou Jacob Spon. Une autre personnalité, moins connue mais centrale en matière d'érudition linguistique, prit part au débat : l'Allemand Reinesius (1587-1667), que Leibniz mentionne ici pour son « essai fort beau » sur le dieu Endovellicus ou Endewellicus. Cet ouvrage, précise par ailleurs le philosophe dans son *Bref essai sur les origines des peuples, principalement déduites du témoignage des langues,* fut un des premiers à jeter « un peu de lumière » sur les origines ethniques de l'Espagne et sur les Celtibères[5]. Il mériterait à lui seul une étude entière. Reinesius vaut aussi d'être salué comme pionnier de la recherche comparative sur les parlers sémitiques et le phénico-punique[6].

Durant la longue période que ponctuent ces découvertes, l'évolution de l'enquête archéologique et linguistique ne pouvait manquer d'accompagner celle, considérable, qui marqua l'historiographie et plus généralement le rapport au passé. Celle-ci, a-t-on dit, est d'abord traversée à l'âge classique par un progressif « abaissement du paradigme biblique »[7]. En matière d'étude sur les commencements et l'histoire des langues, il y a loin, en apparence, de l'*adamisme* de la Renaissance (pour reprendre un terme consacré par H. Aarsleff) et de son dispositif généalogique, dicté par

---

[5] GENSINI 1995, p. 177 et 187 ; LEIBNIZ 2000, p. 175 et 185. Cf. GENSINI 1991, p. 244.
[6] DROIXHE 1978, p. 38.
[7] BARRET-KRIEGEL 1988, 2, p. 47 sv. ; 3, p. 255.

les Ecritures, au génétisme des Lumières, portant le regard vers la plus lointaine origine et ses mécanismes. L'étymologie des dieux celtiques traduit-elle quelque chose de cette mutation ? Reflète-t-elle les changements d'appareil heuristique et documentaire qui permirent aux essais sur l'*harmonie des langues* de préfigurer, de loin ou parfois d'assez près, les premières recherches de grammaire comparée ? La lecture des monuments montre-t-elle des préoccupations et des progrès plus ou moins accordés à ceux de la philologie ? Quels liens triangulaires celle-ci entretient-elle avec la religion et la nation ? Dans quelle mesure le modèle de patriotisme « gaulois » élaboré à la Renaissance par Jean Picard ou Léon Trippault est-il encore actif à l'avènement des Lumières, quand celles-ci, notamment sur le terrain médiatique des réseaux académiques ou sociétaires, opposaient l'enracinement païen de la nation française à la romanité du français, décrété non-latin ? Telles sont quelques-unes des questions que poseront les pages qui suivent, principalement à propos de Belenus, de Nehalennia et du pilier des nautes.

On peut espérer que le domaine celtique fournisse, sur les éventuels rapports entre étymologie et archéologie, des matériaux d'autant plus indicatifs que les deux disciplines affrontent ici l'objet religieux sans bénéficier de l'important appareil textuel qui éclaire les cultes classiques ou judéo-chrétiens. Fréret insistait sur cette différence dans ses *Observations sur la religion des Gaulois et sur celle des Germains,* présentées à l'Académie des Inscriptions en 1747 et publiés dans les *Mémoires* de l'Institution en 1756[8]. « La religion des Grecs et celle des Romains, dont il nous reste un si grand nombre de monuments, auxquelles les ouvrages des anciens font de perpétuelles allusions, et qui ont été l'objet du travail d'un grand nombre de critiques habiles, sont encore très peu éclaircies ». Un de ces plus « habile critiques », Pierre Bayle, avait parlé de « l'énorme bigarrure de variations » qu'offrent

---

[8] FRÉRET 1996, p. 249-50.

les récits mythologiques[9]. Alors que les Juifs « étoient répandus par tout dans l'univers connu » et que « les livres de leur loi étoient traduits dans une langue entendue de tout le monde », les écrivains grecs et latins ont laissé de leur doctrine « une idée absolument fausse ». « On doit juger par-là du degré de créance que méritent César, Diodore, Strabon, Mela, Lucain etc. lorsqu'ils parlent du système religieux des Gaulois; système que les Druides cachoient à leur propre nation ... ».

Les lacunes de l'information sur les dieux gaulois ouvraient d'autant plus largement le champ à l'imagination du philologue que celui-ci, comme on sait, avait en charge des savoirs excédant de beaucoup la grammaire et la critique textuelle. La maîtrise des mots comportait dans une certaine mesure celle des choses. Ainsi la philologie de la Renaissance, écrit B. Barret-Kriegel, s'offre-t-elle comme « une anticipation présentant déjà des traits généraux de l'activité qui sera celle de l'antiquaire classique », en ce qu'elle implique, « comme l'une de ses ressources cachées », « comme l'un de ses bénéfices inavoués », « l'érudition et l'archéologie, en un mot, la connaissance de l'histoire »[10]. Le philologue-grammairien-linguiste et l'investigateur de terrain se retrouvent dans une autre activité conjointe: la collection, dont l'archéologie naissante a parfois été définie comme une « branche présomptueuse »[11]. Une conception élargie de l'archéologie « moderne » a aujourd'hui intégré le travail fondateur des « antiquaires »[12]. On peut espérer que la présente étude contribue, de son côté, à rendre justice aux collectionneurs de dialectes, déterreurs d'inscriptions, déchiffreurs de toponymes ou scribes de la parole populaire,

---

[9] BAYLE 1820-24, p. 537, art. *Hélène*, note N.
[10] BARRET-KRIEGEL 1988, 2, p. 24, 45.
[11] Selon une formule de Kr. POMIAN citée par SCHNAPP 1993, p. 11.
[12] Pour une défense de l'*antiquairianisme* et la prise en compte de disciplines telles que la numismatique ou l'épigraphie par l'histoire de l'archéologie, cf. PIGGOTT 1976 et 1989.

qui préparèrent également l'avènement des sciences contemporaines du langage, sur un versant moins brillant que celui de la philosophie du signe ou de la grammaire générale. Laissons celles-ci voler tout droit sur les ailes de l'abstraction pure vers le bel aujourd'hui. Les spéculations sur les dieux gaulois nous découvrent plutôt les obscurs tâtonnements et tentations d'une philologie qui s'exprima ici pleinement, selon la formule heureuse d'A. Nicolas, comme «merveilleux instrument à fantasmer»[13].

---

[13] NICOLAS 1977, p. 241. Sur la constitution de la méthode étymologique moderne, cf. PISANI 1947; ZUMTHOR 1958; SWIGGERS 1991.

CHAPITRE I

LA DÉCOUVERTE DU PANTHÉON CELTIQUE

1. LA CONSTITUTION DE L'ARCHIVE

1.1. L'émergence de l'identité gauloise

L'historiographie des origines de la France s'est constituée, rappelle C. Beaune, «sur le modèle de la légende antique de la fondation de Rome par les exilés troyens d'Enée»[1]. Elle trouve sa matrice dans l'*Histoire des Francs* de Frédégaire, qui raconte au VIIe siècle comment Francion, frère d'Enée, «fonde un puissant royaume entre Rhin et Danube», «bat les Alains et obtient ainsi le nom de Franc ou 'féroce'». La chronique relatera ensuite la résistance du héros et des siens aux impositions exigées par les Romains, leur retraite dans les forêts de Germanie puis leur pénétration en Gaule. «Il s'agit d'une légende de l'origine des Francs: de Gaulois, il n'est point question».

La figure de ceux-ci émerge et prend elle-même quelque indépendance, dans l'historiographie française, dans les derniers siècles du Moyen Age. On les «redécouvre lentement», et surtout leurs mérites, «après 1300», dans un cadre analogue d'origines troyennes. Rigord, historiographe de Philippe-Auguste, avait imaginé avec une persuasive précision l'immigration, dans la région de Paris, en 895 avant le Christ, de vingt-trois mille Troyens qui vont constituer le fond de la population française. Le récit fera carrière et suscite l'image d'un peuple menant la vie simple et harmonieuse

---

[1] SEZNEC 1980, p. 23; BEAUNE 1985, p. 19 sv.

des peuples de l'âge d'or, dépourvu de véritable organisation politique mais conduit par des sages. Le Liégeois Jean d'Outremeuse se targuera de nommer ces chefs qui ont laissé leur souvenir dans « la toponymie de la plupart des villes de France ou de certaines provinces ».

Le Gaulois tend à se libérer de cette filiation mythique « quand les humanistes italiens commencent à refuser l'origine troyenne à des peuples issus des Barbares, pour la réserver aux seuls Romains et à leurs héritiers légitimes »[2]. La quête française d'un « passé purement national » s'opère d'abord, pendant une grande partie du XVe siècle, dans des sources antiques centrées sur l'histoire de l'expansion des Gaulois et de leurs incursions en Italie ou en Asie Mineure. On lit surtout César, Tite-Live ou Strabon, dont on copie l'œuvre intensivement. On découvre l'audace guerrière des Brennus, Sigovèse et Bellovèse (alors que le vaincu Vercingétorix ne deviendra héros national qu'au XIXe siècle)[3]. L'image d'un peuple qui fut la « terreur de notre hémisphère » sera utilement ravivée à la veille de la Révolution.

Le mouvement de redécouverte s'accélère dans le dernier quart du XVe siècle et les Gaulois, qui « retrouvent leurs caractéristiques historiques propres », commencent vers 1475 « à réintégrer l'histoire de France » (C. Beaune). C'est l'année où l'Italien Raymond Marlian, ou de Marliani, donne son index de la *Guerre des Gaules,* qui détaille particulièrement l'ascendance gauloise de ses lecteurs « belges » en se fondant sur la *Germanie* de Tacite, redécouverte au milieu du siècle et mise en évidence par Pie II – au demeurant patron de la linguistique du temps, par l'intérêt qu'il porte aux Serments de Strasbourg. Marliani souligne un autre point appelé à revêtir une certaine importance dans ce qui suit : la présence grecque sur les côtes de Provence, qui relaie en quelque sorte le vecteur de la transmission troyenne. Cette présence coloniale trouve un écho dans la « première œuvre entièrement consacrée à l'histoire de Gaule » : le *De antiquitate Galliarum* d'un autre Italien,

---

[2] POMIAN 1992, p. 64.
[3] GRELL 1995, p. 1120.

Paul-Emile, dont la rédaction fut arrêtée par la mort de son commanditaire, en 1485. Les traits supposés helléniques de la culture gauloise y sont expliqués par le mariage de la fille du roi Celtus avec Hercule.

Jusqu'ici, la préoccupation anoblissante de mise en relation des Gaulois et des Grecs s'était effectuée en sens unique, à partir des seconds. L'ancienne France était débitrice. Jean Lemaire de Belges procède à une véritable révolution «en inversant l'ancien mythe», dans ses *Illustrations de Gaule et singularitez de Troie,* commencées vers 1500, rédigées surtout de 1508 à 1512 et mises sous presse de 1510 à 1513. Sans doute les Troyens évoqués par Homère ont-ils migré en Germanie puis en Gaule, où ils se sont acclimatés. Mais ils n'ont jamais fait que retrouver là leurs propres ancêtres, puisque les Gaulois, établis depuis toujours dans ces régions, ont eux-mêmes fondé Troie en lui apportant leur savoir. Les premiers habitants de la France deviennent à la fois peuple autochtone et instituteur de civilisation. Ils doivent celle-ci à l'enseignement de Samothes, «quatrieme filz de Japhet», institué par Noé «premier Roy de Gaule»[4]. L'argument est fondé sur les célèbres inventions du faussaire Jean Nanni, autrement dit Annius de Viterbe, dont les *Antiquités* de 1498 prétendaient livrer les ouvrages jusqu'alors inconnus de plusieurs écrivains de la plus haute Antiquité, en particulier la chronique du Chaldéen Bérose, censée éclairer la généalogie des peuples d'après Babel[5]. Lemaire de Belges se flatte d'être le premier *Belgien* à user de cette source incomparable, rapportée d'Italie. Il en tire donc ce scénario non moins fameux.

> *Samothes donques surnommé Dis, fut le plus sage Prince de tout son temps, qui n'est pas petite louenge. (...) Entre les autres choses de philosophie qu'il aprint à ses gens, fut, que les ames estoient immortelles. (...) Et ne fust ce que pour l'amour des lettres et de philosophie qu'il enseigna premier en icelle, ne desplaise à la vanterie de Grece, qui long temps ha usurpé ce los: Car dudit Samothes proceda la pre-*

---

[4] LEMAIRE DE BELGES 1882-85, 1, p. 65.
[5] GRAFTON 1993, p. 55-58, 69-70, etc.

miere secte des Philosophes de toute Europe, nommez Samothees: Lesquels estoient experts en toute science divine, et humaine...

« L'énorme succès » de la théorie, commente C. Beaune, tient à la jonction qu'elle réalise entre une « tradition laïque et troyenne », qui ramène désormais « à la Gaule tout exploit et toute civilisation », et la « tradition chrétienne et davidique », soucieuse d'inscrire dans le canevas biblique de la Révélation le privilège de toute instruction véritable en matière de « science divine », et même « humaine ». La prétendue dynastie gauloise devient assez familière, note K. Pomian, pour qu'un chanoine de Beauvais commande en 1530 des tapisseries mêlant à Samothes et à ses descendants les fondateurs de plusieurs métropoles du royaume : Lugdus, pour Lyon, Paris, Remus.

Le renversement opéré par Lemaire de Belges allait trouver son adaptation linguistique[6]. Traditionnellement, la valorisation des Gaulois par l'hellénisation se fondait sur le thème des origines troyennes, dont l'influence s'exerçait « dans trois domaines » : « la fondation et la fortification des villes, la supériorité de la législation et enfin la langue »[7]. Le français se voyait donc « attribuer des origines helléniques ».

Tous les textes d'origine troyenne affirmaient depuis Frédégaire que franc voulait dire audacieux, féroce ou libre 'en langue attique'. De même, Isidore de Séville avait rapproché le terme de Gallia *ou de* Galatia *du grec 'gala' et le souvenir des* Gallogreci *mentionnés par les manuels de géographie incitait à de pareils rapprochements. Le nom de certaines villes françaises comme Paris était d'origine grecque...*

César n'avait-il pas lui-même, comme le rappelle Lemaire de Belges en recopiant Annius de Viterbe, témoigné « que les Gaulois de son temps usoient de lettres Grecques »[8] ?

---

[6] DUBOIS 1972 ; TAVONI 1998, p. 51-53, 64, etc.
[7] BEAUNE 1985, p. 52 sv.
[8] LEMAIRE DE BELGES 1882-85, 1, p. 67 ; DOUTREPONT 1934, p. 15 sv.

En 1554, Joachim Périon publiait ses *Quatre livres de dialogues sur l'origine de la langue française et sa convenance [cognatio] avec le grec.* En 1556, Jean Picard, disciple de Lemaire de Belges, étendait à la langue l'hypothèse de celui-ci et affirmait dans les *Cinq livres de l'antique celtopédie* que les Grecs tenaient des Celtes idiome, *doctrine et savoir,* comme le montrent les nombreux «rapports philologiques» et la commune *proprietas* unissant le grec au français et à ses dialectes. La théorie sera reprise en 1580 par Léon Trippault dans son *Celt-hellénisme, ou étymologie des mots françois tirez du graec.* La persistance des conceptions des humanistes celtophiles, jusqu'au cœur du XVIIIe siècle, autorise à moduler quelque peu le principe d'un effacement de la filiation troyenne, dont il ne resterait au XVIIe siècle «que le souvenir»[9]. Une certaine idée de la Grèce continuera d'alimenter, chez les commentateurs du pilier des nautes ou le comte de Caylus, leur idée de la plus ancienne France – même si le «souvenir» de cette filiation sert quelque peu de compensation, chez Caylus, au dédain que lui inspire spontanément la grossièreté des monuments gaulois.

1.2. L'ouverture aux mythologies non classiques (XIVe-XVIe s.)

Isidore de Séville (mort en 636) avait consacré à la théologie des Anciens, dans ses célèbres *Origines,* une section particulière qui se limite aux cultes gréco-latins. Il en va de même de la *Généalogie des dieux des Gentils* de Boccace, ouvrage auquel celui-ci consacra les vingt-cinq dernières années de sa vie et qui resta «pendant deux siècles le grand répertoire d'où les lettrés ont tiré leurs connaissances des dieux antiques»[10]. Ce sera notamment la source principale de Lemaire de Belges. Appliquée à découvrir systématiquement la morale chrétienne sous les fables païennes, la *Généalogie* relève encore étroitement du moyen âge et dépend pour une large part de sources indirectes, plutôt qu'elle ne se fonde sur les écrivains classiques. Ainsi, on y observe l'exploitation

---

[9] POMIAN 1992, p. 65.
[10] SEZNEC 1980, p. 200-203.

particulière de Lactance, un auteur qui va fournir sur les dieux gaulois un des témoignages principaux, que Boccace ne paraît pas avoir utilisé.

C'est la lecture de César, «lieu matriciel» de «la mémoire des choses gauloises» (K. Pomian), qui permit à un contemporain français de Boccace de donner l'une des premières images quelque peu circonstanciées de la religion druidique[11]. Les chapitres 16-18 du livre VI de la *Guerre des Gaules* sont célèbres, notamment par leur description des rites sanguinaires accompagnant les cultes celtiques[12]. Raoul de Presles (1316 ?-1382) s'en servit pour appuyer l'apologétique de la *Cité de Dieu,* dont il donna une traduction avec commentaire qui connut des éditions en 1486 et 1531[13]. On y évoquait le régime sacerdotal des Gaulois non sans référence toponymique précise.

> *Les Druydes estoient ainsi comme les souverains Evesques qui gouvernoient et temporel et spirituel, apprenoient aux enfans doctrine, congnoissoient de toutes manieres de causes et jugeoient fussent criminelles ou civiles ou realles. Tous les ans assembloient tout le peuple devant eux à certain jour en une montaigne consacree à Juppiter, et qui à present est appellee montiaont en latin* mons iovis.

Si le maître du panthéon romain accueille en quelque sorte les assises annuelles des Gaulois, il ne constitue pas – l'observation sera décisive – leur principale divinité. Ceux-ci

> *estoient merveilleusement enclins aux religions de leurs dieux et à leurs sacrifices, entre lesquelz ilz adoroient sur*

---

[11] POMIAN 1992, p. 61-62, qui rappelle les chiffres attestant l'énorme diffusion des *Commentaires*. «Les manuscrits en sont très nombreux: trente-trois à la Bibliothèque du Vatican, vingt-cinq à la Bibliothèque nationale, dix-sept à Florence. Et les éditions imprimées se succèdent à un rythme rapide: dix au XVe siècle, trente-neuf au XVIe siècle», etc.

[12] CÉSAR 1989, p. 188 sv.

[13] PRESLES 1531, f. 170 v°-171 r°, *Exposition* sur le chap. 25 de la *Cité de Dieu, Des prosperitez que Dieu octroya a Constentin empereur chrestien;* on a établi une ponctuation moderne, distingué *u* et *v, i* et *j,* introduit l'apostrophe et les accents diacritiques sur *à* et *ù,* et accentué le e tonique final.

> *tout les aultres Mercure et apres Appolin, Mars, Juppiter et Minerve. (...) Tant va que le principal de leurs temples estoit où est maintenant Montmartre qui estoit lors appellé le mont de Mercure pour ce que son temple y estoit. Le second estoit le temple Dappolin et estoit a court Dimenche: qui se dit en latin* curia dominica. *Et est oultre Ponthoise ou lieu que on dit a present la mer dautye. Le tiers estoit mont de iaonst qui estoit consacré de Juppiter: Et en tous ces troys se faisoient sacrifices en ceste maniere, que quant s'en faisoit à court dimenche qui estoit ou meillieu, on veoit des aultres montaignes ce sacrifice.*

C'est au premier de ces sanctuaires (dont il ne peut être question de discuter ici la localisation mythique et son origine) que l'empereur Domitien, féroce ennemi des chrétiens, envoya «Monseigneur sainct Denys et ses compaignons pour sacrifier à Mercure en son temple qui là estoit et dont il appert encores de la vielle muraille». Le saint ayant refusé, il «fut ramené luy et ses compaignons jusques au lieu où est la chappelle, et là furent tous decollez», de sorte que le mont de Mercure «fut appellé le mont des Martyrs et encores est». De Presles décrivait par ailleurs, d'après César, les sacrifices humains adressés à ces divinités par les Gaulois, notamment «quant ilz estoient tourmentes d'aucunes griefves maladies ou en grant peril de leurs corps en aucune bataille»: ils croyaient que la mort d'autrui rachetaient la leur. Ces exécutions pouvaient être spectaculaires.

> *Cest assavoir qu'ilz faisoient une tresgrant ydole ou simulacre dosiere [d'osier] et l'emplissoient d'hommes vifz: et puis boutoient le feu dedans et les ardoient, comment sont larrons robeurs et gens convaincus d'aucunes mauvaistiez.*

A l'époque où fut imprimé pour la première fois l'ouvrage de Raoul de Presles, deux autres redécouvertes étaient censées stimuler celle du panthéon gaulois. D'une part, on lisait dans les écoles la *Pharsale* de Lucain, pièce centrale de la documentation sur la théologie celtique. L'ouvrage fut édité une quinzaine de fois, en Italie, de 1469 à la fin du siècle, avant la première impression parisienne de 1501[14]. Le druidisme, d'autre part, bénéficiait d'un regain d'intérêt par la lecture des philosophes hellénistiques de l'école alexandrine et les Pères de l'Église[15]. Clément d'Alexandrie et Diogène Laërce plaçaient côte à côte les mages de Perse, les «Chaldéens» d'Assyrie, les sages d'Egypte, les gymnosophistes ou *Semni* de l'Inde et les *Semnothei* ou *Samanéens* de Gaule, détenteurs d'une *prisca theologia* transmise avec la sagesse d'Hermes Trismégiste aux philosophes de l'Antiquité et en particulier à Pythagore[16]. Ces conceptions furent ravivées par les néo-platoniciens italiens du XVe siècle, dont s'inspirèrent notamment Giordano Bruno, qui «associait les druides à Hermes», et Guillaume Postel, pour qui «les rites druidiques avaient été institués par Noé»[17]. Les druides furent donc, comme l'écrit encore S. Piggott, «facilement incorporés» dans ces instituteurs d'un monde «barbare» qui se situait en dehors du cadre biblique et classique, ce qui favorisait l'affranchissement d'une histoire religieuse et philosophique de l'Occident.

Le panthéon des peuples du monde ne s'ouvrit pas pour autant, dans la première moitié du XVIe siècle, aux divinités celtiques. Modèle des recueils d'*exempla* hérités du moyen âge, l'*Officine* de Ravisus Textor, paru en 1503, ne mentionne pas les *Galli* aux côtés des *Germani* parmi *Ceux qui honorèrent les premiers les dieux* – peuples où figurent Ethiopiens, Phéniciens, Phrygiens, Perses, etc.[18] De même, tandis que la section sur les *Dieux supérieurs* cite les germaniques Fro et Thor, il n'est question, à propos des Gaulois, que de l'adoption du dieu romain Aius.

---

[14] BEAUNE 1985, p. 31. On notera que Lucain figure parmi les auteurs ayant servi, au XIIIe siècle, à confectionner la compilation des *Faits des Romains,* qui évoque aussi d'après César les mœurs gauloises et qui connut un «énorme succès» (POMIAN 1992, p. 61).
[15] PIGGOTT 1989, p. 45-47, 53, 140 sv., etc.
[16] DIOGÈNE LAËRCE 1991, 1, prologue.
[17] FORCADEL 1580 développera l'idée dans son *Empire et philosophie des Gaulois.*
[18] RAVISIUS TEXTOR 1552, col. 6 sv.

Aussi est-ce « à l'Allemand Georg Pictor que revient le mérite d'avoir, le premier au XVIe siècle, renouvelé l'entreprise de Boccace », écrit J. Seznec dans son beau livre sur *La survivance des dieux antiques.* Pictor donne en 1532, notamment à Anvers, sa *Théologie mythologique,* rééditée en 1558 sous le titre de *Magasin des dieux*[19]. Ces ouvrages suggèrent bien le progrès qui s'accomplit au milieu du siècle. Il s'agit en fait de deux textes très différents. L'ouvrage de 1532 est plus bref et ne comporte pas, du moins dans l'édition anversoise, de gravures. L'autre se présente sous la forme de dialogues entre le professeur Théophraste et son élève Evandre, à qui sont proposées des interprétations physiques ou édifiantes. D'une façon générale, on souligne chez Pictor une « tendance exotique », l'ouverture à une « mythologie de l'extérieur » qui s'exerce essentiellement en direction des divinités égyptienne ou syrienne, non sans produire d'intéressants effets de mythologie comparée (il observe que l'Apollon assyrien est coiffé d'une corbeille, que la Vénus des Cypriotes se présente barbue, etc.)[20].

L'édition de 1532, qui s'intéresse occasionnellement à l'étymologie allemande et mentionne la coutume religieuse de la castration chez les Gaulois, ne fait aucune place à leur panthéon[21]. La seconde édition favorise, comme on peut s'y attendre, le domaine germanique. Elle mentionne principalement *Tuisto* ou *Tuistio* « dieu de la terre », que Tacite évoque au début de la *Germanie,* quand il écrit que ses habitants le célèbrent « en d'antiques poèmes, la seule forme de tradition et d'histoire qu'il connaissent », à côté de « son fils Mannus ancêtre de leur nation »[22]. Pictor cite aussi leur *Teutanis,* correspondant de Mercure, dont le nom n'est pas sans faire son-

---

[19] Une autre éd. paraît la même année à Fribourg. Cf. SEZNEC 1980, p. 205 sv., que l'on suit ici en partie.

[20] Des chapitres sur Isis, Osiris ou Anubis figurent déjà dans PICTOR 1532, p. 37-39. Sur les débuts de la mythologie comparée, cf. BARRET-KRIEGEL 1988, 3, p. 255 sv.

[21] PICTOR 1532, p. 4-5 et 56 sv. sur divers anthroponymes germaniques et sur la castration et l'épilation rituelle, au chap. concernant Cybèle, qui disparaît dans la seconde éd.

[22] PICTOR 1558, p. 37 ; sur Mercure. 50 v° sv.

ger au *Theutus* que vénèrent les Egyptiens. Il rapporte la tradition rattachant à Alcmène, mère d'Hercule, les *Almans* et le village d'*Almanshofen,* ou *Almenstorf,* près de Reichenau, où une idole d'Hercule est objet de culte[23]. Mais le fait le plus notable consiste dans la mention détaillée de l'Hercule gallique[24]. Il y a là une étape, qui, en 1558, participe d'un mouvement plus large.

1.3. L'Hercule gallique

Dans le morceau intitulé *Heraclès,* Lucien de Samosate, qui voyagea beaucoup et notamment en Gaule, évoque au IIe siècle de notre ère une représentation du dieu peut-être vue à Marseille[25]. Le récit fut notamment reproduit par Erasme dans l'édition de 1528 de *Quelques opuscules* de Lucien, publiée en collaboration avec Thomas More[26]. L'année suivante, Geoffroy Tory traduisait ainsi le passage au début de son *Champ fleury*[27] :

> *Les Francois en leur langue maternelle appellent Hercules Ogmium, et le figurent en painture d'une facon nouvelle et inusitee. Ilz le figurent en vieillard chauve, n'ayant que ung bien peu de cheveux derriere, et iceulx tous chanus et blancs. Sa peau est ridee, et toute noire brulee du chault au soleil, comme on voit que sont coulerez ces vieulx mariniers, vous diriez qu'il seroit un droit Charon, ou ung Iapetus, lesquelz frequentent aux enfers. En somme, vous penseries plutost à le voir qu'il fust autre chose que ung Hercules. Touttefois en ceste figure et espece il porte l'aornement dudit Hercules, entendu qu'il est vestu d'une peau de Lion, et qu'en sa main dextre tient une massue, et porte à son col en echarpe une trousse, et en sa main senestre ung*

---

[23] HOFFMANN 1974, p. 554.
[24] PICTOR 1558, p. 95-96. On ne s'étonnera pas que Pictor ne dise rien des références au culte d'Apollon chez les Gaulois selon Ausone, pourtant utilisé, puisque les passages en question ne seront publiés qu'en cette même année 1558, comme expliqué ci-dessous.
[25] LUCIEN 1991, 1, p. 62 sv. ; DUVAL 1993, p. 79-80.
[26] LUCIEN 1528, p. 353-57.
[27] TORY 1973, f. 2-3.

> *arc bendé. Finablement, il est ung droit Hercules. Je pensoys seurement que toutes ces choses fussent faictes par les François en derision des Dieux grecaniques, veu et entendu qu'ilz le faignoient en cette fasson et figure, pour eulx venger de ce que jadis au temps qu'il alloit cherchant jusques en Occident les Beulz et autres aumailles du Roy Gerion, feit des courses et rapines par leur pais de France en degastant beaucoup de contrees du pais dabas. Mais je n'ay pas encores dit ce qui estoit tressingulierement nouveau et admirable en cedit image, Certes cedit vieux Hercules tire aprés luy une merveilleusement grande multitude d'hommes et femmes tous atachés l'ung a part de l'autre par l'oreille. Les liens estoient petites chaines dor et dambre bien faictes, et semblables a carquans. (...) Seurement quant le paintre ne trouvoit lieu pour atacher les bouts de toutes cesdites chaine, entendu qu'en la main dextre estoit la massue, et en la senestre l'arc, il percea la langue du Dieu Hercules, à laquelle toutes ces chaines estans attachees, il feit tous ces ja susdits hommes et femmes estre tirez apres icelluy Hercules...*

Lucien se montrant «grandement esbay», «ung certain Francois» – lire «Gaulois» – lui expliquera que sa nation attribue les pouvoirs de «l'oraison» non «à Mercure comme vous faictes en Grece», mais à Hercule «pour ce quil est beaucoup plus robuste que n'est Mercure». Que l'art de l'éloquence soit représenté par un homme âgé ne doit pas étonner le voyageur, «car la facondité et le beau parler a costume de monstrer sa parfaicte vigueur en vieillesse». Dans le tableau vu par Lucien, la divinité qui enchaîne ses auditeurs par la parole synthétise, a-t-on dit, les deux *logoi* qu'ont pu symboliser dans l'Antiquité Hercule, en tant que *logos* «qui donne à la nature sa force et sa vigueur», et Hermes, porteur de la «capacité de raisonner»[28].

«La description de Lucien enflamma l'imagination des artistes de la Renaissance» (R. Hallowell). Elle accréditait le lien mythique qu'Annius de Viterbe cherchait à forger entre Hercule et la Gaule, où la divinité, venue de Lybie, aurait

---

[28] HALLOWELL 1966, p. 242-43; DUBOIS 1992.

épousé Galatea, fille de roi celtique – fable chaleureusement accueillie par le disciple Lemaire de Belges. Tory, érudit mais aussi imprimeur ayant donné une édition d'Annius en 1510, était bien placé pour répercuter le témoignage de Lucien. Hercule devenait grand magicien, à l'image d'Hermes Trismégiste, et Paris se trouvait nommée par référence à la Parrhasie arcadienne, région de Grèce d'où venaient les troupes du dieu. Le motif de l'éloquence gauloise ouvrait opportunément un plaidoyer en faveur du recours au français. On imputait à celui-ci, du côté des défenseurs du latin, une absence de règles qui en disqualifiait l'usage dans certains domaines. Née sous le signe de la «facondité» ancestrale, la langue nationale peut, comme l'a fait celle de Rome grâce à ses grammairiens, se donner cette régularité qui lui permettra de dépasser même les parlers antiques. «Nostre langage», «si gracieulx», «a si grande efficace, qu'il persuade plustost et myeulx que le latin, ne que le Grec». «Les latins et les Grecs le confessent quant ilz disent que cestuy Hercules, estoit, Gallicus, non pas Hercules latinus, ne Hercules Graecus».

R. Hallowell a rappelé les multiples témoignages de popularité dont jouit la figure de l'Hercule gallique. Parmi ceux-ci se distinguent une peinture de l'école de Raphael et diverses représentations allemandes contrastées. Holbein traite le sujet «sérieusement», mais Dürer, en dénonciateur luthérien des «artifices oratoires», inverse les traits du dieu, mâtiné de Mercure, et suggère en lui «la couardise, le caractère verbeux et même la pédérastie». Du Bellay scelle en 1549 la référence à la divinité quand il invite ses compatriotes, à la fin de la *Défense et illustration,* à se souvenir de l'«Hercule Gallique, tirant les peuples apres luy par leurs oreilles avecques une chesne attachée à sa langue»[29].

Geoffroy Tory ajoute la sienne à ces images. Il a vu, dit-il, l'Hercule gaulois mis «en riche painture dedans Romme

---

[29] MONTFAUCON 1719, p. 422 mentionnera «un autre Hercule» figurant «sur une medaille des Segusiens», peuple des environs de Lyon, où on relève l'inscription *Arus,* qui serait «la même chose qu'Arar, qui signifie la Saone».

au pres de la tour Sanguine, non pas loing de l'eglise Sainct Loys». La représentation lui a paru «ung peu myeulx ordonnee» que celle fournie en page de titre de la *Cosmographie* de Pomponius Mela – plus justement appelée *Chorographie* par la suite – imprimée à Bâle en 1522 par Andreas Cratander. Dans cet ouvrage, Hercule tient d'une main sa massue et de l'autre un arc «lachant une fleche», ce qui heurte la vraisemblance. Il faudrait que les flèches soient «en leur trousse», ou que le dieu, s'il veut tirer, mette «la teste de sa massue a terre»... Tory proposera une illustration plus acceptable, conforme au «pourtraict» de Rome et au récit de Lucien, tel que l'a aussi reproduit en latin Guillaume Budé dans ses *Annotations sur les Pandectes*[30].

Si la *Cosmographie* de Mela ne s'embarrasse guère de logique dans sa mise en évidence du dieu gaulois, son commentaire de 1522 fournit par contre une suggestive, bien que discrète, référence au panthéon celtique. Le géographe antique y écrit que Sena, c'est-à-dire l'île de Sein, «dans la mer Britannique», «est célèbre par l'oracle d'une divinité gauloise dont les prêtresses, consacrées par une divinité perpétuelle, sont, dit-on, au nombre de neuf»[31]. On retrouvera ces «Gallizènes» au chapitre du pilier des nautes parisiens. Chose curieuse : on n'a pas relevé, à l'âge classique, de tradition étymologique consistante à propos d'Ogmios.

1.4. Les premières galeries de dieux gaulois (1548-1565)

«Il faut attendre le milieu du XVIe siècle pour que se renoue, en Italie, la tradition mythographique», le Rinascimento n'ayant produit «dans sa phase la plus brillante aucun ouvrage de ce genre»[32]. Peut-être parce que la familiarité avec le monde antique le rendait inutile. Entre 1545 et 1560

---

[30] BUDÉ 1508, f. 86 v°-87.
[31] POMPONIUS MELA 1988, 3, 6, 48, p. 81.
[32] SEZNEC 1980, p. 208 sv. SCHNAPP 1993, p. 132 écrit qu'on «doit à un expert véronais, Paul Emile, la plus ancienne étude sur les origines de la Gaule, *De antiquitate Galliarum,* publiée à Lyon en 1485». Son *Histoire françoise* de 1556 n'offre cependant rien sur la religion celtique.

paraissent trois recueils très inégalement intéressants, de notre point de vue. Le plus connu est la *Mythologie* de Natale Conti, ou Noël Le Comte, de 1551, qui ne consacre au druidisme que quelques lignes[33]. Il partage avec les *Images et exposition des dieux des anciens* de Vincenzo Cartari, de 1556, le privilège accordé aux panthéons classiques et orientaux[34]. Cartari, qui a pu informer Shakespeare en matière de mythologie[35], évoque les « Celtes de France » à la fin de l'article sur Jupiter[36]. Ceux-ci

> *avaient, en guise d'image et de statue du dieu, un très haut chêne, et ils adoraient peut-être celui-ci parce qu'ils savaient que le chêne était, parmi les arbres, celui consacré à Jupiter, dans la mesure où il procurait les fruits dont vivaient les hommes dans les premiers temps...*

Dans la traduction française des *Imagini* donnée au début du XVIIe siècle par Antoine Du Verdier, la référence au « Jupiter gaulois » prendra place, assez logiquement, à côté du culte rendu par les Germains à des « arbres élevés », ainsi que le rapportent Tacite et Lucain[37]. En effet, « les Germains non seulement n'avaient pas de statues des divinités, mais pas davantage de temples, parce qu'ils pensaient qu'il n'était pas séant d'enfermer celles-ci par des murs dans l'espace étroit d'un temple, et qu'il ne convenait pas à leur grandeur de les réduire à la petite forme du corps humain ». La traduction française des *Imagini* insistera dans le même sens sur le refus de nomination des dieux chez les Germains, usage par ailleurs conforme à celui des anciens Grecs et Romains,

---

[33] CONTI 1612 et 1616, p. 502. Même fermeture aux conceptions « barbares » dans la *Théogonie, ou des dieux des peuples* de Jean-Henri Aubery de 1637.

[34] Divinités égyptiennes, syriennes, phéniciennes, perses ou arabes occupent chez Cartari une « place étonnante, sinon démesurée », qui doit s'expliquer, selon J. Seznec, par la fascination pour les « hiéroglyphes » et emblèmes d'Horus Apollo.

[35] SEZNEC 1933.

[36] CARTARI 1566, f. 54 v°.

[37] CARTARI 1610, p. 10.

« jusqu'ils en eurent apres sçeu les noms de l'Egypte ». Les Marseillais de Gaule narbonnaise, note Cartari, honoraient de même « leurs dieux dans des bois consacrés, sans aucune simulacre », comme faisaient les Perses, Scythes ou habitants de la Lybie. Au contraire, les Aquitains d'Espagne « façonnaient une image de Mars ornée de rayons à la manière du soleil, et l'adoraient avec grande révérence »[38]. Et les Saxons représentaient Vénus « debout sur un char tiré par deux cygnes et autant de colombes, nue, la tête ceinte de myrte, avec sur la poitrine un petit flambeau ardent, une boule ronde de la forme du monde dans la main droite, trois pommes d'or dans la main gauche, tandis qu'on voit derrière les trois Grâces se tenant par le bras » (information déjà chez Pictor; voir illustration 1)[39].

1.4.1. *Giraldi*

Précédant Conti et Cartari, le Ferrarais Lilio Gregorio Giraldi, ou Gyraldi, est pour nous beaucoup plus important. Moréri le considère comme « l'un des plus savans hommes que l'Italie ait produits dans les derniers siécles »[40]. Giraldi, écrit de Thou, « eut le malheur de beaucoup souffrir par les caprices de la fortune, qui ne lui fut jamais favorable ». Ayant accompagné le cardinal Rangone à Rome, il perdit tout, y compris sa bibliothèque, lors du sac de la ville en 1527; un nouveau protecteur est assassiné. Il entreprend une *Histoire des dieux des Gentils* alors qu'il est, dit-il lui-même, « déjà très âgé », réduit à la pauvreté et « presque moribond ». L'ouvrage paraît en 1548 et sera réédité en 1560. Montaigne, qui le possède, considérera comme « une grande honte de nostre siecle » d'avoir vu mourir un auteur qui n'avait plus son « soul à manger », alors que « mil'hommes » l'eussent appelé « avec des très-advantageuses conditions » et secouru « s'ils

---

[38] CARTARI 1566, f. 117 v°.
[39] CARTARI 1566, f. 171-72. Sur les problèmes posés par cette « figure singulière » et sa mention chez le « mystérieux Theotectus », cf. SEZNEC 1980, p. 215.
[40] MORÉRI 1759, 5, p. 207; J. Seznec le qualifie de « l'une des grandes figures de l'humanisme ».

l'eussent sçeu »[41]. A la différence de Cartari, qui se présente comme un « iconographe », Giraldi, « savant philologue, s'attache surtout aux noms, aux épithètes, aux étymologies – au détriment des mythes eux-mêmes » (Seznec). Il « se flatte de travailler sur des textes authentiques, et d'après les manuscrits ». Il se révèle aussi « le seul qui se montre un peu familier avec l'archéologie », dont l'explosion est illustrée par le *Catalogue* d'Aldrovandi et tant d'autres recueils d'images de statues, à un moment où, selon le constat de S. Reinach, « la Renaissance, sentant sa fin prochaine, récapitule ses conquêtes et fait son bilan ».

L'*Histoire des dieux des Gentils* offre un premier tableau substantiel des divinités gauloises en ce qu'elle nomme d'abord le trio de base formé par Teutates, Hesus et Taranis, encadrant l'Hercule gallique. Les noms des trois dieux sont révélés par Lucain dans un passage célèbre de la *Pharsale* où l'on évoque, en parlant de la Gaule,

> *ceux qui apaisent par un sang horrible le féroce*
> *Teutates, le hideux Esus dans ses sauvages sanctuaires*
> *et Taranis aux autels non moins cruels que ceux de la Diane*
> *scythique*[42].

Des écrivains chrétiens des premiers siècles dénoncèrent à leur tour la barbarie de la religion gauloise. Dans ses *Institutions divines,* Lactance confirme que les Celtes prétendaient apaiser de la même manière « Esus et Teutates »[43]. L'*Apologétique* de Tertullien et l'*Octavie* de Minucius Felix rappellent l'usage de sacrifices humains – plutôt « inhumains » corrige le second – et les imputent au culte de Mercure[44]. C'est à celui-ci que Giraldi, d'emblée, identifie Teu-

---

[41] MONTAIGNE 1962, p. 220, *Essais,* 1, 35; pour sa bibliothèque, cf. MONTAIGNE 1992, p. lxiv.

[42] LUCAIN 1976, 1, v. 444-46. LE BONNIEC 1970, p. 164-65 considère que l'information de Lucain en matière de cultes gaulois apparaît « bonne, sans dépasser celle d'un homme cultivé qui a lu César et quelques autres historiens ».

[43] LACTANCE 1986, 21, 1, p. 209.

[44] TERTULLIEN 1984, 9, 5, p. 47; MINUCIUS FELIX 1984, 30, 4, p. 409. On notera qu'à la différence des apologistes cités, saint Augus-

tates, à quoi invite déjà sa position dans l'énumération de Lucain. L'assimilation ne manque pas d'être immédiatement étendue à Thot, en raison de ce qu'on nommera plus tard une convergence «persuasive» entre «affinité des noms» et «invention des arts»[45]. Il est vrai que l'information sur le panthéon celtique révèle dans les index des deux éditions de Giraldi son caractère pour ainsi dire latéral. Ceux-ci montrent les particularités contraires d'oublier certaines divinités mentionnées dans le texte ou de négliger leur présence dans la seconde version alors qu'elles étaient répertoriées dans l'original[46].

1.4.2. *Pithou*

La constitution de l'archive relative aux cultes gaulois se lit aussi dans les marges des livres. Un exemplaire de l'édition de 1560 de Giraldi, conservé à la Bibliothèque nationale de France, porte des annotations d'une main anonyme[47]. A l'index, en face du nom d'Apollon, l'une d'elles suggère d'ajouter la mention d'un correspondant celtique, Belenus. Cette divinité sera révélée au public français par le Champenois Pierre Pithou, dans ses *Deux livres de brouillons faits à des moments perdus: Adversariorum subsecivorum libri II* – quelle modestie! Parue en 1565, la première édition comporte un chapitre 3 intitulé *De Belenus et des dieux des anciens Gaulois*[48]. On y retrouve le panthéon établi par

---

tin n'évoque pas les divinités celtiques dans la *Cité de Dieu*. C'est qu'il entend surtout dénoncer celles de Rome, grâce auxquelles la ville impériale, dans la conception païenne, a pu «devenir si grande qu'elle domine depuis si longtemps tant de nations» (AUGUSTIN 1980, 4, 9, 33, p. 556-57).

[45] LESCALOPIER 1660, p. 714; 1744, p. 90. Sont invoqués par Giraldi à propos de Teutates: Platon, Cicéron et la *Préparation évangélique* d'Eusèbe de Césarée.

[46] GIRALDI 1548, *Syntagma IX*, p. 349, 419, 442, 453, 467, 747-48, 762; 1560, p. 295-96. Hesus et Ogmios figurent à l'index en 1548 et non en 1560.

[47] L'exemplaire, conservé à la Bibliothèque nationale de France sous la cote Rés. J. 851, porte au titre, manuscrit, le nom de Claude Dupuy.

[48] PITHOU 1565, p. 5 sv.

Giraldi, avec telle accentuation d'un lien éventuel entre leur religion et les cultes grecs et orientaux. Dans la guerre menée par les Alamans contre l'empereur Julien se distingue le vaillant Sérapion[49]. Celui-ci a reçu son nom d'un père «instruit de certains mystères grecs».

> *Les Gaulois ont-ils reçu ceux-ci des Grecs et des Egyptiens, comme veut Ammien Marcellin, ou ont-ils plutôt transmis leur philosophie aux Grecs, comme il apparaît clairement du témoignage de César, selon qui les Gaulois se proclamaient issus du père des enfers, c'est-à-dire Serapis ou Pluton?* [50]

Pithou crut trouver chez les Germains un équivalent spécifique de Mercure et de Teutates en la personne de *Woda*. Le rapprochement provenait de l'*Histoire des Lombards* de Paul Diacre, qu'il édite en 1569[51]. On y lisait que «Wotan, appelés Godan par les Lombards en ajoutant une lettre, est le Mer-

---

[49] Selon le récit d'AMMIEN MARCELLIN 1978-89, 16, 24-25, 2, p. 178. On pense aujourd'hui que le culte de Serapis put être introduit très tôt en Provence par des Egyptiens hellénisés, d'où il remonta le Rhône. Mais les dieux égyptiens ont «laissé peu de traces» en Gaule (DUVAL 1993, p. 107). Varron avait proposé une étymologie pour Serapis. Celui-ci serait la forme divinisée d'Apis, roi des Argiens. A ce nom se serait ajouté le grec *soros* «cercueil». «On dit d'abord Sorapis, comme de Soros et Apis, d'où l'on s'accoutuma de dire Serapis, par le changement d'une lettre» (VARRON 1993, 5, 10, 57, p. 54-55; cité par MONTFAUCON 1722, 2/2, p. 296-97). Serapis était parfois rapproché d'Apollon (SEZNEC 1980, p. 212). «L'Oracle de Serapis» avait donné lieu à un des célèbre examens critiques auxquels procède Fontenelle dans l'*Histoire des oracles* (FONTENELLE 1971, p. 14, 42, etc.).

[50] Montfaucon résume les deux thèses rapprochant Serapis de Jupiter ou de Pluton. Varron considérait plutôt Serapis et Isis comme représentant le ciel et la terre, à l'instar de Saturne et d'Ops, dont Pluton est le fils.

[51] PAUL DIACRE 1994, 1, 9, p. 17-18; l'*Histoire des Lombards* offre, après les chroniques de Cassiodore, Jordanes et Isidore de Séville – qui ont joué un rôle éminent dans la recherche sur l'histoire des langues – la «dernière des grandes histoires 'nationales' ou 'ethniques' qui ont fixé, après leur constitution en royaumes, la geste des différents peuples germaniques installés dans l'Europe romaine» (*Introd.*). Cf. GOSSELIN 1636, 29, p. 122-24.

cure des Romains » et que « tous les peuples de la Germanie l'adorent comme un dieu ». Cette orientation d'intérêt vers les archives de la nation germanique, où se mêlaient origines franciques et origines françaises, produisit une tradition d'étude qui influa considérablement sur le destin de la linguistique historique. Après avoir donné la *Chronique* d'Othon de Freisingen, Pithou, retrouvant son métier de juriste, entreprit la publication des « lois barbares » : *Nouvelles constitutions* de Théodose (1571), *Code des Visigoths* (1579). Le chemin avait été ouvert en 1557 par Jean-Basile Herold, dans ses *Livres des origines et antiquités germaniques, ou lois des Saliens, Alamans, Saxons, Angles, etc.* François Pithou, frère de Pierre, suivit la même route en rééditant au début du XVIIe siècle la loi salique, avant que toute la matière des « codes barbares » soit reprise par Frédéric Lindenbrog en 1613[52]. Ces travaux éclairèrent d'un jour nouveau les débuts des langues néo-latines. On a montré ailleurs comment des mots tels que *salle, robe,* it. *roba* « objet », *squilla* « cloche » ou *schernire* « railler » trouvèrent leur étymologie correcte dans les formes procurées par cette documentation où puiseront ensuite des pionniers du romanisme comme Vossius ou Ménage.

Cette orientation d'étude posait un problème que l'on a jusqu'ici tenu en réserve, et dont il faudrait évaluer l'interférence avec l'affirmation de la culture gauloise, jusque sur le plan de la langue. Quels rapports exacts unissent Gaulois et Francs ? Dans quelle mesure peut-on éclairer la religion des premiers par les seconds ? L'unité première de la nation française n'est-elle pas fragilisée, voire neutralisée, par la confusion des uns et des autres ? François Hotman, qui les tient ethniquement et linguistiquement séparés, les voit politiquement alliés dans le combat d'indépendance contre Rome, faisant de la *Francia* la double et légitime héritière d'une communauté de destin, sans perte d'unité matricielle[53]. Bodin et Fauchet adopteront une « théorie des retrouvailles » qui assi-

---

[52] DROIXHE 1994a et 1995. Sur les lectures de la loi salique à la fin du Moyen Age, cf. BEAUNE 1985.
[53] POMIAN 1992, p. 66.

mile davantage les deux peuples, lesquels sont «de mesme origine et mœurs», mais qui ménage aussi la priorité de la matrice gauloise: les Francs ayant abattu la domination romaine sont d'anciens Gaulois émigrés outre-Rhin, des cousins restaurateurs de l'indépendance nationale. L'ambiguïté du mot *France* ne cessera de travailler une historiographie que divisera au début du XVIIIe siècle la fameuse querelle des *romanistes,* théoriciens bourgeois d'une allégeance des Francs à la gallo-romanité, et *germanistes* fondant sur leur supériorité physique les privilèges de l'aristocratie qui en descend. Dénonçant dans son *Enquête sur l'origine des Francs* (1715), que combat le P. Tournemine, les mythes conciliateurs de l'érudition française, Leibniz pourra d'autant plus tranquillement opposer aux hésitations de celle-ci l'intraitable priorité des origines allemandes, dans l'étymologie des noms de dieux, de rites et de coutumes celtiques.

C'est aussi le moment de préciser que les principaux traités de mythologie «barbare» des XVIIe et XVIIIe siècles vont étroitement associer, voire confondre, les panthéons des nations «nordiques». Elias Schede traite en 1648 *Des dieux germaniques, ou de la religion des anciens Germains, Gaulois, Bretons, Vandales* (illustration 2). Le grand érudit Johan Georg Keysler, ou Keyssler, pratique de même en 1720, dans un autre ouvrage de référence sur les *Antiquités septentrionales et celtiques* (illustration 3). La recherche étymologique appliquée aux dieux des Germains ou des peuples scandinaves a pu aussi apporter des éléments de réflexion linguistique intéressante. N'en donnons qu'un exemple. En 1728, Keysler publie en annexe d'une réédition de l'ouvrage de Schede une *Dissertation sur le culte du Soleil, de Freia et d'Odin.* Frea, ou Freya, ou encore Frigga, homologue de Vénus et épouse d'Odin ou Wodan, dieu de la guerre et de l'écriture runique, y était mise en relation avec le nom germanique de la «jeune fille», *fryster,* ainsi qu'avec un correspondant persan de même sens, *fristar.* L'idée s'inscrit dans la tradition d'élaboration d'un proto-modèle indo-européen dont il sera question ci-dessous.

2. LES FIGURES MAJEURES

2.1. Teutates

On définit à présent Teutates comme le « chef de guerre de la tribu », c'est-à-dire comme un correspondant approximatif de Mars[54]. Sur le pilier de Mavilly que conserve le Musée des Antiquités nationales, le dieu apparaît revêtu du typique armement gaulois (bouclier hexagonal, cotte de maille, etc.). Une autre figuration possible est fournie par le fameux bassin de Gundestrup, où un personnage de grande taille en plonge un plus petit dans un baquet, ce qui concorde avec un commentaire de la *Pharsale* mentionnant le sacrifice d'êtres humains enfoncés par la tête dans une cuve[55].

Pour l'âge classique, Teutates est, de façon quasi unanime, considéré comme l'équivalent de Mercure (illustrations 6, 7, 8). L'identification est acceptée par « tout le monde, ou presque » témoigne Pithou dès 1565 et Antoine Gosselin écrit en 1636, dans son *Histoire des anciens Français [ou Gaulois],* qu'elle fait l'objet d'un « consensus »[56]. Premier des dieux cités par Lucain, concentrant sur lui une grande partie des exégèses, Teutates est presque naturellement assimilé à la figure que les écrivains antiques disent dominante, dans le panthéon gaulois. Le cistercien Dom Paul-Yves Pezron écrit en 1703 dans son *Antiquité de la nation et de la langue des Celtes, autrement appellez Gaulois*[57]:

> *Jules César dans ses Commentaires dit, qu'entre tous les Dieux il n'y en avoit point, que les Gaulois adorassent plus particulierement, que Mercure :* Deûm maximè Mercurium colunt. *Il assure, qu'on voyoit chez eux grand nombre de*

---

[54] DUVAL 1993, p. 29 sv. et 69.
[55] *Adnotationes super Lucanum* 1909/1969, p. 28. La première édition partielle de ces commentaires ne paraîtra qu'en 1728.
[56] GOSSELIN 1636, p. 29 et 122-24; FAUCHET 1599, f. 7 r°; MONTFAUCON 1719, 3, p. 418. Certaines anciennes éditions de la *Pharsale* mentionnent laconiquement ces assimilations : voir par ex. celles de 1538, f. 13 v° (qui écrit : « Mercure, dieu de la mort ») et 1569, p. 24.
[57] PEZRON 1703, p. 121.

> *ses statuës, ausquelles on rendoit par tout un souverain respect. Il ajoûte, que ces peuples le regardeoient comme l'inventeur des arts:* Hunc omnium inventorem artium ferunt. *Mais sur tout, ils le prenoient pour la patron des marchands et des voyageurs. En effet, il a été considéré chez toutes les Nations profanes, comme le Dieu du lucre, du commerce et de la marchandise. C'est l'idée que les Gaulois en ont euë, ainsi que les autres peuples, et c'est pour cela qu'ils se sont distinguez par le culte tout singulier, qu'ils lui ont rendu.*

De son côté, la *Germanie* de Tacite confirme que les habitants du pays – volontiers confondus avec les Celtes dans la tradition érudite – «honorent particulièrement Mercure auquel, en certains jours, ils croient devoir sacrifier aussi des êtres humains»[58].

L'identification va trouver un fondement linguistique dans la *Britannia* de William Camden, dont la première édition paraît en 1586[59]. L'ouvrage répondait à un vœu émis par Ortelius, fondateur d'une «nouvelle géographie». Celui-ci avait vivement pressé le jeune maître d'école «de rendre à la Grande-Bretagne ses antiquités, et aux Antiquités la Grande-Bretagne». Camden s'en acquitta en adoptant la méthode topographique mise en œuvre par la Renaissance italienne, non sans prévenir les critiques auxquelles l'exposait ce type d'entreprise[60]. Il observe que Teutates «consonne avec *Diw Taith*» dans les langues celtiques de Grande-Bretagne. Le premier terme doit signifier «dieu», puisque «nos Britanniques disent *Dyw* pour Dieu et *Vonan* pour fontaine», par quoi s'explique le gaulois *divona* que cite Ausone et que Camden interprète par «fontaine des dieux». Les Britanniques connaissent encore *dyth* pour désigner des démons incubes que saint Augustin et Isidore de Séville traduisaient

---

[58] TACITE 1983, 9, p. 75.
[59] CAMDEN 1586, p. 14-15; CAMDEN 1590, p. 17-18; CAMDEN 1600, p. 18-19, etc.
[60] «Certains, animés d'un grand mépris, décrient l'étude de l'antiquité comme offrant une recherche trop curieuse de ce qui est passé». L'antiquaire était volontiers considéré comme un «scribouilleur» (*scribbler*). PIGGOTT 1989, p. 18.

par *dusios*. Quant à *taith,* il signifie le «chemin» dans les mêmes parlers. Inutile d'insister sur le rapport établi avec le dieu romain correspondant. Teutates est donc bien, comme dit César, celui «qui indique la route à suivre, qui guide le voyageur». Le vieux celtique, ajoute Camden, éclaire aussi le nom de Hesus: il fait penser à «*Huath,* qui est chez nous celui du chien», de sorte qu'on rapprocherait volontiers Hesus d'Anubis, «dépeint sous une forme canine»[61].

Parmi les érudits qui ajoutèrent leurs observations à celles de Camden et auxquels il fit écho dans les nombreuses rééditions de son livre, qui connut du vivant de l'auteur six éditions latines, chaque fois augmentées, et une traduction anglaise, il faut sans nul doute compter le «père de la linguistique celtique», Jean Isaac Pontanus, fils d'un commerçant hollandais faisant office de consul à Elseneur, qui deviendra lui-même historiographe du roi de Danemark, outre sa charge de professeur à Harderwyck. Son *Itinéraire de la Gaule narbonnaise* de 1606 comporte un *Glossaire d'ancien gaulois* de plus de cent-cinquante pages in-12 où des termes collectés chez les auteurs de l'Antiquité sont mis en rapport avec des correspondants celtiques modernes, brittoniques ou armoricains[62]. Le lexique a un article *Taranis, Teutates*[63]. La référence de Camden à *diw taith* «paraît loin d'être fausse», écrit Pontanus. Il notera seulement que Teutates, en tant que dieu des marchands – et des voleurs, faudrait-il ajouter – le fait songer au verbe germanique *tuyschen,* qui signifier «jouer dans l'espoir d'un gain et au risque d'un préjudice». «A cela se rattache peut-être le *duydtschen* des Frisons, qui veut dire *feindre, mentir*». Et comment ne pas mettre tout ceci en rapport avec la racine *duyt* intervenant dans le nom des Hollandais, ainsi qu'avec le *theut* qu'on reconnaît dans le mot *Theutones?* César et Tacite ont attesté

---

[61] Anubis était plutôt considéré comme correspondant à Mercure par CARTARI 1566, f. 102 v°. Sur le Mercure-Anubis chez Raban Maur, cf. SEZNEC 1980, p. 212.
[62] TAVONI 1998, p. 64.
[63] PONTANUS 1606, p. 269-71.

le culte voué à Mercure par les Germains, non moins que par les Gaulois.

Est-ce là ce qui incite Camden à revenir sur le propos dans l'édition de 1607 de sa *Britannia*[64]. «Il ne m'a pas échappé que Mercure est appelé *Theut* dans le Phèdre et le Philèbe de Platon», ni «que, pour certains, Teutates est le même que le Tuisco des Germains chez Tacite, et qu'il s'agit de Mars». On connaît bien Tuisco, père légendaire des *Teutons, Deutsch,* etc.[65] De là vient que le «jour de Mars» des Latins est nommé *Tuesday* «jour de Tuisco» chez les Anglais, «rejetons des Germains».

La racine *Teut-*, renvoyant à une figure ancestrale des Germains, deviendra désignation générale de la «nation», par un glissement dont le P. Pezron formule l'aboutissement fantastique.

> *Le nom de* Teutat, *est entierement Celtique ; car* Teut, *signifie, peuples, en cette langue : et* Tat, *veut dire, pere ; d'où est venu le* Tata, *parmi les enfans, quand ils appellent leur pere. Pour ce qui est de celui de* Mercure, *il est encore tiré du Celtique, et veut dire,* homme de marchandise; *car en Gaulois,* Mercç, *d'où vient le* Merx *des Latins, signifie, marchandise : et* ur, *en cette langue, est un homme, duquel le nom de* vir *a été formé...*[66]

«Après cela», conclut Pezron, «pourra-t'on encore douter, que les Celtes, qui ont eu tant de veneration pour Teutat, ou Mercure, et qui luy ont donné ces deux noms, ne soient venus de ces Titans Occidentaux, qui étoient soûmis à son autorité et à son Empire»? Le propos s'inscrit dans la thèse générale de l'auteur, qu'a bien résumée Ch. Grell. «L'idée de ce Breton, natif de Hennebont, était simple : il s'agissait, en prenant appui sur le chapitre X de la Genèse, de montrer que les Celtes descendaient directement de Noé et qu'ils étaient en conséquence le peuple le plus ancien et le plus prestigieux ; puis grâce à l'étude du breton, que ses compatriotes

---

[64] CAMDEN 1607, p. 13.
[65] BORST 1957-63, *passim*.
[66] Sur *tata* «père», cf. aussi PEZRON 1703, p. 416.

étaient les descendants directs des Celtes, qui n'avaient pas été abâtardis par la conquête romaine mais avaient su préserver le souvenir de leur glorieuse origine et préserver leur originalité »[67].

Mythes et fables venus du fond le plus obscur de l'érudition occidentale, d'Annius et des pseudo-révélations de Bérose, se mêlent ainsi à comparatisme linguistique semi-parodique, d'où sortiront pourtant, épurés, des idées et des matériaux utiles au comparatisme moderne. Ajoutons, pour être complet, que les mythologues d'aujourd'hui s'interrogent encore sur le nom que portait le si populaire Mercure gaulois. Supposera-t-on que celui-ci correspondait au *Lug* irlandais, divinité principale du pays, qui se trouve également être le patron des arts? *Lugdunum,* l'ancienne Lyon, célébrait à la date du 1er août la fête d'Auguste, lequel vénérait particulièrement Mercure. Est-ce un hasard si l'Irlande fêtait Lug au même moment? L'hypothèse invoquant un transfert interculturel de divinisation vers l'empereur est consistante. En tout état de cause, elle semble avoir échappé, ainsi que le nom même de Lug en tant qu'équivalent de Mercure, à l'érudition classique[68].

2.2. Taranis

Taranis ne pouvait dissimuler longtemps, selon Camden, qu'il correspond au « Jupiter *Brontaios* des Grecs et au *Tonans* des Latins, ainsi dits à cause du tonnerre »: «*Taran* désigne le tonnerre chez les Britanniques, avec la même signification que le *Thonder* attribué à Jupiter par les Germains», d'où leur *Thonderdach* «jeudi, jour de Jupiter»[69]. On accepte aujourd'hui l'identification dans la mesure où Taranis se présente comme le « maître du ciel ».

Pontanus justifie le rapprochement des noms gaulois et germanique en précisant que «chez les Danois, le *a* se change en *o, toorne». «Et chez tous nos Germains, on a don-*

---

[67] GRELL 1995, p. 755.
[68] Elle n'est pas mentionnée, en tout cas, par KEYSLER 1720 et SCHEDE 1728.
[69] CAMDEN 1586, p. 14.

deren». L'inventaire comparatif trouve son accomplissement chez le grand érudit Philipp Clüver, ou Cluvier, dont on ne dira jamais assez l'importance dans l'histoire de la culture européenne. Sa *Germanie antique* de 1616 montrera comment ses compatriotes, au sens large, ont «varié selon les dialectes» la même racine *taran*[70]. Celle-ci équivaut à *donner* chez les Germains «supérieurs» et les Saxons, qui disent aussi *tonner* «avec une prononciation plus âpre», au *donder* des riverains de l'embouchure et du delta du Rhin, etc. Plein de son sujet, Cluvier ajoute une comparaison entre l'allemand *Pfingestag* «jeudi» et le grec *pente* «cinq», que l'on retrouve, sous une forme plus proche, dans le *Pingesdach* des Saxons, le *Pingesdagh* des Suédois, le *Pingsterdach* des Flamands, etc. L'unité de l'Europe linguistique se dessine dans ces variations dont les caractères récurrents renvoient à l'altération d'un même modèle, que Cluvier soustrait solennellement à l'autorité de la monogenèse hébraïque. «Il est hors de doute que les latins *tonitru* et *tonare* viennent de la même source que *thonder* et *tonner*».

A partir de là, la référence à *taran* devient couplet obligé. Elle sera consacrée en 1632 par le *Dictionnaire de l'antique langue britannique, appelée aujourd'hui couramment cambro-britannique* de John Davies, répertoire de termes gallois auxquels sont occasionnellement rapportés les équivalents armoricains, premier lexique, pour l'âge classique, d'un parler celtique vivant[71]. Boxhorn, dans les *Origines gauloises* de 1654, en tirera un *Lexique* qui simplifie les articles originaux et supprime toute comparaison avec l'hébreu. A son tour, Leibniz tira de l'ouvrage de Boxhorn un *Glossarii celtici specimen* qui figure dans ses *Collectanea etymologica*. On ne s'étonnera pas de voir la référence à *taran* invoquée à la fin du siècle par l'ultra-patriote Paul Hachenberg dans sa *Dissertation sur la religion des anciens Germains*. Le mot,

---

[70] CLÜVER 1631, 1, 26, p. 187-88.
[71] L'ouvrage mentionnait en outre un correspondant arabe, *darba,* qui donnait l'impression – en tout cas au lecteur moderne – d'une sorte de variante onomatopéique. L'observation concernant *taran* sera renouvelée au XVIIIe siècle, à propos du breton armoricain, dans GREGOIRE DE ROSTRENEN 1732, p. 928.

qui survit aujourd'hui en Grande-Bretagne, appartient à la langue des «antiques *Celtes,* dont les *Germains* constituaient la meilleure partie». A quoi répond, dans le *Sommaire* de sa *Dissertio historica de lingua veterum Germanorum:* «Débuts de la langue celtique. Le germanique en représente la plus noble part». Nous sommes à l'époque où ce type d'assimilation permet à Johann Ludwig Prasch de placer les parlers classiques dans la descendance du germanique, en vertu de correspondances morphologiques que ne reniera pas le comparatisme moderne[72]. Perpétuel mélange des genres...

Notons que Fréret, dans ses *Observations sur la religion des Gaulois* de 1747, marquera fermement les limites d'une identification pure et simple de Taranis à Jupiter[73]. Le dieu celtique, en tant que maître du ciel et manieur de la foudre, occupe sans doute «un département particulier, semblable en partie à celui du Jupiter des Grecs». «Mais on ne voit pas qu'il fût comme lui le souverain des dieux et des hommes», «il n'étoit pas le fils de Rhéa et de Saturne», ni «le petit-fils de Saturne», «il n'avait pas détrôné son père pour régner à sa place». «Et il faut en dire autant des autres dieux gaulois, d'*Hésus,* de *Teutates,* de *Belenus* et de *Belisana* qu'on a prétendus les mêmes que Mars, Mercure, Apollon et Minerve»[74].

2.3. Gaule, fille d'Orient

L'information sur Teutates, Taranis et Hesus pénétrera assez lentement ou de manière imprécise dans les travaux français sur le monde celtique. En témoigne le chapitre *Des dieux qu'avoient les Gaulois, du temps de Cesar, et des sacrifices que leur presentoient les vacies druides,* dans l'*Histoire de l'estat et république des druides, etc.* de Noël Taillepied (1585)[75]. Quand celui-ci mentionne Hesus et Teutates, c'est sous la forme «Eleus et Tentanes, lesquels offen-

---

[72] HACHENBERG 1686, p. 265.
[73] FRÉRET 1996, p. 253; VANWELKENHUYZEN 1995.
[74] Sur l'identification de *Belisama* à Minerve, cf. HUET 1690, p. 145 E.
[75] TAILLEPIED 1585, p. 51 sv.; SCHNAPP 1993, p. 132-33.

cez, s'appaisoient par hosties humaines »: la méconnaissance du sujet se marque dans la graphie. Celle-ci s'améliore chez Claude Fauchet, dont les *Antiquités gauloises et françoises* de 1599 citent, outre Teutates et Ogmius, « Belenus, Hesus, ou Heüs, Taramis »[76].

Si Taillepied se range plutôt parmi ceux qui plaident pour la singularité d'une Gaule civilisée « de toute éternité », « asservie par un sort contraire mais indépendant culturellement et politiquement » (Schnapp), il n'en trace pas moins l'image d'un panthéon constitué sous le double signe de Rome et de l'Egypte. Il invoque par exemple certains noms de lieu d'Autun « qui retiennent encores de present les noms des faux Dieux, jadis adorez par les Gaulois »[77].

> *Il y a, dit-il, à Othun une ruë qu'on appelle la ruë du Fresne, en laquelle i'ay demouré, où l'oracle d'Apollo reluisoit remply de plusieurs triomphes de guerres, et aupres du lieu, y a grande quantité de fresnes dediez audit Apollo, à raison que jamais tels arbres, non plus que le Laurier, ne sont agitez de foudre ny tonnerre, et qu'ils sont fort medicinaux contre le venin, comme dit Pline (...). Et estoit le temple edifié au plus hault et notable lieu, soit qu'on estimast que ledit Apollo fust inventeur des sciences, ou qu'il fust fondateur de la Cité. Il y a encores en ceste ville une autre ruë, qu'on nomme la ruë Canine, à cause que le temps passé y avoit un temple, auquel on adoroit le Dieu Anubis (...). La statuë en estoit venuë iusques à Othun, où ledit Anubis estoit adoré, pour la fidelité qu'il rendoit sur la revelation des larrons et brigands. Par certain art magique et subtilité des Demons, cest idole abbayoit, et regardoit celuy qu'on souspeçonnoit du larcin, tout contrefaisant le chien qui revele quelquefois les larrecins et brigandages secrets...*

Quant aux « larrecins d'amour », ils se prenaient sur une « petite montaigne » nommée « Philosie », « en laquelle estoit iadis un temple dedié à Cupido ». Les pucelles qui ne

---

[76] FAUCHET 1599, f. 7 r°. Sur l'hésitation entre *Hesus* et *Heus,* cf. PONTANUS 1616, p. 269-70.

[77] Taillepied se fonde ici sur CHASSENEUX 1546, p. 318.

l'étaient plus se retiraient sur une autre montagne «où estoit adoré le coquu, qui est un oyseau lubrique, consacré ausdits Priapus et Venus: dont est encores maintenant le lieu appelé Cucubarre, c'est à dire, Coquu d'yvoire». Une toponymie moins romanesque liera plus justement à Jupiter «plusieurs lieux, qu'on appelle mont-Ioue, ou mont-ioye», tandis que se répandra l'idée selon laquelle «Montmartre pres Paris a prins sa denomination de Mercure ou de Mars». Une autre croyance érudite rapportée au même endroit par Taillepied concerne Arles, que

> *les anciens appellerent,* Ara lata, *c'est à dire,* Autel large, *pour-autant qu'en ce lieu pres de la cité, qu'on nomme la Roquette, il y avoit deux grandes et grosses colonnes erigées, sur lesquelles estoit un autel, où tous les ans le premier iour de May, le peuple s'assembloit de toutes parts, et offroit des sacrifices humains pour sa santé: car l'espace d'un an ils engressoient trois ieunes hommes acheptez de la monnoye publique, lesquels bien gras et replets, cedit jour massacroient, et brusloient leurs corps sur lesdites colonnes et autel, le peuple estant aspergé de ce sang humain, s'en retournoit chacun chez soy.*

La barbare coutume ne fut abrogée que sous l'autorité de saint Trophime, évangélisateur des Arlésiens, qui leur apprit qu'on ne devait être «arrousé du sang des hommes, mais du sang de Jesus Christ». Les Gaulois de Chartres avaient pour ainsi dire devancé cet enseignement, eux qui, comme le rapportent aussi Chasseneux et Taillepied, et comme on le verra ci-dessous à propos de Notre-Dame-de-Sous-Terre, pratiquaient leur culte dans ce qui deviendra la cathédrale, «bastie et edifiee par les Druides, en l'honneur d'une vierge, qui devoit enfanter le sauveur du monde». Ainsi se sauvait l'accablante religion gauloise, tandis que s'ébauchait, en cette fin du XVIe siècle, «une intéressante évolution dans l'interprétation des mythes», écrit J. Seznec[78]. «L'hypothèse fausse, mais féconde, selon laquelle l'hébreu était la langue originelle conduisait en effet non seulement à considérer les

---

[78] SEZNEC 1980, p. 223.

autres langues comme des altérations de l'hébreu, mais les mythes des autres peuples comme des corruptions de la Révélation primitive. Ainsi se jetaient les bases d'une mythologie comparée dont les monuments seront, au siècle suivant, les ouvrages de Huet, de Bochart et de Vossius».

Remettons ces noms dans l'ordre chronologique. On verra comment la *Théologie des gentils* de Vossius, en 1641, explique Belenus conformément au principe selon lequel «presque toute superstition vient de l'Orient», notamment sous l'influence de John Selden. Cinq ans plus tard, Samuel Bochart, dans cette *Géographie sacrée* qui constitue l'une des synthèses historico-culturelles les plus importantes du siècle, si l'on en juge par le nombre, la variété et la qualité de ceux qui s'y réfèrent, énumère les dieux gaulois «dont il se souvient», à savoir «Taramis, Hesus, Teutates, Belenus qui équivaut à Abellio, Onvana et Hogmius»[79]. Les variations graphiques de ces noms, par rapport aux formes procurées par la tradition, trahissent encore une certaine indécision, ou imprécision. Le gros in-folio de Bochart s'est trouvé discrédité, à l'époque moderne, par ce que les manuels considèrent comme sa «phénicomanie», qui donnerait notamment lieu à une théorie du «punique langue-mère». Ceci serait à moduler, puisque la *Géographie sacrée* vise surtout les traces laissées par les fabuleux voyages des Phéniciens. Néanmoins, Bochart ne peut s'empêcher d'insister sur les rapports censés unir Teutates aux orientaux «*Thouth* ou *Theuth* et *Thoth*», qui correspondent effectivement à Hermes et Mercure selon ce qu'en donne à savoir une incontestable phalange formée du «très-vieux Sanchoniathon», de Platon et de Cicéron. Par ailleurs, si Bochart ne méconnaît pas le celtique *taran* éclairant Taranis, il ne manque pas d'invoquer un phénicien *tarem*, conformément à sa théorie générale, qui place cette langue à la source d'un certain nombre de termes européens.

Pierre Borel se montre un disciple zélé de Bochart dans son *Trésor de recherches et antiquitez gauloises et fran-*

---

[79] BOCHART 1646-51, 1, 42, p. 735. Sur Bochart, précurseur de «la science comparative des antiquités sémitiques» (Renan) et pionnier de la mythologie comparée, cf. BARRET-KRIEGEL 1988, 2, p. 248 et 3, 256.

çoises de 1655. Les Phéniciens ont laissé, dans leurs périples, de nombreuses traces de leur passage. Ainsi, passant «de l'Espagne en Italie», Hannibal a traversé des lieux «qui ont retenu son nom iusques à ce jour»: «le *saut d'Hannibal* au païs de Foix», «le puis d'où il tiroit l'argent prés de Perpignan, *roc Hannibal* en Languedoc, et autres».

> *Il est aussi fort considerable que les Dieux des Phaeniciens et des Gaulois ont esté semblables; car l'Hercule des Gaulois estoit aussi un Dieu des Tyriens;* Hezus *qui estoit Mars, vient de c'*Haziz *ou* azizos *Dieu Syrien, de* hazis, *c'est-à-dire fort:* Theutates, *c'est-à-dire Mercure, de* theut, *qui en Egyptien signifie la mesme chose,, selon* Platon *en son* Phaedre *et en son* Philebe...[80]

Le rattachement de Teutates à un Mercure carthaginois donne lieu à une mise au point concernant un second nom que porterait celui-ci, selon «la pluspart des Autheurs». La critique ne nous intéresserait pas si elle ne remettait en évidence le rôle joué par la toponymie. Le Mercure phénicien s'appelle en outre *Neith,* qui renvoie à Neptune comme l'indique «la conformité des noms». De là vient que «la pierre dite *Neyton*», «qui se void au milieu du Lac de Genéve», est «dédiée à ce Dieu de l'eau» – «à cause dequoy on appelle aussi *Neytons* les Genévois, parce qu'ils sont prés du Lac».

Cinq ans après le *Trésor* de Borel, la *Théologie des vieux Gaulois* du jésuite Pierre Lescalopier se singularise par un commentaire sur Taranis manifestant en quelque sorte le désarroi d'un étymologisme français qui ne peut se résoudre à renoncer totalement au mirage de l'origine orientale et qui fait mine d'ignorer les solutions des celtisants et des germanistes. Le traité paraît en appendice de son *Humanité théologique,* commentaire sur le *De natura deorum* de Cicéron. Bien que l'identification de Taranis à Jupiter soit «communément acceptée», il considère le dieu, avec «d'autres», comme correspondant à Apollon, «en tant que remarquable dans l'art de soigner»[81]. «Il est dit *Taranis* comme si l'on

---

[80] BOREL 1655, *Préface.*
[81] LESCALOPIER 1660, p. 717-18; 1744, p. 92-93.

avait *qui nettoie les hommes* (puisqu'on veut que tel soit le sens de ce mot barbare)». Le Père a lu ça dans certain manuscrit, mais «chez quel auteur, il ne s'en souvient plus». Que le lecteur soit cependant assuré que tel est l'avis autorisé «d'un homme très raisonnable et très savant». Au même lecteur est laissé le choix entre un rapprochement avec le Jupiter-médecin du corps, tel que mentionné par Hesychius, ou l'assimilation avec le dieu de l'expiation, du nettoyage cathartique, «dont il est fait mention chez Pausanias». Par là, Taranis ressemble peut-être au «vrai Dieu, qui lave de leurs saletés les filles de Sion» ou «purge les fils de Lévi». Lescalopier se garde de dire que la divinité gauloise annonce celle des Juifs.

La référence au monde hébraïque et biblique fonde également l'image de Teutates proposée par Pierre-Daniel Huet. La *Démonstration évangélique* de 1679 montre un double mouvement d'approfondissement qui fait singulièrement écho à la tradition érudite d'Allemagne et d'Angleterre, et annonce le projet «national-harmoniste» de Leibniz[82]. D'une part, l'arche d'alliance unissant les désignations de Mercure de l'Egypte à la Gaule s'étend même bien au delà. La convergence répond au plan général de la *Démonstration,* qui, comme on le sait, prétend identifier dans les principales figures mythologiques des divers peuples du monde des avatars de Moïse, venus d'Orient avec la Révélation judaïque[83]. Teutates entre dans cette galerie universelle: «Conduit non par de vaines spéculations, mais par des suppositions très vraisemblables, je pense que ce Mercure est le même que Moïse». L'universalité a ses exigences. Le Nouveau Monde doit entrer dans la ronde diffusionniste. «Même les Mexicains appellent en leur langue dieu *Teutl*». Le rapprochement est audacieux, et Huet ne se montre pas trop confiant dans «le témoignage des noms». La «grande île de l'Atlantique» ne fut-elle pas pourtant découverte par les Phéniciens, comme en témoignent d'autres aspects des cultes respectifs, comme la coutume des sacrifices humains? Une note appa-

---

[82] HUET 1690, 1, propos. IV, 4/2, p. 73 et 7, p. 99 sv.
[83] DUPRONT 1930; BARRET-KRIEGEL 1988, *passim*.

remment de la main de Huet, dans un exemplaire de la *Demonstration* conservé à la Bibliothèque nationale de France, poursuit l'inventaire analogique, en invoquant l'orientaliste La Loubère, auteur d'un *Royaume de Siam* (1691). Ne révère-t-on pas « comme le Dieu des sciences » un Mercure appelé «*Tout,* mot persan, qui signifie *Idole*»[84]? Pour ce qui est du passage du *Theuth* ou *Thoyth* égyptien en Occident, il ne doit pas étonner. Le tombeau de Childéric, découvert en 1653 à Tournai, contenait « une tête de bœuf en or, portant au front une image du soleil »[85]. « C'était apparemment une effigie du dieu Apis des Egyptiens, symbole de l'astre ».

Par ailleurs, Huet a assimilé, chose qui n'était pas si courante dans la France de Louis XIV, les propositions de l'érudition germanique ou « septentrionale », au parfum nationaliste prononcé. Camden avait rapproché Teutates de Tuisco, père des Teutons. Tous ces mots renvoient à l'idée de « peuple », comme l'a montré Grotius dans l'*Histoire des Goths, Vandales et Lombards* de 1655, parue dix ans après sa mort (l'auteur de la *Démonstration évangélique* n'avait pas été pour rien à l'école des savants de Leyde). Que suggère cette notion ? La notice quelque peu sinueuse de Huet laisse l'imagination prendre deux chemins. D'une part, on trouve le mot *tat* dans la « vieille langue celtique » pour désigner le « père ». Les anciens peuples germaniques honoraient le dieu principal en tant que père – d'où vient que les Danois nomment Mercure *Tiis* et les Anglais *Teves* – et ils célébraient cette double entité en conférant à la fois son nom à leur peuple – d'où les *Theuthons* – et à leurs chefs ou hommes remarquables – d'où les *Teutobochus,*

---

[84] Ex. Rés. D872, qui renvoie à La Loubère.

[85] On sait qu'un ouvrier sourd-muet nommé Adrien Quinquin mit au jour, cette année-là, le tombeau du roi lors de travaux effectués aux abords de l'église Saint-Brice à Tournai. Après pillage de la tombe, un des chanoines de la cathédrale, Jean Chiflet, alerta son père, médecin de l'archiduc et historien. Celui-ci se fit remettre ce qui subsistait du trésor et chargea son fils d'en récupérer les pièces dispersées. Il publia en 1654 son *Anastasis Childerici I. Francorum regis,* principal ouvrage traitant de la découverte (*Childéric-Clovis* 1982, p. 69-70).

Theodobald, Theodomann, etc. qui scandent l'histoire des Germains[86].

Au vertige de l'étymologie se joint ici la fascination que peut exercer une nation chez qui les noms des principes les plus élevés se reflètent mutuellement comme en un jeu infini de miroirs, enveloppant en un même mouvement les hommes et les dieux. Comment pareille transcendance, pareille harmonie ne s'enracinerait-elle pas dans une puissance naturelle, native? C'est ce que suggère l'étymologie alternative proposée dans les premières décennies du XVIe siècle par Jean Aventinus, autrement dit Johann Turmair (1466-1534). Celui-ci avait composé des *Annales de Bavière* ou *Annales Boiorum, sive veteris Germaniae* qui ne parurent que vingt ans après sa mort, en 1554. Celui-ci trouve l'origine de la racine *Teut-* de *Teutobochus*, etc. «dans un vieux mot de la langue germanique, *Dieths*, qui signifie *richesses, fonction* et *actions célèbres»*, par où l'on rejoint le Mercure protecteur des marchands[87]. Et s'il faut tout réconcilier, on ira chercher dans les langues armoricaine et britannique le mot *taith* signifiant «chemin» (comme l'indique Camden, précise Huet). Père de la nation, célébration chrétienne et éloge du commerce se partagent désormais l'origine de la divinité ancestrale.

2.4. Noms de lieux, noms de dieux

L'enquête sur les dieux gaulois majeurs puise aussi dans la topographie et invoque les vestiges que livrent parfois les hasards du terrain. Un toponyme d'Espagne sera fréquemment allégué, à propos de l'identification de Teutates à Mercure. L'*Histoire romaine* de Tite-Live, dans un manuscrit aujourd'hui perdu, le *Codex Vormatiensis*, était censé faire état d'un lieu-dit appelé «Mercure Teutates» à «Carthage-la-Neuve», c'est-à-dire Carthagène en Murcie, ville prise par

---

[86] Ils formaient aussi des noms de dieux tels que *Diespiter* (Jupiter) ou *Marspiter*. Un «reine d'Illyrie» est appelée *Teutha* (une note ms. renvoie à François Junius et paraît la nommer *Teutana*).

[87] AVENTINUS 1710, p. 19.

Scipion lors de la deuxième guerre punique[88]. On nommait de la sorte, explique Montfaucon, « les monceaux et les buttes de terre qu'on trouvoit sur les chemins » : les Espagnols, « qui convenoient avec les Gaulois sur plusieurs choses de religion », auraient appliqué à ces buttes une double dénomination renvoyant au même dieu.

Aux enseignements tirés des noms de lieu s'ajoute parfois telle découverte pittoresque. Dans son *Histoire des évêques de l'église de Metz* de 1634, Martin Meurisse raconte comment, « l'an mil cinq cents treize du mois de Juillet, comme les Maçons travailloient a trois petites maison contiguës l'une à l'autre, qui estoient derriere l'Eglise des Peres Cordeliers, aujourd'huy des Recolets, en un lieu appellé communement sur les murs », ces maisons, « qui menaçoient tous les jours ceux qui les habitoient d'une ruine funeste et meurtriere », « vindrent en effet à tomber »[89]. « Reduites incontinent en poudre àcause de leur caducité », elles firent apparaître « plus de trente grandes et belles pierres antiques » dont « la pluspart estoient noircies par le feu, et portoient les marques indubitables de quelque incendie ». On y voyait « quelques figures et representations d'hommes et de femmes vestus à l'antique, d'oiseaux, de vases, et d'autres pieces ou instruments funebres ». L'une de ces pierres attestait la vogue, en Gaule, d'un Mercure « négociateur », comme dit Montfaucon, c'est-à-dire d'un dieu du commerce, représenté « la bourse à la main ».

La « loquacité » prêtée au patron des marchands trouvera aussi sa traduction étymologique. Les *Mélanges d'antiquité* de Jacob Spon discutent en 1679 l'origine d'un des surnoms du Mercure gaulois fournis par l'épigraphie, *Cissonius* (illustration 6)[90]. « Le célèbre abbé Nicaise de Dijon » – dont la

---

[88] TITE-LIVE 1990 sv., 4, 26, 44, p. 83. Ce ms. fournissait des leçons originales qu'enregistrèrent les premières éditions. Celle donnée par Froben en 1535 était due à Beatus Rhenanus et Sigismond Gelenius. Cf. TITE-LIVE 1985, 1, *Introd.,* p. lxxviii ; TITE-LIVE 1990 sv., 1, p. ix.

[89] MEURISSE 1634, p. 8.

[90] *Corpus Inscr. Lat.,* désormais cité *CIL* 13, 2/1, 5373 ; SPON 1679, p. 92 ; MARTIN 1727, 1, p. 350 ; DUVAL 1993, p. 70. L'inscription

mince production apparaît inversement proportionnelle à sa réputation – rattachait l'épithète au grec *kissa* «pie, oiseau babillard». Spon y voyait plutôt un nom local, lié à Besançon ou à sa région, puisque c'est là, «près de l'amphithéâtre», qu'avait été trouvé le vestige. «Rien de plus commun» que de former ces surnoms sur un toponyme.

Un autre document invitera Spon à poser implicitement la question des analogies unissant celtique et parlers plus orientaux. Son traité sur les *Autels de certains dieux inconnus et obscurs,* de 1676, évoque la mention d'un *Jupiter Taranucus* sur une inscription trouvée à Sibenik dans l'ancienne Liburnie, entre Istrie et Dalmatie[91]. Ses *Mélanges d'antiquité* se demanderont dès lors: le mot *taran* que l'on reconnaît évidemment ici est-il «passé en Dalmatie avec la vieille langue celtique» ou supposera-t-on «que certains Celtes l'ont adopté lors de la fameuse migration qui les ont conduits en Grèce et en Asie»[92]? L'historien a le choix entre l'examen comparatif des manifestations diverses d'un même fait et l'hypothèse d'un emprunt, d'une «adoption» de tel trait culturel par une autre culture. La première conception verra parfois son application entravée par l'idée d'une communication d'ordre secondaire. Ceci affectera notamment l'interprétation d'une découverte décisive, en histoire de la linguistique: la reconnaissance de certaines correspondances lexicales entre parlers germaniques et perse (voir ci-dessous). Celles-ci sont précisément explorées par un des correspondants de Spon mentionnés dans le débat sur Taranis. Un «Dominus Bernard» qui n'est autre que l'Oxfordien Edward Bernard a en effet transmis au Lyonnais la référence

---

était conservée dans le «musée de l'abbé Boisot», prieur de la ville. Elle ne figurait pas encore dans l'ouvrage de Jean-Jacques Chifflet sur Besançon (1618).

[91] *CIL* 3, 1, 2804, qui évoque les circonstances de la découverte de l'inscription et de sa transmission (notamment par Antonius Wrantsius, ou Venantius, évêque d'Agria, qui la vit au milieu du XVIe siècle); SPON 1676, p. 11-12, n° 2. Sur *Taranucus,* cf. DUVAL 1993, p. 27.

[92] Sur la manière dont le XVIIIe siècle exalte cette «migration», et notamment la confrontation avec Alexandre, cf. GRELL 1995, p. 1122.

à *taran*⁹³. Cet homme d'une érudition peu «vulgaire» se fait remarquer en 1689 par un *Etymologicon britannique* s'attachant, ainsi que dit le sous-titre, aux *origines russes, slavoniques, perses et arméniennes de mots anglais et britanniques*. Ces «origines» se déchiffraient comme remontée vers un ancêtre commun, puisque l'ouvrage en compagnie duquel était publié l'*Etymologique, les Institutions grammaticales de l'anglo-saxon et du moeso-gothique* de l'évêque George Hickes, mettait en évidence la diversification d'un commun prototype «gothique» ou «moeso-gothique» ou encore «Ulphila-gothique», en particulier sur le plan grammatical⁹⁴.

Le jupitérien Taranis bénéficia en Grande-Bretagne, au XVIIe siècle, d'exhumations archéologiques régulières. Une inscription galloise enregistrée par Camden comportait le terme *Tramai*⁹⁵. On crut lire *Tarami* et y reconnaître le nom de Taranis⁹⁶. «L'incurie du graveur» aurait «rejeté à l'avant-dernière place la lettre A, qui devait s'écrire après le T». Mais on fera observer que le mot s'explique mieux par le lieu-dit *Bramenius* ou *Bremenius*, cité dans l'*Itinéraire britannique d'Antonin*: le toponyme aurait donné son nom à des divinités du cru, «usage qui n'est pas rare»⁹⁷.

En 1676, Humphrey Prideaux (qui n'était pas encore le fameux auteur, controversé, de l'*Histoire des juifs*), décrivait en détail une inscription découverte à Chester, l'ancienne *Deva* des Romains, près de Liverpool⁹⁸. «Exhumée par

---

⁹³ SPON 1685, p. 73-74, n° 4.

⁹⁴ L'information mentionnée dans les *Mélanges d'antiquité* de 1685, lui avait donc été communiquée avant la parution de l'*Etymologicon* de Bernard. Leibniz tenait Hickes en grande estime: GENSINI 1991, p. 208.

⁹⁵ BANIER 1733, p. 44.

⁹⁶ SCHEDE 1648, *Syngramma primum*, 8, p. 117-18. Lecture due à Selden; inscription découverte près de Lowther.

⁹⁷ KEYSLER 1720, p. 390. Le rapport avec l'*Itinéraire d'Antonin* est établi par l'éditeur de celui-ci, Thomas Gale (1709, ouvrage publié posthume par son fils Roger), qui lit dans l'inscription: *«Tramae vexillatio Germanorum»* (la *vexillatio* étant un détachement de vétérans). Cf. Brampton, à l'est de Carlisle? Sur Gale, cf. PIGGOTT 1989, p. 125.

⁹⁸ PRIDEAUX 1676, p. 282, n° 148; SPON 1685, p. 74, n° 5.

hasard en creusant le réduit à provisions dans la maison d'un certain Richard Tyrer, en deçà de la porte orientale de la ville», elle était demeurée longtemps dans ses jardins, avant de rejoindre la fameuse collection d'antiques constituée par le comte d'Arundel, puis léguée à l'université d'Oxford. «Les lettres de l'inscription sont déjà presque effacées», dit Prideaux, qui en doit le déchiffrement à John Greenhalgh, «maître de l'école de Chester», lequel lui a aussi transmis des «notes non négligeables» concernant la pierre[99]. Les dieux des Gentils, commente-t-il, portaient divers surnoms évoquant le lieu où ils étaient honorés ou encore leur pouvoir. Un de ces surnoms, sur l'inscription en question, se lit *Tanarus*. Prideaux la rapporte au «*Taranis* des Gaulois», c'est-à-dire, dans la ligne de Camden, au Zeus *Brontaios* et au Jupiter *Tonans*, ainsi qu'au dieu *Thor* et à ses variantes germaniques[100].

> *Le Sieur Grenehalgh peut en témoigner. Il a consulté pour ce mot nombre de Cambro-Bretons ou Gallois, qui ont conservé jusqu'ici l'ancienne langue britannique, et il a reçu de chacun d'eux cette réponse: ce que le latin désigne par* Tonitru *s'appelle chez eux* Tanara. *Il observe en outre que ce mot de* Tanaro *signifie un feu soudain ou l'éclair chez les mêmes Cambro-Bretons, et qu'on trouve le mot* Tanar *dans le Dictionnaire Cambro-Breton* [c'est-à-dire chez Davies] *pour désigner le tonnerre.*

Celtophilie et celtocentrisme, nostalgie de l'origine orientale, ébauches de mythologie comparée, folklorisme font ainsi naître, sur les divers plans où s'offre la parole, un

---

[99] Il doit s'agir d'un des fils de John Greenhalgh, gouverneur de l'Ile de Man, mort en 1651 (*Dict. Nat. Biography* 8, p. 520). On reprochera à Prideaux des transcriptions particulièrement approximatives, qui lui vaudront, peut-être injustement, d'être considéré comme «un homme peu soigneux à la tête boueuse» (*Dict. Nat. Biography* 16, p. 352-54).

[100] La variante graphique *Tharanis* exprimera en quelque sorte le rapport entre *Taranis* et les *Thor* ou *Thoronis* germaniques, porteurs de la foudre, dont parlent les Eddas et tous les érudits septentrionaux, à commencer par le célèbre Olaus Rudbeck dans son *Atlantica* (KEYSLER 1720, p. 196 sv.).

savoir linguistique et philologique encore brouillon, dispersé. Celui-ci s'exerce également, de façon exemplaire, sur les déesses qu'archéologie et épigraphie intègrent au panthéon celtique.

3. L'ÉTYMON DES DÉESSES

«Les Gaulois», écrit en 1574 Joseph Scaliger, «ont d'autres divinités que Hesus ou Taranis, mentionnés par Lucain, à savoir Abellio et Onuaua»[101]. *Abellio* suscitera une polémique rapportée ci-dessous. Mais qu'est-ce que cette *Onuaua*? S'agirait-il de Minerve, en tant qu'elle est ici associée à un avatar d'Apollon, son frère dans la mythologie grecque? S'agit-il de Diane, en honneur chez les Galates, ces Celtes d'Asie Mineure, comme en témoigne Plutarque dans la *Vertu des femmes*[102]? «Je bute complètement» sur la question, avoue au siècle suivant Antoine Gosselin, dont le texte hésite de manière significative entre *Onvana* et *Onana*: l'appellation même de la divinité est incertaine, comme l'est sa provenance épigraphique, laissée dans le vague par «l'aigle des philologues», qui entendait peut-être proposer son interprétation avant de se montrer plus précis sur une inscription qu'il avait personnellement repérée – pratique dont on n'est pas sans exemples[103].

Onuaua n'exercera pas l'ingéniosité des savants de l'âge classique. Ce n'est pas un cas isolé. Il en va de même d'une déesse étroitement liée à la culture celtique et dont le caractère populaire s'affiche dans les multiples représentations qui en ont été conservées. *Eponα,* dont le nom est formé sur celui du «cheval» en gaulois (apparenté au grec *hippos),* est «la patronne des cavaliers de l'armée, palefreniers, conduc-

---

[101] SCALIGER 1574, p. 28.
[102] PLUTARQUE 1989, 3, 20, p. 551-55. On y raconte l'histoire de Camma, prêtresse d'Artemis, qui se suicide dans le temple de la déesse en empoisonnant le meurtrier de son époux.
[103] *CIL* 13, 1/1, p. 581, qui mentionne néanmoins diverses références au monument, notamment chez Pithou.

teurs, voyageurs», y compris, sans doute, ceux dont l'âme migre vers l'Au-Delà[104]. Plusieurs témoignages de son culte ont été trouvés à Alesia, peut-être dus aux «fabricants de harnachement de chevaux et d'équipement de voitures, artisans spécialisés de la ville». Les ouvrages des XVIe et XVIIe siècles qu'on a consultés ne comportent pas de section sur la déesse cavalière, que les XIXe et XXe siècles ont mis très précisément en évidence iconographique, y compris jusqu'à une date récente[105].

C'est également sur le plateau d'Alesia qu'a été découvert un temple associé à un Apollon *Moritasgus,* nom, nous dit-on aujourd'hui, d'une «divinité de source»[106]. L'appellation n'était pas inconnue des lecteurs de César, chez qui elle désigne un chef de la tribu des Sénons[107]. Mais l'interrogation relative à ce double personnage se concentrera sur la question de l'éventuelle divinisation des héros historiques. Moritasgus prendra place dans une galerie de figures légendaires dont la dénomination appartient à la contingence de l'histoire. Telles seraient *Velleda, Ganna, Aurinia,* etc.[108] Y ajoutera-t-on les *Matrones Aufanae?* Ces dernières relèvent bien de l'étymo-mythologie, comme le montre l'importante et exemplaire littérature dont il va être question.

3.1. Les déesses-mères de Metz et de Lyon

Comme les anciens parlent peu des Déesses meres, ce n'est que d'après les monuments et les inscriptions qui nous en restent qu'on peut traiter cette matiere; et je ne l'entreprendrois pas, après ce qu'en ont dit plusieurs auteurs

---

[104] DUVAL 1993, p. 49-71; DEYTS 1992, p. 51-57 et dans *À la rencontre des dieux gaulois* 1998, p. 93 sv.

[105] Voir les notices sur les Eponas de Perthes (Haute-Marne, auj. au Musée municipal de Saint-Dizer) et de Châteaubleau, découvertes au milieu des années 1960 et en 1990 (*À la rencontre des dieux gaulois* 1988, notices de F. PARTHUISOT, E. RABEISEN, M. BARBIER, etc.).

[106] DUVAL 1993, p. 77; DEYTS dans *À la rencontre des dieux gaulois* 1998, p. 42-43.

[107] CÉSAR 1989, p. 170.

[108] SPON 1676, p. 65-66, n° 40; KEYSLER 1720, p. 99.

> *modernes, si j'avois été satisfait de leurs conjectures. Ces inscriptions et ces monuments déterrez, la pluspart dans les Gaules ou aux environs, se trouvent dans Gruter, dans Spon, et dans plusieurs autres Antiquaires, qui s'estant contentez de les avoir conservez, n'y ont adjoûté que peu de réflexions.*

Ainsi s'exprime en 1730, devant l'Académie des Inscriptions, l'abbé Banier, célèbre mythologue, à propos de ces divinités que l'on considère aujourd'hui comme représentant «la Terre ou la Nature, force créatrice de toute vie», «la Femme en tant que mère des hommes», c'est-à-dire «l'idée de maternité dans toute son ampleur»[109]. Banier se réfère aux *Inscriptions de tout l'ancien monde romain* de Janus Gruter, le premier grand recueil du genre, paru en 1602-1603 à Heidelberg chez Jérôme Commelin, réédité par le même en 1616 et réimprimé à Amsterdam en 1707. Les matériaux enregistrés proviennent notamment des travaux de deux amateurs flamands, Martin De Smet, ou Desmet, et Etienne Wynants ou Winand, plus connu sous le nom de Stephanus Pighius, lequel va jouer un rôle particulier dans la découverte de Belenus. Ceux-ci entreprirent au milieu du XVIe siècle une fiévreuse collecte d'inscriptions et d'antiquités qui les mena dans divers pays et notamment en Italie[110]. De Smet avait formé un recueil manuscrit qui connut un destin rocambolesque. Presque anéanti dans un incendie, reconstitué avec l'aide d'amis qui en avaient pris des copies, dérobé par des soldats ou brigands anglais qui le mirent en vente dans leur pays, l'ouvrage fut acquis pour l'université de Leyde par

---

[109] BANIER 1733, p. 34; DUVAL 1993, p. 56. A la fin du chapitre sur le panthéon gaulois, Montfaucon expédie en quelques lignes la vaste question posée par les déesses-mères et par leurs noms: «Il y avoit plusieurs autres dieux dans les Gaules et sur le Rhin, dont les marbres n'ont conservé que les noms; telles sont les déesses *Matres* et *Matronae*, les Meres et les Matrones, avec des épithètes qui les distinguoient, comme *Matribus Vapthiabus, Matribus Gallaicis, celles-ci trouvées en Espagne. Matronis Asercnehabus, Matronis Hamaivehis, Matronis Vacallinehis, Matronis Rumaehabus, Matronis Romanehis*» (MONTFAUCON 1722, 2/2, p. 433).

[110] Sur ces deux érudits exemplaires, cf. *Biogr. Nat. de Belgique* 5 et 17.

Juste Lipse, qui le publia en 1588 sous le titre de *Livre d'inscriptions antiques recueillies ça et là en Europe,* accompagné d'un *Supplément* de son cru. Les notations de Smet et de Pighius parsèment encore de leurs références abrégées le moderne *Corpus des inscriptions latines* (lequel ménage un peu chichement l'éloge à ces pionniers). L'ouvrage de Gruter fut complété par un *Syntagma* dû à Thomas Reinesius, qui parut posthume en 1682. Celui-ci avait, dit-on, préparé une refonte générale du répertoire qui devait porter le nombre d'inscriptions «à six mille», selon ce qu'écrit Jacob Spon[111].

Le plus célèbre des bas-reliefs représentant les déesses mères avait été découvert à Metz par un archéologue faisant occasionnellement métier de faussaire, Jean Jacques Boissard, qui en adressa le relevé à Gruter (illustration 4)[112]. Il ne manqua pas d'être mentionné dans les principaux ouvrages traitant de la Lorraine[113].

> *On y voit,* écrit Banier, *trois figures de femmes debout, dont deux tiennent ou des fruits ou des pommes de pin à la main; la troisième semble en renfermer dans sa robe qui est retroussée. On y lit cette Inscription:*
>
> In honore Domus Divi
> Naëdis Mairabus Vicani vici Pacis.
> *Ceux de la rue ou du village de la Paix ont consacré aux Maires ce monument, à la gloire de la maison imperiale.*

---

[111] Spon précise: la matière s'est enflée avec les mille inscriptions supplémentaires de Peiresc et Sirmond (1617), les trois mille textes mis au jour par Jean-Baptiste Doni (1631), «les deux mille du cardinal Barberini et le même nombre de celles exhumées par le très-savant Nicolas Heinsius».

[112] *CIL* 13, 1/2, 4303; KEYSLER 1720, p. 394 sv.; MONTFAUCON 1722, p. 433; MARTIN 1727, 2, p. 147. À l'époque où l'érudit luxembourgeois Alexandre Wiltheim (né en 1604) était «enfant», le vestige se trouvait encore dans une collection particulière; mais au XVIIIe siècle, il fut «encrusté» dans le mur du cloître du monastère des Carmélites (d'après Séb. Dieudonné, auteur de *Mémoires sur Metz,* 1770, manuscrit).

[113] L'*Histoire des évêques de l'église de Metz* de Martin Meurisse de 1634, déjà citée; l'*Alsace illustrée* de Jean Daniel Schoepflin de 1751; la *Notice de la Lorraine* de l'hébraïsant Augustin Calmet de 1756.

Dans ce trio classique de «déesses multiples», la «répétition d'intensité» s'explique notamment «par le manque fréquent de personnalité de ces 'mères' gauloises et germaniques» (Duval).

Si Montfaucon distingue ici des fruits, Keysler croit plutôt voir des fleurs. Quant à la dédicace, elle se prêtait à plusieurs types de lectures. Boissard avait déchiffré *manibus,* mais Gruter corrigea aussitôt en *Mairabus,* tandis que d'autres rétablissaient *Matrabus,* à la latine. Ce dernier rapprochement renferme et escamote à la fois de manière symbolique l'enjeu de la future grammaire comparée. Pour celle-ci, la convergence pointe vers une parenté, une source commune, un archétype à reconstruire. Mais le voisinage formel entre «*Mairae, Matres, Matres* et *Matronae*» semble d'autre part si naturel, si spontané, qu'il tend à se soustraire au regard historique. Dom Martin tente de le déchiffrer en projetant sur le passé l'expérience vécue. On peut penser

> *qu'il est arrivé aux Gaulois faiseurs de ces Inscriptions, faute d'avoir bien sçû le Latin, ce qui arrive tous les jours aux étrangers, qui ne font qu'écorcher le François; lesquels substituent aux mots qui ne leur viennent point, des mots de leur pays; ou en employent bien de François, mais qui ne rendent pas tout-à-fait leur pensée, sans pourtant s'éloigner beaucoup de la véritable signification du terme qu'ils cherchent. Croyant au reste se tirer d'affaire, parce qu'ils se servent d'un mot habillé à la Françoise; ou parce qu'ils employent un mot bien François, quoiqu'au fond ce mot n'exprime pas bien ce qu'ils veulent dire.*

Dans les deux cas, la proximité initiale entre mot latin et mot celtique s'affirme plus ou moins. Le Gaulois, dans la première hypothèse, a «habillé» à la latine un «mot de son pays» qui ne devait pas être très différent de celui pris pour modèle. Ceci reste vrai dans l'autre cas, mais la formulation incline à penser que les «faiseurs d'inscriptions» ont plutôt employé et déformé un terme latin n'exprimant «pas bien ce qu'ils veulent dire», ce qui brouille l'apparentement. L'interprétation de *Maires* est globalement ramenée à la langue de Rome: «il n'y a que la corruption de la Langue Latine, qui regnoit dans les differentes Provinces, où furent faites ces

Inscriptions, qui ait pû former la difference, qui se trouve entre ces mots »[114]. On ne s'étonnera donc pas de retrouver l'ancien terme dans le languedocien *mairé :* « il se pourroit faire que ce mot de cette Province, nous auroit conservé non-seulement la nature, mais encore le sens du mot Celte ». Ce sens, en vertu du rapprochement avec le latin, ne peut être, tout simplement, que celui de « mère », étendu à celui de femme tenant entre ses mains la vie de l'homme, sous ses diverses formes.

On pourra dès lors intégrer à cette interprétation linguistique l'hypothèse émise par le P. Claude-François Ménestrier à propos d'un autre monument fameux[115]. Dans son *Histoire civile ou consulaire de la ville de Lyon* (1696), le spécialiste du blason, de l'emblème, etc. reproduit un bas-relief qui se trouvait, à l'époque, « engagé dans la Tour du clocher d'Ainay immediatement au dessus de la porte par où l'on entre à l'Eglise », c'est-à-dire dans la tour carrée de l'église de l'abbaye Saint-Martin, sur « cette *île d'Ainay* qu'un bras du Rhône séparait de la presqu'île lyonnaise »[116]. Le marbre fut enlevé en 1837 et transporté au « palais des Arts de Lyon ».

Le nom même d'Ainay permet à Ménestrier d'exercer une critique étymologique démystificatrice. Il ne vient pas d'*Athenaeum* – comment tendent à le faire croire ceux qui magnifient le passé lyonnais – mais d'*Athanacum,* ou *Athanatum*[117]. On préférera même la première forme, puisque Grégoire de Tours appelle « nos Martirs » *Athanacenses* et que des « titres de l'an 950 jusqu'à 1032, que j'ai fait imprimer parmi les preuves de cette Histoire », désignent toujours

---

[114] Principe d'altération auquel s'ajoute « la grossiereté des Graveurs et des Sculpteurs », dont « l'ignorance crasse » a contribué à « la corruption qui s'est glissée dans ces mots ». « D'où il faut inferer que les Gaulois n'ayant eu en vûë, avec tous ces mots que nous venons de rapporter, que d'exprimer en Latin le mot de Mere, il ne faut point chicaner sur les termes, qui ne signifient pas bien cela ; puisqu'après tout, ils ne s'éloignent gueres de cette signification ».

[115] *CIL* 13, 1/1, 1762.

[116] MÉNESTRIER 1696, *Préparation à l'histoire civile ou consulaire,* p. 7 ; CHAGNY 1935, p. 278-79.

[117] MÉNESTRIER 1696, p. 21 et 85.

l'endroit par *Insula quae Athanacus vocatur*. On ne pouvait être plus précis: la phonétique moderne donnera raison au jésuite. Celui-ci renvoie à ses rêveries «Lazare Meysonnier Docteur Medecin aggregé au College de Lyon l'an 1643», qui donna «le nom d'Athenée à l'ancien Temple de Lyon», «dans la Harangue, qu'il prononça au Cloître de saint Bonaventure, à l'ouverture des Leçons publiques de Chirurgie». Songe creux, aussi, que l'interprétation du «Fauxbourg de la Guillotiere» par le gui des druides, puisque l'ancienne forme était *Grillotiere*. Quant à ceux qui voient dans le même toponyme *Guy l'hostiere,* ont-ils pensé au fait que «les Druydes ne parloient pas François»? «Ridicule». Ménestrier étendra la critique à *Fourvière*, qui ne vient pas de *Forum Veneris* – sur quoi certains ont bâti la fable d'un «Temple consacré à Venus», «en ce lieu» – mais de *Forum Vetus*. Philologie et archéologie coïncident ici exactement. Comme l'écrit A. Schnapp à propos de l'architecte-antiquaire de la Renaissance, qui «tient autant d'Archimède que d'Hérodote»: «Les changements si rapides qui affectent le traitement des monuments anciens, par le recours à la fouille, par le développement des techniques de relevé, par la lecture critique du monument et de la tradition écrite, ne sont pas sans rappeler la révolution qui bouleverse la connaissance et l'édition des textes anciens. Les antiquaires, par les liens entretenus avec le milieu des érudits, du fait de la nécessité où ils se trouvent d'interpréter les monnaies, de restituer et de déchiffrer les inscriptions, deviennent familiers avec les méthodes de la critique textuelle, de l'*emendatio,* la correction, et de la *recensio,* le contrôle et la comparaison des manuscrits»[118].

Revenons au dessus de porte de l'église d'Ainay. On y lit la dédicace *Mat. Aug. Pie. Egn. Med.,* où Ménestrier déchiffre *Matri Augusta Philenus Egnatius Medicus,* c'est-à-dire le «vœu d'un Medecin nommé Philenus Egnatius à cette Déesse de l'Abondance, sous le nom de Mere Sainte».

> *Cette Déesse de l'Abondance est representée au milieu de deux autres figures assises comme elle. Elle tient d'une main une patere, instrument des Sacrifices anciens, et de*

---

[118] SCHNAPP 1993, p. 127-28.

l'autre elle soutient une corne d'Abondance, comme son Symbole particulier. Les deux figures qui l'accompagnent tiennent chacune deux pommes, autres Symboles de fertilité, et je me persuade que ces deux figures sont les deux côtez de la Riviere de Saone; et les deux portions du pays des Segusiens, également fertiles et abondantes, et que par la patere ce Medecin vouloit que l'on reconnut que l'on tenoit des Dieux cette abondance, et qu'il falloit par des sacrifices, et des libations, se les rendre propices...

Ménestrier revient sur sa première interprétation dans le cours de l'ouvrage[119]. Il a, « dans la préparation de cette Histoire », expliqué la scène par une représentation « des trois Gaules »: elle pourrait aussi bien « se rapporter à ces trois prétenduës Déesses ou Matrones » que l'on voit sur le monument de Metz, si on lit *Med(iomatrix)* « Metz » au lieu de *Medicus* (point sur lequel la critique moderne, qui distingue un « médecin Phlégon », ne suivra pas pas Ménestrier). Mais qu'étaient donc ces matrones ?

3.2. Parques, accoucheuses, concubines?

Pour Ménestrier, ces déesses-mères sont d'abord des avatars des trois Parques. Il invoque Varron: Aulu-Gelle rapporte en effet dans les *Nuits attiques* l'opinion du grammairien – non reprise dans ce que nous avons de la *Langue latine* – selon laquelle «*Parca,* la Parque, vient de *partus,* enfantement, après changement d'une seule lettre »[120]. Les noms des « trois Destinées », *Parca, Nona* et *Decima,* viendraient ainsi de *parere,* « enfanter » et de *nonus* et *decimus* « neuvième » et « dixième mois », pour exprimer le moment où l'accouchement a lieu « selon la nature ». Le passage intervient dans une mise au point sur la durée de la grossesse, qu'Aristote étalait entre le huitième et le onzième mois. De même, « Apulée

---

[119] MÉNESTRIER 1696, p. 128-29.
[120] AULU-GELLE 1967, 3, 16, 9-10, p. 177-78; FUNAIOLI 1907, 132, p. 235. La *Langue latine* évoque seulement les Parques à propos de la manière dont elles « déterminent en parlant *(fando)* le temps de vie des enfants », d'où le mot *fatum* (VARRON 1985, 6, 52, p. 25).

veut qu'elles marquent les trois différences des tems, le passé, le present, et l'avenir, qui embrassent toutes les destinées des hommes».

> *On leur faisoit aussi representer les trois temps de la formation de l'homme dans le sein des Meres, et c'est pour cela, qu'elles étoient appellées Meres ou Matrones. Ces temps sont la conception, la formation du fœtus que les Medecins appellent* Placenta, *et l'animation.*

La critique moderne n'hésitera pas, de la même manière, à caractériser les Parques comme «les déesses qui président à la naissance et sont souvent représentées comme des *matres*»[121]. Les habitants de «la ruë de la Paix», dans l'inscription de Metz, «ne souhaitoient autre chose que la fecondité dans la Maison de l'Empereur, afin qu'ils eussent des successeurs», poursuit Ménestrier.

> *La Modestie ne me permet pas d'en dire davantage, et il vaut mieux laisser ces monumens antiques dans l'obscurité où ils sont, que de decouvrir des turpitudes, qui étoient les principaux Mystères d'une fausse Religion remplie d'abominations.*

Dom Martin adoptera l'hypothèse du jésuite. Il s'agit donc de ne pas envisager les Maires-Parques «sous l'idée de ces Divinitez inflexibles et implacables qu'on s'en forme quelquefois». Son interprétation est à la fois moins explicite, plus «modeste» dans les termes, et plus large que celle de Ménestrier. «Nous entendons trois déesses qui étoient sœurs, qui présidoient à la conception et aux enfantemens, et décidoient de la longueur ou de la brièveté de la vie, du bonheur ou du malheur des personnes, et enfin des richesses ou de la pauvreté des familles». Il interprète aussi *Med.* par *Mediomatrix*, ce qui permet d'imaginer que la ville du Nord fut en quelque sorte le foyer de toutes les autres «Maires ou Meres en général», qui n'auraient été d'abord que «les Divinitez propres de Metz». Ces répliques engendrées par la *matrix* du *milieu* auraient essaimé dans toute la Gaule.

---

[121] P. FLOBERT dans VARRON 1985, p. 130.

L'évhémériste abbé Banier[122] réfute l'hypothèse de Ménestrier et de Martin dans sa *Dissertation sur les déesses mères* lue à l'Académie des Inscriptions en 1730 et imprimée dans les *Mémoires de littérature* de celle-ci en 1733. Il a prononcé devant la même compagnie un discours où il « déduit fort au long les fonctions des Parques ». « On n'y trouvera point, ni dans aucun Auteur que je connaisse, qu'elles ayent présidé aux richesses ou à la pauvreté, ni au bonheur ou au malheur des hommes dont elles filoient les jours »[123]. Figures « implacables, inexorables », les Parques n'étaient pas l'objet de vœux ou de prières. « On ne feste guéres ceux qui ne nous font que le bien qu'ils ne peuvent s'empescher de faire ». Leur portrait ne correspond en rien à celui des divinités gauloises.

> *Les Déesses mères sont representées sur les monuments comme de jeunes femmes, habillées modestement, et tenant à la main ou portant sur leurs genoux des fruits et des cornes d'abondance ; les Parques au contraire sont peintes par les anciens Poëtes sous la figure de trois vieilles femmes, dont l'une tient une quenoüille, l'autre des pelotons de fil, et la troisième des ciseaux*[124].

La référence à Varron est exacte. Mais une étymologie qui tire du latin la nature de divinités d'origine grecque, langue dans laquelle celles-ci « se nommoient autrement », n'est-elle pas déjà suspecte ? Le jésuite juge aussi erronée l'assimilation à laquelle procède Martin entre Lucine, la déesse latine présidant aux accouchements, Junon, que l'Antiquité identifie parfois à la précédente, les Parques et les Mères. « Un peu de connoissance de la Mythologie luy auroit épargné ces fausses conséquences ».

> *Lucine et les Parques assistoient aux accouchements, mais avec des fonctions différentes. Lucine venoit pour assister*

---

[122] GRELL 1995, p. 424-29.

[123] BANIER 1733, p. 37.

[124] Le poème 64 de Catulle, dont la fin est rythmée par la litanie des « tournez, fuseaux », évoque les Parques au « corps tremblant », aux « lèvres desséchées » (CATULLE 1984, p. 64-65, vv. 307 sv.). Sur la fortune de Catulle à la Renaissance, cf. GAISSER 1993.

> *les femmes en travail, et leur procurer une heureuse délivrance; les Parques y assistoient pour se rendre les maîtresses de la destinée de l'enfant qui alloit naistre. (...) Ce n'estoient point elles que les femmes en travail appelloient à leur secours, lorsqu'elles s'écrioient* casta fave Lucina, Juno Lucina fer opem, serva me obsecro, *formule, selon Servius, que tous les anciens Poëtes dramatiques mettoient dans la bouche des femmes en couche*[125].

L'abbé se réfère ici au grammairien Honorat Servius, auteur, au Ve siècle, de célèbres *Commentaires sur Virgile*. Une autre étymologie peut-elle réaccréditer l'assimilation aux terribles patronnes du destin? La *Maira* ne correspond-elle pas à la *moira* des Grecs?

> *On devroit faire attention que le* Maira *est une corruption visible du mot* mêtêr, mater, mere. *Toutes les provinces méridionales de la France prononcent encore ma* maire *au lieu de ma* mere: *le* matrabus *est pareillement une corruption de* matribus *parmi des peuples qui n'entendoient que mediocrement la langue latine, et qui la corrompoient pour en former leurs jargons...*

L'abbé Banier peut bien s'opposer à dom Martin. Comme lui, il subit l'attraction d'une survivance dialectale supposée. Martin hésite à placer le mot gaulois dans l'ombre du latin. Banier en fait clairement le résultat d'une «corruption» qui – paradoxe – mentionne la concordance des termes latin et grec. Ce qu'aurait pu ouvrir celle-ci se trouve totalement occulté. En somme, ce cas exemplaire illustre la conjonction négative de la nature (*mêter* correspond naturellement à *mater*) et de l'histoire culturelle.

Les explications qui s'affrontent ne pouvaient satisfaire Jean-Georges Keysler. Sa *Dissertation sur les prophétesses [mulieribus fatidicis] des anciens Celtes et peuples du Nord, spécialement des Mères et Matrones, Maires, druidesses, Volae, Genae, Alirunae, etc.*, occupe cent quarante pages

---

[125] Voir aussi chez Catulle, dans le poème 34 célébrant Diane: «c'est toi que les femmes invoquent sous le nom de Junon Lucine dans les douleurs de l'enfantement» (CATULLE 1984, p. 23, vv. 13-16).

dans ses *Antiquités septentrionales*. Après avoir reproduit les inscriptions classiques trouvées à Lyon, Vienne, Vaison ou Aix, il en fait valoir d'autres attestant l'extension du culte des *Mères* en Espagne celtique et surtout en Grande-Bretagne[126]. Son premier principe de méthode consiste à maintenir la leçon *Mairae* contre la tentation de latinisation en *Matrae*, mot lui-même indicatif, par une «rudesse barbare» qui exprime bien la liaison avec des campagnes «moins soucieuses que les villes de pure latinité»[127]. Il faut être «scrupuleux» et préserver la forme d'une «dénomination pleinement septentrionale et celtique». Qu'on ouvre la *Saga de Hervarar* en *vieille langue gothique ou islandaise*, éditée en 1672 par Olaus Verelius, titulaire de la chaire d'antiquités nationales à Uppsala, un ouvrage dont Leibniz fera aussi son profit: les mots *meij, meijar* y sont abondamment employés pour désigner «une fille, une vierge». De même dans l'*Index de l'ancienne langue scytho-scandinave ou gothique* du même Verelius, ouvrage posthume publié en 1691. Que l'on consulte le dictionnaire gallois de John Davies. Y figure le terme *meiriones,* qui «est le même que *Maerwraig* et *Maeres*» et qui montre un large éventail de sens, de la «paysanne» à la «concubine d'un seigneur». C'est bien «dans cette exacte signification» que les Evangiles du Nord emploient le terme pour désigner Marie, vierge et pour ainsi dire «concubine, servante de Dieu le Père»[128].

Mais d'où vient lui-même ce mot de *meiriones?* Son étymon est également fourni par Davies, qui donne à *meithrin* le

---

[126] Pour les inscriptions trouvées en Gaule Narbonnaise: *CIL* 12, 1824 et Keysler, § 6 (Vienne, auj. au Musée); 1826 et Keysler, § 7 (Vienne, auj. Musée de Lyon); 1304 et Keysler, § 13[a] (Vaison, «en lesglize parochialle soubz un autel de Nre.-Dame»); 1303 et Keysler, § 13[b] (Vaison, Evêché); 1309 et Keysler, 13[c] (Vaison), etc. Pour la Grande-Bretagne: *CIL* 7, 424 et Keysler, § 20 (Binchester, anc. Vinovia, «Built up in the court wall near the gate on the right hand as you enter»); 221 et Keysler, § 21 (Ribblechester, Lancashire); 1094 et Keysler, § 22 (Ecosse, Castelcary), etc.

[127] KEYSLER 1720, p. 378 sv.

[128] Davies, en fait, ne précise pas sa source à cet endroit du texte, pas plus qu'à propos du mot *meithrin* qui suit.

sens de «nourrir, élever». Etymon, glisse Keysler, «transmis des Scythes aux Celtes», qui est aussi commun au grec et au latin. On comprend: la matrice première a déterminé une parenté où le rameau celtique conserve le plus fidèlement l'origine. Il ne faut dès lors pas hésiter à retirer aux Romains tel mot de Grande-Bretagne: «*Maer* signifie également le chef, le commandant chez les Celtes, de sorte que je préfère tirer de ce mot l'anglais *Major*, plutôt que d'une source latine». Ce mot de *meiriones* nous rapproche également des *maires* par le sens, «puisqu'il désignait un prêtre»: celles-ci étaient donc des druidesses divinisées sous la protection desquelles les Gaulois mirent champs et villes. A quoi Banier objecte, dix ans plus tard:

> *Mais on peut demander à ce sçavant, pourquoy les Gaulois n'avoient-ils divinisé que trois de ces femmes Druïdes. N'estoient-elles pas toutes par leur ministére en égale vénération? Ne faisoient-elles pas toutes profession de connoître et de prédire l'avenir? Et leur estat ne les rendoit-il pas toutes également sacrées?*

3.3. Déesses topiques: toponymie et folklore

«Quant aux adjectifs qui servent à désigner, ou à distinguer ces Maires, Meres, Matrones», écrit Martin, «ce sont de purs noms locaux». Banier acquiesce[129]:

> *Je dis d'abord qu'il est sûr, premiérement, qu'elles estoient des Divinitez communes à plusieurs peuples, et que les surnoms qu'elles portent dans les Inscriptions, estoient ceux des lieux où elles estoient honorées: ainsi les Inscriptions sur lesquelles on lit* Matribus Gallaïcis, *marquoient les Déesses meres de la Galice: et veritablement le monument sur lequel est cette Inscription, a esté trouvé à Corumna ville de Galice; de même les Meres de* Vacalli *sont celles d'un bourg de l'ancienne Germanie, que Gruter nomme* Vachlendorf: *les Rumanées sont celles qui estoient honorées à Rhumaneim dans le pays de Juliers, ainsi des autres.*

---

[129] BANIER 1733, p. 41.

On connut dès la Renaissance, et on connaît mieux encore aujourd'hui, les *Matronae Vacallinehae,* dont on conserve à Bonn une belle collection. Celles-ci étaient notamment représentées, en trio classique, ayant « leur giron plein de fruits », sur le monument associé à Vachlendorf, lequel était également situé dans le pays de Juliers et fut révélé grâce à nos voyageurs flamands du XVIe siècle, Smet et Pighius, d'où l'information et l'interprétation furent transmises à Gruter[130]. Le rapport avec Vachlendorf se trouva parfois contesté au profit d'un rapprochement avec Wachtendonk, entre Allemagne et Pays-Bas. C'est aussi à De Smet que l'on doit l'explication des *Matrones rumanées* par « un lieu aujourd'hui appelé Rumanheim »[131]. On voit comment l'enquête s'oriente vers la toponymie d'une manière presque programmatique pour l'étude moderne des dieux celtes, qui rattachera « les *Matres Namausicae* à Nîmes, *Glanicae* à *Glanum* (Saint-Rémy-de-Provence) », etc. (Duval).

Une des références à ces déesses-mères illustre la manière dont put se trouver en partie suspendue ou dévoyée l'enquête étymologique. A Lyon fut découverte une inscription où un tribun de la première légion *Minervia,* fréquemment citée dans l'épigraphie de la province, formule des vœux pour la santé de l'empereur Septime Sévère en offrant un reposoir et une table aux « mères et matrones *Aufaniae,* de Pannonie et Dalmatie » (illustration 5)[132]. Guillaume Paradin en fit état en 1573[133]. Ces *Matres* ou *Matronae Aufaniae* – l'âge classique lit plutôt *Aufanae* – apparaissent dans d'innombrables inscriptions de Germanie[134]. Thomas Reinesius ne pouvait manquer de s'attaquer à un terme aussi énigmatique, et il proposa de le corriger en *Tanfanias,* réfé-

---

[130] *CIL* 13, 2/2, 7952 ; GRUTER 1603, p. 91, n° 3.

[131] *CIL* 13, 2/2, 7863 et 7973 ; GRUTER 1603, p. 91, n° 4-5.

[132] *CIL* 13, 1/1, 1766.

[133] PARADIN 1573, p. 413 sv., *Inscriptions antiques, tumules et épitaphes qui se trouvent en divers endroits de la ville de Lyon,* d'où la mention passa de Scaliger à Gruter. Cf. GRAFTON 1975.

[134] *CIL* 13, 4, en particulier 11983 sv.

rence à la déesse *Tanfana,* dont le temple est connu grâce à Tacite[135].

Il fallut que Keysler rétablisse la lecture *Aufanae* à partir d'une inscription découverte bien loin de Lyon, à Nimègue, pour que le mot trouve une explication davantage nourrie de philologie et même de linguistique[136]. «*Fan* signifie en effet *seigneur, dieu* chez les Anciens», comme le montrent d'innombrables passages des Evangiles gothiques d'Ulphilas ou la *Saga de Hervarar*[137]. A cette racine aura été préfixé *aue,* qui «dénote chez les Germains et Celtes d'hier et d'aujourd'hui de riants vallons coupés par des sources ou torrents». «De là viennent tant de noms de villes ou cités se terminant par *au*»: «*Arau, Brunau, Buchau, Burgau, Dessau, Gartau*», etc. L'appellation même de *Batave* montrait autrefois ce *–au* final. Les *Matres Aufaniae* sont donc des «déesses du vallon» ou «cours d'eau», une interprétation où l'on retrouvera la racine «scythique» privilégiée par Boxhorn pour désigner l'eau et expliquer le nom de Nehalennia. Abordant la question, Jacob Spon, partageant peut-être le scepticisme de son temps à l'égard de Boxhorn, conclura sobrement: «il est plus facile d'ignorer que de découvrir ce que furent ces divinités»[138].

Celles-ci seront interprétées par Banier à partir de leur dispersion géographique. Les déesses mères étaient connues bien au delà de la Gaule et de la Germanie. On en trouve mention en Catalogne (*matribus Gerudatianis* «aux mères de Gérone») et en Aragon (*matribus Termigestus).* Des inscriptions semblables, déterrées «dans le pays de Cumberland» et «à Binchestre», attestent le culte que leur vouaient les habitants de Grande-Bretagne, comme les Espagnols[139]. «On ne m'objectera pas que ces deux peuples l'avoient reçû

---

[135] REINESIUS 1682, p. 188.
[136] KEYSLER 1720, p. 429. Pour l'inscription: *CIL* 13, 2/2, 8724. Elle fut trouvée en 1628 par Smet. Copie au musée de Leyde.
[137] DROIXHE 1978, p. 120; NOREEN 1883.
[138] SPON 1676, p. 57-58.
[139] Mais il invoque un *deabus matrabus Tramai* dont le dernier terme avait été glosé différemment par Schede (voir ci-dessus).

immédiatement des Germains et des Gaulois, car ce seroit faire servir la question de preuve...». Il est aussi légitime de croire qu'ils tiennent ce culte «des Romains et des autres peuples d'Italie», lesquels l'avaient eux-mêmes reçu des Grecs, qui le tenaient «des Egyptiens et des Phéniciens». «Cette proposition est aujourd'huy si généralement adoptée des sçavants, que je ne crois pas qu'elle ait besoin de preuves». On retrouvera chez un autre représentant de l'érudition jésuite, le P. Daniel, la même tranquille et tranchante assurance. Quelques lignes de Plutarque et de saint Augustin, jointes à l'autorité de Selden et de Bochart, suffiront dans ce cas à établir un fait si avéré. Banier montrera comment «les Syriens multiplièrent leur Astarté, et en firent plusieurs qu'ils nommèrent *Astartai,* d'où les autres peuples formèrent leur Cybelle, leur Vesta et les Déesses meres». La suite de l'explication nous rappellerait, s'il était nécessaire, le cadre général en fonction duquel s'interprète théoriquement toute mythologie ancienne, à la lumière du christianisme. Il s'agit de «faire voir que toutes les Divinitez du Paganisme ont une même source».

> *Lorsque l'idée simple de la Divinité fut altérée dans les descendants de Noé, ils l'attachérent à des objets sensibles. D'abord ils adressérent leurs vœux, et rendirent leurs hommages à ce qui parût le plus parfait et le plus utile; et il est aisé de juger par ces deux caractéres, que le soleil et les astres furent le premier objet de leur superstition. De l'adoration des astres on vint à celle des élements: enfin de toute la nature. On crût même l'Univers trop grand pour estre gouverné par une seule Divinité: on en partagea les fonctions entre plusieurs. Il y en eut qui présidérent au Ciel, d'autres aux enfers, d'autres enfin à la terre. Cette même terre en eut un grand nombre pour en avoir soin. La mer, les fleuves, les montagnes, les bois, les campagnes, tout eut ses divinitez particuliéres. On n'en demeura pas là, chaque homme, chaque femme, chaque maison, jusqu'aux animaux mêmes, eurent leurs divinitez particuliéres. Celles des hommes s'appeloient* les Génies, *celles des femmes les* Junons; *de-là ce nombre prodigieux de Divinitez, qui excédoit celuy des hommes même, ainsi que le dit Pline...*

« La terre est la mere nourrice des hommes » : « on ne la laissa pas manquer de Dieux tutelaires ». Les déesses mères « n'estoient que les Génies des lieux où elles estoient honorées » et s'apparentent aux « Sylvatiques », « Suleves », « Commodéves » des Romains, et à « Pomone elle-même qui estoit la Divinité tutelaire ou le Génie des jardins ». Ces propositions n'empêchent pas de songer à une origine « plus particuliére à quelques-unes des Déesses meres » :

> *il est très-probable que les Germains et les Gaulois qui avoient un respect et une vénération particuliére pour les femmes, ont mis à l'exemple des autres nations dont ils avoient reçû leur religion, au rang des Dieux, leurs hommes illustres, et les femmes qui s'estoient distinguées ou par leur valeur, ou pour avoir inventé quelque art utile, ou y avoir excellé. Ainsi les Egyptiens avoient leur Isis, les Africains leur Minerve Tritonia, les Phéniciens leur Dercéto...*

Quant au culte rendu aux Mères, il devait être partout le même : offrandes de fleurs, de fruits, de miel ou de lait, éventuellement sacrifice d'un animal causant « beaucoup de ravages dans les champs, dans les jardins et dans les vignes », comme le cochon. La fin du texte ouvre sur ces superstitions « dont on peut voir le détail dans les Capitulaires de nos Rois, et dans les anciens Rituels qui les deffendent ». Des Gaulois y portent à « chapelles qui estoient nommées *Cancelli* (...) leurs offrandes avec de petites bougies »,

> *et après avoir prononcé quelques paroles mystérieuses sur du pain ou sur quelques herbes, ils les cachoient dans un chemin creux, ou dans un arbre, et croyoient par là garantir leurs troupeaux de la contagion et de la mort même.*

Nehalennia et ses pommes prendront place dans cette galerie de divinités locales et protectrices qu'éclaire une archive folklorique à laquelle s'adressera également l'interprétation de certaines figures du pilier des nautes parisiens.

3.4. Rosmerta l'occultée

Si les déesse-mères furent l'objet d'un abondant débat linguistique, une des divinités celtiques aujourd'hui parmi les plus connues fut dérobée à l'érudition classique par l'altération d'une inscription unique et une accumulation de lectures malheureuses. Il s'agit d'une de ces déesses qu'on appelle « épouses gauloises » parce qu'elles se présentent en compagnie d'un dieu romain souvent spécifié par une qualification locale. On connaît ainsi *Sirona* que plus d'une dizaines d'inscriptions associent en Gaule à Apollon (un couple en fonte a été trouvé en 1977 sur le site de Mâlain en Côte d'Or), tandis que *Damona* accompagne l'Apollon Moritasgus d'Alesia, déjà cité, ou un Apollon Borvo de Bourbonne-les-Bains[140]. Mars, selon qu'il est qualifié de Cicollius à Mâlain ou de Loucetius à Mayence, aura pour compagne *Litavis, Nemetona* ou encore *Bellone,* la déesse romaine de la guerre, qui n'avait du reste ni représentation particulière et n'était pas spécialement associée à Mars (S. Deyts).

Rosmerta est une des compagnes de Mercure, lequel est également associé à sa mère, *Maia*[141]. On connaît diverses statuettes représentant des déesses dont la tête est couronnée de deux ailettes, à l'image du pétase de Mercure. Mais rien ne permet de certifier s'il s'agit de Maia ou de Rosmerta. Par contre, la statuette trouvée vers 1930 à Champoulet dans le Loiret, aujourd'hui au Musée des Antiquités nationales, possède le nom de la divinité. Les deux mains tenaient des objets aujourd'hui disparus : on a supposé qu'il s'agissait, pour la main droite, largement ouverte, d'une patère ou d'un vase rituel ; on peut par ailleurs songer à une bourse ou un caducée, ses attributs occasionnels. Rosmerta est en effet, comme Mercure, une « déesse de paix », protectrice du commerce et du gain On a reconnu dans son nom la racine *smer-* « prévoyance, provision », qui fait d'elle « la grande Pourvoyeuse » et qui entre à la fois dans un des surnoms de Mercure et dans la dénomination du dieu Smertrios, le dieu « Pourvoyeur » ou « Redoutable » que l'on retrouvera au chapitre sur le pilier des nautes.

Le premier monument qui l'ait faite connaître provient de Langres. Il montre deux bustes d'homme et de femme

---

[140] DEYTS dans *À la rencontre des dieux gaulois* 1998, p. 41 sv.
[141] DUVAL 1993, p. 57.

accompagnés d'une dédicace *Au dieu Mercure*, que suit un énigmatique *Po / tverte* dans la transcription fournie par Gruter. Celui-ci traduisit en marge par *Postvertae*[142]. La compagne du dieu se trouvait ainsi ramenée vers le domaine de l'enfantement, puisque Postverte, écrit dom Martin, est chez les Latins la «Déesse que les femmes invoquoient quand elles étoient à terme». Plus précisément, elle était censée retourner l'enfant «quand il présentoit les pieds», de même qu'Anteverte avait pour vocation de «prévenir les maux» et de faire «venir l'enfant heureusement, c'est-à-dire, la tête devant».

Montfaucon fournit une reproduction du monument (illustration 6) et se rangea à une autre interprétation, fournie par l'historien langrois Jean-Baptiste Charlet, homme en relation avec Mabillon et les autres grands érudits du temps, qui laissa en manuscrit un *Recueil des antiquités de Bourgogne*. Pour ce dernier, *Po / tverte* déguisait un très altéré *Fortunae revertenti*: le personnage féminin désignait la «Fortune qui revient». La lecture fut adoptée par Muratori dans son *Nouveau trésor d'inscriptions anciennes* de 1739 ainsi que par l'intéressant occitaniste Joseph Bimard de La Bastie[143].

Dom Martin voulut revoir de ses propres yeux une si curieuse pièce d'Antiquité, qui se trouvait apparemment dans les collections héritées de Paul Petau (1568-1614)[144]. Surprise: la gravure figurant dans Montfaucon était toute différente de la réalité, comme le montrent en effet les illustrations 6 et 7.

> *Outre que la disposition des figures y est entierement changée, et que ce qui chez M. Petau est à la droite y est à la gauche; on n'y voit nulle jeunesse dans les visages, ni ombre de Petase, ni de Caducée, ni de boisseau.*

---

[142] *CIL* 13, 2/1, 5677; GRUTER 1603, p. 50, n° 9.
[143] MURATORI 1739, 1, p. 50, n° 6. L'inscription fut aussi mentionnée par Nicolas Mahudel, membre de l'Académie des Inscriptions et rééditeur du traité *De l'utilité des voyages et de l'avantage que la recherche des antiquités procure aux sçavans* de Baudelot de Dairval (1727).
[144] MARTIN 1727, 1, 18, p. 353 sv.

La gravure figurant chez dom Martin montre en effet un Mercure juvénile, au pétase «en forme de calotte», ayant un caducée «comme planté à côté de lui», à côté d'une femme qui «semble naître ou sortir d'une espece de boisseau». «Et ce qui n'est pas moins surprenant, c'est que l'inscription est aussi renversée». Disons: arrangée pour les besoins d'une interprétation peu plausible, dans la mesure où les Romains, chez qui «la Fortune *de retour* s'appelait *Redux*», n'auraient pas naturellement parlé d'une Fortune *revertenti*. «D'ailleurs quelque usée et maltraitée que soit l'inscription, y a-t-il un espace suffisant entre *Fors* et *Verte* pour contenir la syllabe *Re,* qui dans ce système est necessaire...»?

Martin revient donc à l'hypothèse de Gruter. Il faut convenir avec un archéologue du XIXe siècle, L. Beaulieu, que ce retour à Postverta est «étonnant», pour ne pas dire inadmissible, puisque la gravure proposée par Martin fait apparaître assez clairement le nom de *Rosmerte*. Montfaucon avait été corrigé pour rien. Sa lecture fautive, comme celle de Gruter, se trouvait accréditée pour un nouveau siècle. Il faudra que l'on trouve en 1821 à Sion, sur la «colline inspirée» de Barrès, au cœur de la Lorraine, une autre mention de Rosmerta pour que revienne au jour le nom de la déesse[145]. Encore la pierre, aujourd'huy au musée de Nancy, était-elle cassée, de manière que ce nom se trouvait à nouveau coupé en deux, ce qui fit douter, rapporte Beaulieu, «si c'était bien là une nouvelle divinité» (illustration 8). D'autres découvertes confirmèrent l'association de Rosmerta à Mercure comme présidant aux transactions du marché (illustration 9)[146]. De là, explique Beaulieu, «le boisseau d'où la déesse

---

[145] *CIL* 13, 1/2, 4732; BEAULIEU 1840, 1, p. 65 sv. et 193-99.

[146] Une partie du nom apparut également, peu après, sur un fragment trouvé à Wasserbillig dans la Moselle: *CIL* 13, 1/2, 4208. On découvrit non loin de Sion, à Soulosse (près de Domremy-la-Pucelle), d'autres invocations à la déesse, qui furent déposées au musée d'Epinal: *CIL* 13, 1/2, 4683 et 4685, reprod. dans BEAULIEU 1840, n° 10 et 7. Celui-ci écrit que le rapport entre l'ancienne *Solimariaca* et Soulosse fut établi «lorsqu'on découvrit en 1694, en démolissant les restes d'un vieux pont, une inscription dans laquelle ce *vicus* romain est mentionné» (publié en 1707 dans l'*Histoire ecclésiastique et politique de la ville et*

semble sortir» dans le monument de la collection Petau, où ce *modius* «indique qu'elle était honorée par les marchands de Langres comme la protectrice du commerce des grains». On faisait dans la région de Sion «un grand commerce de céréales», attesté par le village de *Fraise,* où l'auteur reconnaît un antique *Frumentosa.*

L'archéologie romantique, éclairée à nouveau par la toponymie, mettait sans relâche en évidence la divinité longtemps cachée, mais dont les témoignages allaient bientôt peupler tous les musées des pays lorrain et mosellan[147]. L'expansion documentaire instaurait véritablement un nouveau paradigme, sans que les règles de lecture des textes, les exigences diplomatiques, le débat critique ou les conditions de circulation du savoir – dans le cas des dédicaces à Rosmerta – soient foncièrement différentes de ce qu'elles étaient à l'âge classique. La quantité des objets de recherche faisait ici valoir sur ses droits sur ce qu'une historiographie avide de champs épistémologiques érige en structures «qualitatives» d'interprétation, en modèles intellectuellement autoritaires. Seul un angle de vue réduit avait empêché Gruter, Montfaucon ou Martin de reconnaître une vérité née de la seule multiplicité.

4. DU NOM DES DRUIDES

Le panorama étymologique qu'on vient de dresser ne serait évidemment pas complet sans que soit brièvement évo-

---

du diocèse de Toul de B. Picart, en religion le P. Benoît de Toul). Une autre, provenant de Metz (où elle est conservée au musée) fut publiée en 1858: *CIL* 13, 1/2, 4311.

[147] D'autres inscriptions mentionnant plus ou moins clairement le nom de Rosmerta furent trouvées vers le milieu du XIXe siècle, notamment en Bourgogne et dans la Moselle. L'une d'elle, cassée en trois, fut trouvée en 1840 près de Nieder-Emmel dans une *Roemerkapelle* et se trouve aujourd'hui au musée de Trèves: *CIL* 13, 1/2, 4194. Une autre, publiée en 1858, provenait de Metz où elle est conservée au musée: *CIL* 13, 1/2, 4311. L'année suivante fut publiée une inscription conservée au musée d'Epinal: *CIL* 13, 1/2, 4705. C'est peut-être Rosmerta qu'on voit sur un monument trouvé plus tard, aujourd'hui au musée de Trèves, où une déesse avoisine Mercure: *CIL* 13, 1/2, 3656.

quée la vaste littérature relative au nom des druides[148]. L'hypothèse émise dans la première moitié du XVIe siècle par Aventinus dans ses *Annales de Bavière* est représentative d'un historicisme évhémériste conditionné par les révélations du pseudo-Bérose. L'ouvrage parut pour la première fois, on l'a vu, en 1554. Le nom des druides viendrait de celui d'un roi celte, *Druydis* ou *Dryius,* qui aurait vécu à l'époque d'Arius, sixième souverain de Babylone. Il aurait donc été, poursuit Jean Picard dans sa *Celtopaedia* de 1556, «le quatrième ou peut-être le cinquième roi des Gaulois» et son règne, plein de «théosophie», aurait commencé «quatre-cent-dix ans après le déluge»[149]. L'idée sera reprise avec enthousiasme par Etienne Forcadel dans son *Empire et philosophie des Gaulois* de 1580[150].

Pline avait proposé une autre explication dans l'*Histoire naturelle*[151]. Les druides «n'ont rien de plus sacré que le gui et l'arbre qui le porte, pourvu que ce soit un rouvre», «au point que l'étymologie de leur nom de Druides pourrait passer pour grecque». Le nom grec du chêne est en effet *drus*. Nombreux sont les auteurs, germanophiles ou celtisants, qui contesteront le recours à la langue classique, avec des arguments divers. Pline, écrit Pontanus, bon représentant de la tradition anti-hellénique, disait exactement que ce nom pouvait «aussi s'expliquer par le grec» – *quoque interpretatione graeca:* «addition copulative qui est loin d'être inutile» et qui ménage la place pour une «origine naturelle» tirée du vernaculaire[152]. D'ailleurs, ajoute Cluvier dix ans plus tard, comment les druides, entretenant si jalousement la pratique orale de leur langue au détriment de l'écrit et au bénéfice de la mémoire, auraient-ils été chercher leur nom en Grèce, alors que certains d'entre eux en ignoraient la

---

[148] PUFENDÖRFFER 1650, chap. A; DICKINSON 1655, p. 34 sv.; FRICK 1744, p. 24-29.
[149] PICARD 1556, p. 58-59.
[150] FORCADEL 1580, p. 40.
[151] PLINE L'ANCIEN, 1962, 16, 95, p. 98. L'hypothèse fut notamment reprise par PUFENDÖRFFER 1650, p. 36.
[152] PONTANUS 1606, p. 226-29; TAVONI 1998, p. 52 et 64.

langue[153]? Trêve de considérations techniques, semble s'impatienter le patriotique Schottel dans son *Ausführliche Arbeit von der Teutschen Haubt-Sprache* de 1663. « Le nom du magistrat le plus éminent et du prêtre le plus sacré peut-il venir de celui d'un morceau de bois », « parce que les druides s'asseyaient de temps en temps sous un chêne, comme je le fais moi-même » ?

Les hypothèses alternatives vont se multiplier d'une manière qui fait d'abord apparaître le caractère à la fois séminal et l'occultation discrète d'une figure centrale de l'histoire de la linguistique. Celle-ci réserve une place ambiguë à Jan van Gorp, autrement dit Goropius Becanus : ses *Origines anversoises* de 1569 l'ont rendu célèbre comme théoricien ridicule du « flamand langue-mère ». On y reviendra. Arrêtons-nous ici à ses *Œuvres inédites* de 1580, plus connues sous le nom de *Hermathena, Hieroglyphica, Vertumnus, etc.* Il y décompose *druide* en deux mots de forme flamande : *true* « vrai » ou « fidèle » et *wijs* « sage »[154]. L'étymologie s'assortit d'un amusant élément d'expressivité. « Je dis que le w dénote une vaste étendue ». Le sage sera donc celui qui « envisage les choses dans leur plus grande longueur et largeur », d'où la figure de Janus qui sait d'autant mieux qu'il a deux visages et deux paires d'yeux. En néerlandais, il s'appela sans doute d'abord *wy-sie*, littéralement « celui qui voit large » : forme ancienne où « le w a été retranché et la lettre faible *[zie]* changée en médiane *[s]* ». Des manipulations phonétiques imposées par l'esprit de système forcent le sourire. On plaisantera de même les « échelles » d'altérations successives imaginées par Ménage, tout en le créditant aujourd'hui d'une contribution essentielle à l'avènement de l'idée d'un latin vulgaire reconstruit de manière hypothétique, quand manquent les attestations. Les reconstructions de Goropius ou de Ménage se fondent ainsi sur un principe de transformation linéaire postulant une rationalité évolutive que la linguistique mettra plusieurs siècles à conquérir. Le mot *druide* remonte donc à un ancien *trutwijs* signifiant

---

[153] CLÜVER 1616, 1, 24, p. 203.
[154] GORP 1580, p. 112.

« celui qui regarde attentivement, par lui-même, la vérité en long et en large, sous l'angle le plus étendu ».

Dans son *Itinéraire de la Gaule narbonnaise* de 1606, Pontanus gardera l'idée de « sagesse » qu'offre la racine *wijs* mais combinera plutôt celle-ci avec *try* « tout type d'arbre » (l'anglais *tree*). *Try-wijs* désignera « celui qui est initié aux mystères des bois et des arbres », un « philosophe silvatique » dénommé en raison d'un savoir naturaliste plutôt qu'à cause d'un arbre déterminé.

Pontanus allait lui-même donner force à une autre tradition, quand il publie dix ans plus tard, à la fin de ses *Origines franciques*, l'oraison dominicale traduite dans cette langue au IXe siècle par le moine Otfrid. Les *Evangiles* de celui-ci avaient été édités en 1571. Le *Pater* d'Otfrid commence en s'adressant au *Druthym* « Seigneur »[155]. Le glossaire francique proposé quelques pages plus loin par Pontanus a un article confirmant que *Druthines haus* signifie bien la « maison de Dieu ». L'érudit se souvient d'avoir dit ailleurs que le mot a été repris par « des peuples se trouvant au nord du Danemark ». Comment ne pas voir là l'origine de *druides* « hommes consacrés à Dieu », demanderont Cluvier et Vossius[156] : selon eux, il y a en ancien germanique un mot *druthin, dhruchtin, draghtin, etc.* qui signifie « seigneur, maître ». Le terme *Druthym* se retrouve également dans l'*Harmonie des Evangiles* qu'un poète peut-être carolingien traduisit en francique, de Tatien de Mésopotamie (Ve siècle)[157]. Ce monument d'ancien germanique venait d'être révélé par un auteur flamand dont les découvertes ont aussi joué un rôle déterminant en histoire de la linguistique. Le Brugeois Bonaventure De Smet, ou Vulcanius, en publia des passages dans son traité *Des lettres et de la langue des Gètes ou Goths* de 1597[158]. Assise sur de telles fondations, une hypothèse si

---

[155] PONTANUS 1616, p. 589 sv.
[156] CLÜVER 1616, ch. 74 ; VOSSIUS 1641, 1, chap. 35.
[157] Confondu avec Tatien d'Alexandrie (IIe siècle), d'où l'attribution de cette traduction à *Tatianus Syrus*. Cf. GRAFTON 1993, p. 110-11.
[158] Rappelons que Vulcanius participe à la mise en lumière des *Serments de Strasbourg* et que son ouvrage fut apparemment le premier ouvrage

LA DÉCOUVERTE DU PANTHÉON CELTIQUE 75

favorable à la piété native des Francs ne pouvait que rencontrer une large et persistante adhésion en Allemagne[159].

Tandis que certains s'attachaient aux plus anciens monuments de la langue allemande, d'autres envisageaient les écrits latins des mêmes «temps barbares». On a vu comment Jean-Basile Herold, François Pithou et Frédéric Lindenbrog avaient, depuis le milieu du XVIe siècle, développé l'étude des *lois des Saliens, Alamans, Saxons, Angles, etc.* On peut considérer l'œuvre de Henry Spelman comme une première somme des informations lexicales que comportait cette littérature. Spelman avait fait ses études à Cambridge (Trinity College) au début des années 1580 et adhéré dix ans plus tard à la Société des Antiquaires, qui lui permit notamment de rencontrer Camden[160]. Il avait préparé pour celle-ci, en 1614, un *Discours concernant l'antiquité et l'étymologie de termes de loi, pour l'administration de la justice en Angleterre*, qui ne parut que beaucoup plus tard. Vers 1620, il soumettait à des confrères étrangers, dont Peiresc, les feuilles d'un ouvrage plus ample et publiait ainsi à ses frais, en 1626, la première partie d'un glossaire arrêté après la lettre L. Le titre mérite d'être traduit en entier: *Archeologus, en forme de glossaire contenant des mots latins-barbares, étrangers, obsolètes et de signification nouvelle qui apparaissent, après les bouleversements européens provoqués par les Goths et*

à faire état de l'observation de Raphelengius concernant les analogies germano-persanes, avant que Juste Lipse ne diffuse largement l'information dans sa *Troisième centuries de lettres à des Belges* de 1602.

[159] PUFENDÖRFFER 1650, chap. A, 3: «Islandais usent encore aujourd'hui du mot *druthim* pour Dieu». Mentionnons d'abord le relais que constitue au début du XVIIIe siècle l'édition de l'*Harmonie* de Tatien par Philippe Palthenius, laquelle relance le commentaire de Jean Schilter dans son *Trésor d'antiquités teutoniques* de 1728. FRICK 1744, p. 26 mentionne la présence de l'hypothèse, à la même époque, chez Hermann Ulrich von Lingen, chez Just Christoph Dithmar, chez Caspar Calvoer (*Saxonie inférieure, antique, païenne et chrétienne*, 1714), chez le «célèbre Johann David Köler» (*Dissertatio de scholis veterum recentiorumque Germanorum*, Altdorf, 1725) ou encore chez le non moins «célèbre» Burgkhard Gotthelf Struve (*Corpus d'histoire germanique*, 1730). Que de gloires oubliées!

[160] On suit la notice du *Dict. Nat. Biogr.* 53.

Vandales, chez les écrivains ecclésiastiques et profanes, ainsi que dans les lois, chartes et formules antiques de divers peuples. Le livre porte l'adresse de l'imprimeur du roi, John Beale, mais celui-ci refusa d'en prendre à son compte des exemplaires de sorte que le second volume, auquel Spelman travailla, presque aveugle, jusqu'en 1638, à la veille de sa mort, ne parut que dans les années 1660. Ces travaux, conclut le *Dictionary of national biography,* font de lui « l'auteur qui inaugure la science philologique en Angleterre ».

L'*Archeologus* offre un article *Drudes et Drudi* qui rattache ces mots au germanique *drouu* et à l'anglais *truth* « foi », d'où *true* « fidèle »[161]. Pas de problème phonétique : « les t se changent très souvent en d ». Le sens mérite un commentaire, car ces *drudes* que mentionnent les anciens textes ne sont pas simplement des « fidèles », mais « une sorte de vassaux », et « parmi ceux-ci, peut-être, quelque espèce plus particulière ». Comme dit un ancien commentateur, cette étymologie de *druide* n'est pas très éloignée de celle que propose Grotius, de manière quelque peu ambiguë mais franchement politique, dans l'*Histoire des Goths* de 1655[162]. Grotius invoque une racine *trud, trouwe* « foi » à laquelle est allusivement lié le *truchtin* « dominus » qui « apparaît souvent dans le Nouveau Testament en vieille langue germanique », et qui se dit « encore maintenant à propos de la reine en Suède » : Grotius oublie rarement qu'il est au service de cette dernière, par exemple quand il entre en 1641 dans la polémique concernant le peuplement du Nouveau Monde. Il y défendait une thèse de l'origine multiple des Américains – scandinave, éthiopienne et chinoise – qui constituait en fait, comme l'a montré G. Gliozzi, une tentative de légitimation juridique de la modeste entreprise coloniale suédoise au pays d'Eldorado[163]. Ambassadeur de la reine Christine, Grotius répliquait en somme aux auteurs espagnols ayant développé la « théorie des Hespérides », selon laquelle les premiers occupants des Amériques avaient été des peuples ibériques,

---

[161] SPELMAN 1626, p. 228.
[162] GROTIUS 1655, p. 588.
[163] GLIOZZI 1976, p. 444 sv.

d'où l'on tirait le justification d'une «recolonisation» ou régénération des ancêtres notoirement débilités.

Les *drudi* seront donc ceux «qui ont donné leur foi». On ajoutera que cette racine intervient aussi dans «des noms féminins tels que *Gariotruda, Gertraudte, Ariotruda, Ertraudte*». L'interprétation des noms de personne occupe une place appréciable – c'est-à-dire qui mériterait d'être appréciée plus systématiquement – dans l'étymologisme germanique. La tradition passe notamment par Georg Pictor, qui fournit dans son traité de 1532 cité plus haut des explications pour *Huldenrich, Fridenrich, Burghart, Erhart, Gebhart, Conradt, etc.*[164]

La tradition interprétative qu'on vient d'évoquer offrait un écueil évident, qui résidait dans l'occultation du caractère principalement gaulois du culte druidique. Sans doute les écrivains de l'Antiquité avaient-ils présenté celui-ci comme partagé par les Germains (on cite volontiers Diogène Laërce). La difficulté fut surmontée par Cluvier en 1616, conformément à son système général. Il trouve le mot *dry* «mage» dans le *Glossaire latin-saxon* d'Aelfric le Grammairien, rédigé aux environs de l'An Mil, qui ne fut publié qu'en 1659 par William Somner, mais qu'invoquent beaucoup d'auteurs antérieurs. Dès le milieu du XVIe siècle, l'archevêque de Canterbury Matthew Parker avait donné une impulsion décisive à l'étude du vieil idiome insulaire. Celle-ci se justifiait notamment par des raisons confessionnelles. Il s'agissait de trouver des sources nationales attestant une très ancienne vulgarisation des Ecritures et tendant à légitimer le mariage des prêtres[165]. Ce mot *dry* d'où viendrait si naturellement *druide,* s'il appartient aux ancêtres des Anglais, est en fait «purement celtique, commun aux Germains et aux Gaulois»[166]. Mise au point significative, en ce qu'elle participe

---

[164] PICTOR 1532, p. 4-5.

[165] Sur le début des études anglo-saxonnes RAUMER 1870, p. 96 sv.; DROIXHE 1978, p. 52 et 106-7.

[166] Sur *dry,* cf. SOMNER 1659, s. v°, où l'on rappelle les rites druidiques d'après Selden. Sur les manuscrits d'Aelfric, cf. l'*Ad lectorem.* L'évêque anglo-saxon est cité par exemple dans GORP 1569, p. 508. L'explication par *dry* «mage» est adoptée par Arnold Montanus, ou

de l'assimilation tactique opérée par Cluvier entre les deux peuples, rangés sous un principe «celtique» offrant l'avantage d'une certaine imprécision. Ainsi peuvent se trouver intégrées à la famille centrale européenne des descendances ethniques plus éloignées. Entouré d'un halo mythique, le noyau allemand est en mesure de revendiquer la préséance généalogique, sinon la paternité, à l'égard d'un maximum de peuples occidentaux.

Jusqu'ici, la question du nom des druides avait trouvé des réponses foncièrement germaniques, y compris sous la forme «celtisée» que lui confère Cluvier. Plusieurs anciens commentateurs font remarquer que la solution anglo-saxonne privilégie une époque bien tardive, par rapport aux «vestiges», nombreux et plus anciens, qu'a laissés le culte druidique dans l'ensemble des Grande et Petite Bretagnes[167]. Ne faut-il pas ramener l'étymon des druides dans le giron proprement celtique? C'est à quoi répond opportunément, en 1632, le *Dictionnaire gallois* de Davies. On y trouve le mot *deru* «chêne», ou plus exactement *derw,* d'où *derwyddon* «druide». Les *Origines gauloises* de Boxhorn, qui reproduisent plus ou moins le *Dictionnaire* en 1654, ne manquent pas de reprendre l'article de Davies (les Celtes prononcent *Derouyddon,* est-il noté par ailleurs)[168]. Cette étymologie, qui honorait les plus anciens habitants de l'Angleterre, y fit particulièrement carrière. La position est anti-flamande dans l'*Examen de l'origine du peuple anglais* de 1670 de Robert Sheringham[169]. «Il a gravement déliré, Geropius Becanus [sic], comme à son ordinaire, quand il a dérivé *Druides* de *Trowis,* qui signifie en vieille langue germanique *celui qui expérimente la vérité».* Ceux qui se réfèrent à un flamand *Trutis* désignant Dieu pour supposer que les druides étaient appelés «divins» ne s'égarent pas moins. «Il n'est pas vraisemblable que les anciens Britanniques, qui tenaient avec le

---

Van Bergen, ou Ven den Berg, dans CESAR 1651, p. 209; HECHT 1717, p. 33.

[167] FRICK 1744, p. 25.

[168] BOXHORN 1654, p. 52 et *Lexicon,* p. 25.

[169] SHERINGHAM 1670, p. 105.

plus grand soin leur langue éloignée des mots étrangers, aient orné leurs druides d'un nom pris à des Germains». William Cave, dans ses *Antiquités apostoliques* de 1684, répète l'explication désormais traditionnelle[170]. Quant à Edmund Dickinson, il inscrit pratiquement la référence à *deru* dans la tradition du celt'hellénisme de Picard. Son traité *De l'origine des druides* fait partie d'un ouvrage sur les *Phénicisants de Delphes* où il entend prouver que les Grecs ont emprunté aux Hébreux la fable de l'Apollon pythien (1655)[171]. De même, «je croirais plutôt», écrit-il, «que le mot grec vient du celtique». Le P. Pezron applaudira bien sûr, en 1703, tout en apportant sa touche personnelle de fantaisie[172]. *Derv* s'est combiné avec *hud* «incantation», d'où «a esté pris *l'hodeô*, ou l'*hudô* des Grecs, qui signifie *je chante*». De là «*Druhuidae,* qu'on a adoucy en prononçant *Druidae,* qui ont été les *Druides*». L'exigence formelle de rigueur était satisfaite. Après dom Pezron, dom Martin accommodera en fonction d'un christianisme éclairé un culte celtique annonciateur du monothéisme et de la Révélation (voir ci-dessous). On croyait être loin du «goropisme» de Becanus. L'étymologie avait fait du chemin, en effet, depuis que l'humaniste anversois définissait le druide comme «celui qui cherche par lui-même et par le regard le plus large la vérité».

---

[170] CAVE 1684, p. ix.
[171] DICKINSON 1655, p. 35. Il a adopté cette solution «après que l'y ait fait songer son collègue et ami le très-docte Thomas Jones». Sa *Physica vetus et nova* de 1702 voudra démontrer que le récit mosaïque correspond à ce que la physique moderne nous apprend de la création du monde.
[172] PEZRON 1703, p. 338.

CHAPITRE II

BELENUS

1. UN TOURISTE FLAMAND À VENISE

En 1548, par une après-midi d'automne, Etienne Wynants, mieux connu sous les noms de Pighi ou Pighius, qu'il avait pris en l'honneur d'un oncle maternel, gagnait en compagnie du jeune prince Charles-Frédéric de Clèves la maison du patriarche d'Aquilée, Giovanni Grimani, à Venise. La demeure est désignée, dans les écrits du temps, comme le *Museum Grimanianum* car elle abritait des pièces archéologiques d'une extrême valeur, et c'est le souvenir de certaines d'entre elles que conserve le récit de la visite faite par Wynants, consigné dans son *Hercules Prodicius* de 1587[1]. L'ouvrage fut écrit à la mémoire du prince, décédé

---

[1] WYNANTS 1587, p. 264-65. Sur les débuts de l'archéologie romaine à la Renaissance et les «cabinets d'antiques», cf. LAMING-EMPERAIRE 1964, p. 58; PIGGOTT 1989, p. 13; SCHNAPP 1993, p. 122 sv. On remarquera que Flavio Biondo, ici figure fondatrice, joue un rôle similaire sur le plan linguistique, dans la question des rapports entre latin et parlers romans. De même qu'il établit les classes d'approche de l'antique réalité romaine, selon «un système (...) qui aura une longue postérité», il envisage le latin comme une unité diversifiée selon «des niveaux culturels différents», «réfractée diversement suivant les régions», mais pas au point de produire une rupture entre *sermo litteratus* et *sermo vulgaris,* comme le voulaient Leonardo Bruni et ceux qui, les premiers, suggérèrent un lien historique entre cette langue vulgaire et les vulgaires modernes (VANWELKENHUYZEN 2000, p. 208). On pourrait presque dire que Flavio Biondo archéologue applique dans ce domaine le principe de «l'unité polysystémique» caractérisant, selon SWIGGERS 1997, p. 138, sa conception de la langue.

prématurément. Celui-ci est l'*Hercule en devenir* que la mort a fauché et dont les progrès revivront, à l'intention des siens, dans le journal de voyage que recompose son compagnon.

Pighius, né en 1520 dans la prospère ville hanséatique de Kampen, était parti pour l'Italie en 1547, où il y demeura huit ans. On a sait que les inscriptions collectées par lui alimentèrent le grand recueil de Gruter de 1603. Il raconte la visite au *Musée Grimani* en s'effaçant devant son prince, qu'il met en scène.

> *Celui-ci fut donc conduit avec ceux qui l'accompagnaient à travers les salles, galeries et chambres de la maison, splendidement garnies de rideaux dorés et de remarquables peintures (...). Grimani faisait voir de magnifiques statues de la plupart des Césars ou d'antiques célébrités, ainsi que nombre d'effigies en bronze et en marbre de Paros. S'y ajoutaient diverses images et représentations des dieux, non moins belles que précieuses: des Jupiter, des Bacchus, des Pallas, des Mercure en bronze de Corinthe, des Fortunes, des Génies et des Cupidons, ciselés dans de riches métaux.*

Mais l'attention du visiteur s'arrête davantage encore à un autre type d'antiquités.

> *Beaucoup d'entre elles avaient été mises au jour dans les ruines de la colonie romaine d'Aquilée, autrefois si florissante, que détruisit de fond en comble le barbare Attila, roi des Huns; les prédécesseurs de Grimani les avaient transportées là. Pighius découvrit ainsi dans le vestibule du palais plusieurs supports de statues en marbre, élégamment sculptés, avec leurs inscriptions, ainsi que des autels votifs, dont il aida surtout à consigner les inscriptions, gravées sur des autels carrés, qui s'adressaient à Belenus, divinité des hommes des premiers âges.*

L'auteur se réfère dès lors à deux écrivains de l'Antiquité dont les témoignages, qui concernent un même événement, seront abondamment cités à la Renaissance à propos de Belenus. L'épisode en question appartient à l'histoire de l'affrontement qui opposa Rome à Maximin Ier, berger thrace ayant conquis ses grades dans l'armée par de brillantes victoires sur les Francs, qui se fit proclamer empereur par ses soldats. Rentrant en Italie par les Alpes juliennes, celui que le sénat considérait comme un imposteur rencontra d'abord la cité d'Aquilée. Celle-ci était dénommée par César «l'entrepôt des richesses», le marché de la péninsule, rappellera Filippo della Torre, à qui fut confiée la charge pastorale de l'ancienne ville et qui publiera en 1700 la *Dissertation sur Belenus* mentionnée par Leibniz. Mais le cours des choses humaines a fait qu'elle n'est plus que «l'ombre d'un grand nom». Ne subsistent que des ruines, «tombeau de l'antique magnificence et noblesse».

Réduire Aquilée constituait donc un objectif économique et symbolique de première importance. Dans sa *Vie des deux Maximins,* Julius Capitolin relate comment la ville fut excitée à résister par l'éloquence de ses chefs, Crispinus et Ménophile (chap. 22). On fournit ici en version moderne l'intégralité du passage allégué par Pighi[2].

> *Maximin donc, assiégeant inutilement Aquilée, lui envoya des députés. Les habitants n'eussent pas été éloignés de les entendre, si Ménophile et son collègue ne s'y fussent opposés, disant que le dieu Belène lui-même avait garanti par ses haruspices la défaite de Maximin. C'est pour cela que, plus tard, les soldats de Maximin se vantèrent, dit-on, d'avoir eu contre eux Apollon; qu'ainsi, ce n'étaient pas Maxime et le Sénat, mais bien les dieux qui avaient vaincu.*

«L'histoire d'Hérodien», continue Pighi, «ne diffère pas, qui traite en son livre huit du même sujet dans des termes à peu près identiques». On lit en effet dans l'*Histoire de l'empire après Marc-Aurèle* d'Hérodien, traduite du grec en latin – le fait aura son importance – par Ange Politien (Angelo Politianus), interprète du pape Innocent VIII, le récit suivant[3].

> *On disait au demeurant que Crispinus ne s'obstinait à poursuivre la guerre que parce qu'il avait, à l'intérieur de*

---

[2] CAPITOLINUS 1844, p. 230-31. Note récapitulative sur Belenus dans CASAUBON 1620, p. 186. Cf. DIETZ 1980, p. 214 et 224.
[3] HÉRODIEN 1990, 8, 3, 7-8, p. 197 sv.

> *la ville, quantité d'experts dans l'art d'interpréter les sacrifices et d'examiner les entrailles (les Italiens ont extrêmement confiance dans ce genre d'observations) et que, selon eux, les présages étaient favorables. De surcroît, on répandait des oracles aux termes desquels le dieu honoré localement (il s'appelle Bélès, est assimilé à Apollon et est l'objet d'un culte fervent) promettait la victoire aux Aquiléens; et même, selon certains soldats de Maximin, l'image du dieu, qui était souvent apparue dans les airs, participait elle aussi à la défense de la ville.*

Ces témoignages rendent plus opportune encore, poursuit Pighius, la reproduction des inscriptions vues à Venise, « pour complaire aux amateurs d'antiquités ». Il en fournit une demi-douzaine, que reprendra, en les mettant à la disposition d'un plus large public lettré, le premier grand recueil de ce type de document, c'est-à-dire les *Inscriptions de tout l'ancien monde romain* publiées par Janus Gruter en 1603.

Il convient ici de rappeler d'abord en quelques mots le destin des inscriptions d'Aquilée[4]. Certaines d'entre elles furent vues et notées dès le XVe siècle. De nombreux humanistes italiens en firent état dans les premières décennies du siècle suivant. On relève surtout les noms de Marie-Ange Accurse et d'Antonio Belloni, auteur, entre 1529 et 1545, d'une chronique des patriarches d'Aquilée, lui-même étant au service du dernier d'entre eux, Marini Grimani. L'historien A. Calderini a mis en évidence la date de 1548: c'est alors que des fouilles plus systématiques furent entreprises par Giovanni Savorgnan sur les sites de Beligna, bourg de l'ancienne ville, où se trouvait une abbaye dédiée à saint Martin, ainsi qu'à Belvedere, plus au sud. Après que les trouvailles aient été transportées au *Museum Grimanianum,* il revint à Pighi d'entreprendre le recueil de ces inscriptions à la demande du cardinal Cervini, qui sera bientôt promu à la papauté sous le nom de Marcel II. Le travail du voyageur flamand fut remis au prélat en 1554 sous le titre modeste de *Garafallo: Pot-pourri.*

---

[4] *CIL* 5, 1, 14, p. 78 sv.; CALDERINI 1972, p. xvii et xxii sv.

Rentré aux Pays-Bas, Pighi fut attaché pendant longtemps au cardinal Granvelle, à Bruxelles. En relation avec Christophe Plantin et de nombreux érudits des Pays-Bas, il est mis en scène par Juste Lipse dans une savante discussion sur les gladiateurs censée se tenir en la maison de celui-ci, à Louvain. Il communiquera au grand philologue certaines inscriptions notées lors de son séjour italien. Peu avant sa mort, il fit don de son *Farrago* à Janus Gruter, qui le mit à profit dans ses *Inscriptions antiques*. Pighius eut donc la satisfaction de voir paraître celles-ci, puisqu'il mourut en 1604. Le moderne *Corpus des inscriptions latines* mentionne, non sans quelque dédain, la participation des pionniers flamands à la vulgarisation des découvertes d'Aquilée[5]. Le recueil de Gruter n'en constitue pas moins la table documentaire à laquelle se référera pour l'essentiel la recherche linguistique sur Belenus, au XVIIe siècle. S'y ajoutera en 1682 le supplément dû à Reinesius.

L'information archéologique venue d'Italie semble désormais bouclée. Telle découverte faite à Tivoli dans les environs de la villa d'Hadrien confirmera éventuellement l'étroite relation unissant Belenus à l'image d'Apollon. Elle est mentionnée par Antonio del Re dans son *Dell' Antichita Tiburtine* de 1611[6]. Supposée mise au jour « dans un terrain près de l'ancien temple *della Tossa»,* une inscription à l'authenticité souvent discutée évoquait la jeunesse et grande beauté d'un certain Q. Siculus qui, frappé des bienfaits dont l'empereur avait comblé son favori Antinoüs, demandait pour lui-même un sem-

---

[5] L'apport de Pighius est jugé mince et peu original. Selon Calderini, les inscriptions envoyées à Venise en 1548 portent les numéros 736, 739, 742, 744, 746 et 747 dans le *CIL* 5. Celles reproduites dans l'*Hercules prodicius* correspondent en partie aux précédentes, pour les n° 742, 744 et 746, mais y ajoutent les n° 738, 740, 749 et 754 du *CIL 5*.

[6] *CIL* 14, 3535; CALDERINI 1972, p. 71; RE 1611, 5, ii, p. 87-88. On notera que ni Cluvier dans son *Italie antique* de 1624 (1, 20, p. 179 sv.), ni Ursati dans ses *Monuments de Padoue* de 1652 ne paraissent avoir traité de Belenus, à propos des passages d'Hérodien ou de Capitolin racontant le siège d'Aquilée (CALDERNI 1972, p. xxiv-xxv). Sur les fouilles de l'ancienne villa d'Hadrien et celui qui les dirigea, Pirro Ligorio, cf. MANDOWSKI / MITCHELL 1963; SCHNAPP 1993, p. 126.

blable destin (del Re rappelait qu'Hadrien avait voulu diviniser le *giovanetto*, «en l'honneur duquel il érigea une cité en Egypte»). L'ambitieux ajoutait à son nom celui de Belenus, qui laisse supposer qu'il provenait d'Aquilée, appeler quelqu'un par le dieu de son pays n'étant pas rare, nous dit-on, dans l'Antiquité.

2. JOSEPH SCALIGER, OU LES FONDATIONS DE LA CRITIQUE

2.1. Belenus en Aquitaine

Le domaine de Belenus, jusqu'ici, était limité à l'Italie. Il appartint aux premiers éditeurs et commentateurs d'Ausone, le poète et grammairien bordelais du IVe siècle, d'attirer l'attention – indépendamment des mentions épigraphiques d'Aquilée – sur la présence de la divinité en Aquitaine. Dans sa *Commémoration des professeurs de Bordeaux*, Ausone consacre le quatrième portrait au rhéteur Attius Patera ou Pater, à «l'éloquence rapide et si bien tournée», à la «parole claire et harmonieuse», à l'esprit «modéré et non frotté de fiel», vieil homme que l'écrivain eut le privilège de connaître et dont la «doctrine» n'avait alors pas d'égal[7].

> *Issu d'une famille de druides de Bayeux, s'il faut en croire la renommée,*
> *tu tires ton origine sacrée du temple de Belenus; de là vos noms:*
> *à toi celui de Patera; ainsi les initiés nomment-ils les serviteurs d'Apollon.*
> *Ton frère et ton père ont dû leur nom à Phébus, ton fils à Delphes.*

La dixième pièce du même recueil évoque le père d'Attius Patera[8]:

---

[7] AUSONE 1934, 1, p. 90-91; AUSONE 1988, 1, p. 102-5; MONTFAUCON 1719, 3, p. 419 sv. On a tâché de reproduire la forme versifiée de l'original.

[8] AUSONE 1934, 1, p. 99-101; AUSONE 1988, 1, p. 114-15.

> *Je n'omettrai pas le vieillard*
> *du nom de Phoebicius,*
> *qui, bien qu'employé au temple de Belenus,*
> *n'en tira aucun profit;*
> *mais issu, comme on le prétend,*
> *d'une famille de druides,*
> *dans la nation armoricaine,*
> *il obtint à Bordeaux une chaire*
> *grâce à l'appui de son fils.*

Le nom de *Patera* sera parfois interprété par le latin *patere* « être ouvert, accessible, apparent », les « ministres de Phoebus » ayant pour fonction de rendre clairs les oracles du dieu, par nature obscurs[9]. Les Latins surnommaient de même Apollon *Aperta,* comme on voit chez le lexicographe Festus.

Les poèmes sur les *Professeurs de Bordeaux* ne figuraient pas dans la vingtaine de manuscrits d'Ausone qui circulèrent en Italie aux XIVe et XVe siècles, d'où sortit l'édition princeps de 1472. Un manuscrit qui les comportait fut découvert au début du siècle par Jacopo Sannazaro dans la bibliothèque du monastère de l'Ile-Barbe à Lyon et publié en 1558 par un prêtre de la région, Etienne Charpin[10]. Un juriste, Louis Miraeus, « décédé récemment au grand dommage des lettres », donna bientôt un commentaire notable sur la référence à Belenus, écrit Pierre Pithou en 1565[11]. Celui-ci propose une hypothèse originale: le nom du dieu serait tiré du grec *belos* « ce qu'on lance, trait, flèche », sur lequel apparaissent formés *hekêbolos* et *hekabeletês* « qui lance de loin ses traits », épithètes d'Apollon (*hekas* « loin »).

Un humaniste de Bordeaux, Elie Vinet, fut très déçu par le travail de Charpin, dont les fautes de transcription étaient apparentes. Impatient de consulter le manuscrit utilisé, il dut

---

[9] GOSSELIN 1636, p. 125-26.

[10] AUSONE 1558, p. 242 et 248. Cf. AUSONE 1886, p. lxxxv, *Palaeotypa Ausoniana;* DESGRAVES 1986; AUSONE 1988, p. xlii. Sur le manuscrit du monastère de l'Ile-Barbe, cf. REYNOLDS 1983, p. 26-28. Il s'agit du ms. V, Leiden, Voss. Lat. F. 111, datant des environs de 800, dont la production est associée à Theodulf d'Orléans.

[11] PITHOU 1565, p. 5-6; cité dans PAMELIUS 1584, p. 126.

ronger son frein quelques années, le temps que le document circule entre les célèbres Cujas et Turnèbe, auxquels Charpin l'avait prêté. En 1567, Vinet était en mesure d'en présenter une nouvelle édition corrigée, mais dépourvue de commentaires, qu'il adressa à l'imprimeur lyonnais Antoine Gryphe. Sans doute cette absence de notes explique-t-elle que Gryphe garda l'ouvrage sous le coude pendant plusieurs années, avant de faire appel à Joseph Juste Scaliger, le plus grand philologue du temps.

Né à Agen en 1540, dixième enfant du grammairien Jules César, Joseph commença ses études à Bordeaux, ce qui devait le rendre particulièrement sensible à l'œuvre d'Ausone, sans le rendre, dit-on, beaucoup plus savant, de sorte que son père prit en main son instruction. Le jeune homme sut du reste la diriger lui-même d'un esprit décidé. On dit aussi qu'il apprit seul les autres langues européennes et celles d'Orient: il se faisait fort d'en connaître treize, « anciennes et modernes » qu'il eut l'occasion de pratiquer lors de nombreux voyages. Ceux-ci lui permirent notamment de visiter, dans les années 1560, l'Allemagne et ses universités, pays vers lequel l'attiraient ses sympathies pour la Réforme.

Le recours à Scaliger pour achever l'édition d'Ausone s'imposait d'autant plus qu'il avait dû être l'élève de Vinet au collège de Guyenne et qu'il paraît avoir entretenu avec lui, du moins à ce moment, de bonnes relations. Il donna donc en 1574 *Deux livres de lectures* du poète latin, dédiés *à l'excellent et très érudit Etienne Vinet*. Il sera dit plus tard que l'hommage et la lettre d'explication qui l'accompagne servirent surtout à faire accepter au vieux maître l'exploitation de son travail: accusation dont on a fait justice. L'ouvrage, en tout cas, semble avoir provoqué la parution de l'édition préparée par Vinet, qui sortit de presses l'année suivante et se verra régulièrement accompagnée des *Lectiones* de Scaliger, les deux livres se présentant comme s'ils n'en formaient qu'un seul[12]. Les relations entre les deux hommes ne parais-

---

[12] Sur leur importance: AUSONE 1886, p. LXXXVIIII et 52; AUSONE 1988, 1, p. xlii. Référence à Scaliger sur Ausone dans PAMELIUS 1584, p. 126; JUNIUS 1597, p. 42; CASAUBON 1620, p. 186, etc.

sent pas avoir été spécialement altérées par l'épisode, mais Vinet éprouva le besoin de donner une édition commentée de caractère plus personnel, qui parut en 1580 et qui eut le mérite d'attirer l'attention sur le texte de Capitolin relatif au siège d'Aquilée[13]. Le cercle des références littéraires antiques était désormais quasi complet.

Le commentaire de Scaliger sur le Belenus des *Professeurs bordelais*, bien qu'un peu laconique, ou en raison de ce caractère allusif, exerça une grande influence[14]. L'identification avec Apollon se vérifie dans la matérialité des choses: c'est de *Belenus* que «les Gaulois appelaient l'herbe dont ils enduisaient leurs flèches: *belenium*». Le mot figurait notamment sous la forme *bilinuncium* dans l'édition, fournie par Jacques Goupil en 1549, des *Livres* de Dioscoride *sur la matière médicale* (écrits sous Auguste ou Néron), en commentaire de l'article traitant de la jusquiame qui est précisément appelée *apollinaris* en latin[15]. L'observation fera carrière, notamment grâce à l'*Appendice* à Dioscoride que fournit en 1574 Guillaume Canter dans ses *Deux livres de lectures variées*. Mais le rapport au dieu grec dépasse, semble-t-il, le plan de l'analogie. Le texte d'Hérodien a la forme *Belin,* qui offre un caractère grec. Plus d'un germanophile ou celtophile réagira en soulignant au contraire la nature «nordique» du dieu. Le centre de l'Europe voulait garder en propre une figure aussi notable.

---

[13] AUSONE 1580, f. N3 v°⅚ 145 M et 154. L'ouvrage connut, estime L. Desplaces, un vif succès «attesté par le grand nombre d'exemplaires, plus de 90, actuellement conservés dans les bibliothèques publiques, et par les rééditions qui en furent faites par Simon Millanges en 1589, 1590, 1596, 1598 et 1604».

[14] SCALIGER 1574, 9, p. 27-28. Le commentaire de Scaliger fut reproduit tel quel et vulgarisé par les réimpressions de 1592, 1604, 1608, etc.

[15] DIOSCORIDE 1549, *Inter Dioscoridis verba haec falso adscripta in quibusdam codicibus erant*, f. 373 v°, avec d'autres noms de la jusquiame (art. *huoskuamos)*: «Aegyptii saphtho, Hetrusci fabulum, Galli bilinuncium, Daci dieliam».

2.2. Belenus en Auvergne

On doit encore à Scaliger d'avoir complété le dossier de l'archive épigraphique relative à Belenus en transmettant à Gruter une inscription relevée en Auvergne dès 1558, mais qui figurait encore amputée du nom de Belenus dans la *Cosmographie* de Belleforest de 1575, ce qui explique probablement que Scaliger n'en fasse pas état dans son commentaire de l'année précédente[16]. Au moment où l'Italien Savorgnan fouillait le site de Beligna, un compatriote accomplissant en France un voyage érudit relevait un autre témoignage, qu'il reproduit dans ses *Illustres observations antiques* de 1558[17]. Gabriele Simeoni a la mauvaise réputation d'y avoir inclus des monuments faux ou modernes. Celui qu'il vit en retournant de Paris à Lyon n'en est pas moins authentique:

> *passant par Auvergne, voulez encore une fois veoir l'ancienne sepulture, qui est en la maison de la ville de Clermont (cité autant noble, antique, et delectable, et où sont tant de belles et honnestes compagnies d'hommes, et femmes, comme il est au monde possible de souhaitter et veoir) en laquelle sepulture est faict mention de ce Labienus, qui du temps de Iule Cesar fut son Lieutenant en divers lieux de Gaule, combien que depuis durant les guerres civiles, il renia la partie de Cesar, et se joingnit à celle de Pompee, dont il perdit ses biens, et à la fin le credit, et la vie.*

Suit une représentation quelque peu convenue du tombeau, que corrigera en 1560, dans le sens d'un plus grand souci de vérité, son *Dialogo pio e speculativo,* traduit en français et imprimé l'année suivante sous le titre de *Description de la Limagne d'Auvergne en forme de dialogue* (illustrations 11 et 12)[18]. L'auteur y ajoute ceci:

---

[16] BELLEFOREST 1575, 2, p. 226. Cf. GRAFTON 1975.
[17] SIMEONI 1558, texte français, p. 121; texte italien, p. 130, avec même gravure.
[18] SIMEONI 1560, p. 186; SIMEONI 1561, p. 113, avec même gravure, reproduite dans BOUILLET 1846, Atlas, pl. 10. Inscription dans *CIL* 13, 1461.

> *J'ay plusieurs fois consideré comme ceste femme de Labien, tres favory de Cesar, et son Lieutenant, ainsi que vous avez ouy tantost, qu'il allast à Paris avec IIII. legions, laissast le mary, et demeurast en Auvergne avec Cesar, et à la fin je me suis resolu qu'elle y demeura pour ostage avec quelque fils, pouvant Cesar, qui estoit homme fort accort, avoir congnu en Labien quelque doubtance de sa foy, laquelle se manifesta apres quand Cesar se declara ennemy de Pompee...*

On connaît bien Labienus, principal lieutenant de César pendant la guerre des Gaules, que la guerre civile jeta en effet dans le camp de Pompée, puis en Afrique et en Espagne, où il mourut. Abondamment mentionnée ou reproduite après Simeoni, l'inscription de «la maison de la ville de Clermont» scellait l'idée d'une vaste extension du culte de Belenus dans le monde celtique.

2.3. Belenus et Abellio

Dans son commentaire des professeurs bordelais, Scaliger, par une transition qui paraît naturelle, reproduisait trois inscriptions qui vont orienter – ou égarer – la réflexion en direction d'un autre nom de divinité. Celles-ci comportent une dédicace à un *dieu Abel(l)io* et proviennent de la région des «Convènes de Novempopulonie», c'est-à-dire du territoire des *Convaenes,* que l'on considère comme ayant occupé le Comminges actuel, entre pays toulousain et Espagne (arrondissement de Saint-Gaudens).

Abellio nous emmène vers une région qui fut terre bénie pour la célébration des dieux celtiques. J.-L. Schenck rappelle que «l'Aquitaine manifesta, tout au long de l'époque romaine, un particularisme puissant et conserva, dans les vallées pyrénéennes surtout, une forte identité culturelle». «Or, c'est au pied des Pyrénées que l'autel votif, qui, selon les rites romains, ratifie le contrat qui engage réciproquement le dieu et son dévot, (…) connut une exceptionelle faveur»[19]. Cette dévotion s'adresse à une foule de patrons indigènes

---

[19] SCHENCK 1998, p. 57 sv.

« aux noms aussi originaux qu'obscurs » comme aux principales divinités du panthéon romain (surtout honorées dans les villes ou dans les secteurs fortement romanisés d'un point de vue économique, tels que carrières ou exploitations forestières). Parmi ces génies locaux figure par exemple Erriape, dont le nom se rattache peut-être au basque *arri* « roc » et qui semble avoir été surtout célébré par les carriers et tailleurs de pierre des bords de la Garonne (une dédicace est signée d'un groupe de *Gomferani* où l'on a voulu reconnaître le toponyme *Géry*). Une belle collection d'autels pyrénéens est conservée au Musée archéologique départemental de Saint-Bertrand-de-Comminges, l'ancienne *Lugdunum Convenarum*.

Abellio a également joui d'un culte étendu, dont témoignent des autels situés « dans plusieurs localités fort éloignées les unes des autres »[20]. Deux d'entre eux, qui nous concernent en particulier, ont été scellés dans le mur de l'église romane de Saint-Aventin, village des environs de Bagnères-de-Luchon – sans doute l'ancien *Aquis Convenarum* de l'Itinéraire d'Antonin. On a souligné que « les autels votifs ont essentiellement été trouvés en remploi ». Une troisième inscription figure sur une colonne funéraire en marbre autrefois encastrée dans le mur du cimetière d'Aulon, dans la vallée de la Noue (Haute-Garonne)[21]. Elle se trouve au Musée de Toulouse, dont le catalogue disait déjà, au milieu du XIXe siècle, qu'elle était d'une « gravure très superficielle et à peine visible aujourd'hui »[22].

Au début du XIXe siècle, dans ses *Monumens religieux des Volces-Tectosages, des Garumni et des Convenae*, l'archéologue Alexandre Du Mége, membre de l'Académie celtique, se souvient encore que ces trois monuments furent trouvés par Scaliger, dont il signale des erreurs de transcription. Il suppose que le monument d'Aulon « a été détruit » : « c'est ainsi que nous voyons périr chaque jour des monumens qui auraient éclairci nos origines, retracé en partie le

---

[20] LACAZE 1885.
[21] *CIL* 13, 1/1, 171, 337 et 338.
[22] ROSCHACH 1865, n° 182 ; RACHOU 1912, n° 286.

culte des vieux Celtes, et agrandi nos connaissances historiques »[23]. On ajoutera que Scaliger reproduisait ces dédicaces de manière laconique : sans référence à celles d'Aquilée et sans rapprochement explicite avec Apollon, il se bornait à souligner, comme on l'a vu dans l'introduction, que « les Gaulois ont d'autres divinités que Hesus ou Taranis, mentionnés par Lucain, en l'occurrence Abellio et Onuava ».

Il manifestait ainsi la prudence notoire dont il fit preuve en matière de comparaison des langues, allant jusqu'à exprimer ses réserves sous la forme du paradoxe. On sait comment sa *Diatribe sur les langues des Européens* de 1599, parue posthume en 1610, saluée (rappelons-le) par H. Arens ou L. Kukenheim comme particulièrement « clairvoyante » et « perspicace », dénombre une douzaine de langues « matrices » que n'unirait aucune *cognatio,* parenté[24]. Déclaration de guerre envers les systèmes monogénétiques totalitaires ramenant les parlers d'Europe ou du monde à une origine unique, l'affirmation entendait sans doute promouvoir un coup d'arrêt salutaire. Elle devait avoir en vue, tout spécialement, une théorie comme celle de Goropius Becanus (voir ci-dessous). La négation du lien génétique n'en était pas moins en totale et flagrante contradiction avec le savoir du temps. Elle affichait en somme par son outrance un caractère de provocation méthodique, d'appel à une mutation des pratiques et des critères d'apparentement. Qui pouvait sérieusement récuser, en effet, toute forme de communauté d'origine ou de filiation entre grec et latin, quand Ange Canini, au milieu du XVIe siècle, puis Robert Estienne et Jules César Scaliger lui-même – le père ! – avaient exploré les « permutations de lettres » qui unissaient tant de mots des deux langues, éventuellement par l'intermédiaire des variantes dialectales[25] ? Même le rapport entre ces

---

[23] DU MÈGE 1814, p. 192 sv., 5. *Autels consacrés aux Dieux Abellion, Sir, Erdit, Aereda, Heliougmouni et Teostani;* DU MÈGE 1858-60, 2, p. 121 sv. Il en profite aussi pour corriger l'affirmation de MARTIN 1727, 1, p. 406, selon qui ces autels proviendraient de Saint-Bertrand-de-Comminges, dont Saint-Aventin est distante de « plus de vingt et un kilomètres ».

[24] DROIXHE 1978, p. 60 sv.

[25] Sur l'idée que le latin dérive du grec, cf. TAVONI 1986.

familles « majeures », le groupe germanique et celui, slave, des parlers qui disent *Boge* pour « Dieu » était annoncé au titre de la *Concorde des quatre langues* publiée en 1537 par le respecté Sigismond Gelenius. La part de vérité que comportaient ces ouvrages ne devait probablement pas être mise en balance, pour Scaliger, avec la faiblesse de l'appareil démonstratif. Ou du moins n'appartenaient-elles pas au même plan sur l'échelle de la connaissance.

Le rapport entre Belenus et Abellio devint implicite avec Juste Lipse. Celui-ci reproduisit les dédicaces de «Novempopulanie» dans le *Supplément* dont il accompagna en 1588 les inscriptions collectées par De Smet, où les mentions d'Abellio figurent à côté des dédicaces à *Belenus Apollon*[26]. Aussi peut-on dire avec l'« Académicien celtique » que Gruter, reproduisant à son tour les inscriptions « dans son immense recueil » de 1603, considéra que « le dieu Abellio est le même que Belenus, Apollon, ou le dieu-soleil ». Montfaucon y fait prudemment écho en écrivant : « Quelques-uns ont cru que c'étoit le dieu Belenus, à cause de la ressemblance du nom ». A part une localisation spéciale dans le Comminges, « on n'en sait pas autre chose »[27]. Adoptant l'assimilation, Du Mége décrira donc comme suit un autel « placé au-dessus de la porte de la Chapelle de Saint-Pé », « village de la vallée de Larboust », c'est-à-dire non loin de Saint-Aventin. Ce vestige est particulièrement précieux, parce que « les images des divinités celtiques sont extrêmement rares » :

> *Le buste du dieu Abellion est placé dans une niche creusée dans le corps de l'autel. Aucun attribut n'indique le chef des Muses, et le dispensateur de la lumière. Sa tête n'est point ceinte de rayons, on ne voit pas près de lui les coursiers immortels, la lyre d'or et les flèches d'Apollon, ou du dieu-soleil des Grecs. Le fils de Latone est toujours jeune ; les traits d'Abellion offrent le caractère d'un âge plus avancé ; mais cette non conformité n'indique pas qu'Abellion et Apollon sont des dieux différents. Les images et les noms du*

---

[26] SMET 1588, *Auctarium inscriptionum veterum*, p. 33.
[27] MONTFAUCON 1722, p. 433.

> *soleil varient avec les saisons et les signes. Dans les premiers jours du printemps, il est représenté sous la forme d'un enfant allaité par Isis et la nature. Lorsqu'il répand les germes de la fécondité et qu'il donne la vie à tous les êtres, il est désigné par l'emblème de la virilité la mieux prononcée, et par les épithètes de* Roi *et de* Père *des générations. On l'appelle Hercule lorsque parvenu au point le plus élevé de sa course annuelle il se revêt de la peau du lion solstitial ; alors les traits de ce dieu annoncent, ainsi que ceux d'Abellion, la force et la maturité de l'âge. Il ne serait donc pas impossible que les Gaulois aquitains, en représentant de cette manière le dieu Abellion, aient voulu le peindre puissant, fort, et digne du titre d'*Invincible, *que les anciens monumens donnent au soleil.*

L'archéologue reconsidérera plus tard l'identification, mettra à distance critique «l'étymologie indiquée par Gruter, Reinesius et Hesychius» et, signe des temps, invitera plutôt à «chercher dans le sanscrit la racine du nom de ce dieu»[28]. Il conteste aussi la tentative de localisation d'un «temple d'Abellio» évoqué, dit-on, par Scaliger. On avait situé à Martres-Tolosane cet édifice qu'un autre auteur imagine de la manière suivante (reproduits par Du Mége).

> *Ce Temple au reste devait être grand et magnifique à en juger par les fondemens de son circuit que l'on a trouvé sous terre, où il y a mesme une espèce de sanctuaire distingué du reste, par un pavé bleu et luisant, et qui à près d'un pouce d'épaisseur, et par des chapelles et d'autres petits bâtiments qui sont autour du sanctuaire, et dont une partie servait vraysemblablement d'office à ce Temple.*

«Les autels publiés par Scaliger», constate Du Mége, «furent trouvés dans la vallée de Larboust ; or cette vallée est à plus de cinquante kilomètres de Martres-Tolosanes». La localité est également très éloignée, ajoute-t-il, d'autres trouvailles mentionnant Abellio, comme celles faites à Saint-Béat – haut-lieu de culte gallo-romain, où fut mis au jour, en 1946, un «ensemble exceptionnel de quelque vingt-six dédi-

---

[28] DU MÈGE 1858-60, 2, p. 127.

caces », dans les carrières situées sur la rive gauche de la Garonne (J.-L. Schenck). Sans doute faut-il rendre à Bacchus et Vénus, conclut-il, l'objet d'inscriptions que Scaliger vouait au dieu solaire.

3. CAMDEN :
LA LEÇON D'ONOMASTIQUE

Camden n'avait pas encore lu les notes de Scaliger sur le Belenus d'Ausone quand parut pour la première fois, en 1586, sa *Britannia,* qui allait rencontrer un immense succès. La rédaction d'un tel ouvrage avait été suggérée au jeune maître d'école de Westminster par le fondateur de la « nouvelle géographie », Abraham Ortelius. L'Anglais y adopta la méthode topographique mise en œuvre par la Renaissance italienne, non sans prévenir les critiques auxquelles l'exposait ce type d'entreprise[29]. « Certains, animés d'un grand mépris, décrient l'étude de l'Antiquité comme offrant une recherche trop curieuse de ce qui est passé ». L'antiquaire était volontiers considéré comme un « scribouilleur » (*scribbler*). Mais la *Britannia* emporta l'adhésion par sa merveilleuse érudition, comme elle force encore aujourd'hui l'admiration par sa recherche critique sur le terrain. L'ouvrage connut du vivant de l'auteur six éditions latines, chaque fois augmentées, et une traduction anglaise.

Dès l'édition de 1590, le « Strabon britannique » faisait état de deux souverains saxons dont les noms n'allaient pas tarder à être mis en rapport avec la divinité gauloise. Le roi *Cunobellinus* était dit avoir régné sur un Etat dont la capitale, *Camalodunum,* remontait à une « très ancienne colonie romaine ». On imagine les discussions que suscita l'antique localité, au sein des amis oxfordiens de Camden. L'un d'eux, Thomas Savile, aurait joué un rôle dans la mise en rapport avec Maledune, devenu aujourd'hui Maldon, près de Chelmsford, dans l'Essex. Deux pièces de monnaie où se

---

[29] PIGGOTT 1989, p. 18.

lit le mot *Cuno*, reproduites par Camden, gardent le souvenir du roi (illustration 10)[30].

> *Camden*, écrit A. Schnapp, *n'a pas constitué l'étude des antiquités en science, pas plus qu'il n'a abordé de façon radicalement nouvelle l'histoire des peuplements préromains de la Grande-Bretagne, mais il a donné à l'archéologie britannique un cadre de référence (l'histoire régionale), une méthode d'observation (la combinaison des données littéraires avec la description du paysage) et une technique d'exploration (l'étude attentive des sources toponymiques et numismatiques)*[31].

Le recours aux « séries monétaires » constitue une des originalités du travail de Camden, soulignée aussi par l'historien de l'archéologie G. Daniel[32]. S'y joint, dans « l'invention des règles de la cartographie historique », une étude particulière des toponymes. Ceux-ci faisaient déjà l'objet, il est vrai, d'une solide tradition d'enquête en Grande-Bretagne. On mentionne les travaux antérieurs de John Leland, de William Lambarde, spécialiste de l'anglo-saxon, ou du Gallois Humphrey Lhuyd ou Llwyd, qui avait sur ses prédécesseurs anglais l'avantage d'une familiarité avec le celtique contemporain, dont bénéficia son *Bréviaire de Bretagne* de 1573[33]. Par ses relations avec Ortelius, Lhuyd (à ne pas confondre avec le linguiste et archéologue Edward Lhuyd, 1660-1709) établit en outre un pont entre le domaine brittonique et l'érudition flamande et hollandaise occupée des origines celto-germaniques[34]. Ortelius reproduira dans le célèbre *Theatrum orbis terrarum* de 1603 sa dissertation *Sur Mona, l'île des druides:* le nom, mentionné par Pline, Tacite et César, englobait, croit-on aujourd'hui, les îles de Man ou

---

[30] CAMDEN 1590, p. 299 et 342-43 ; PIGGOTT 1989, p. 134. L'observation sera largement diffusée : voir par ex. LESCALOPIER 1660, p. 717 ; 1744, p. 91.
[31] SCHNAPP 1993, p. 139-42 ; SCHNAPP 1998, p. 169.
[32] DANIEL 1981, p. 25 sv.
[33] PIGGOTT 1989, p. 14.
[34] CHOTZEN 1938 (qu'on n'a pu voir).

d'Anglesey[35]. Les relations entre Ortelius et Camden forment un autre chapitre de cette géographie historique «panceltique», qui débouche sur la *Synonymie* du premier, dictionnaire des toponymes romains.

La *Britannia* de 1690 faisait état d'un autre souverain des anciens temps, *Cassibellinus,* appelé parfois simplement *Bellinus.* Ce dernier mot, observer Camden, devait constituer un nom de dignité, approchant du sens de «roi», puisqu'il régnait sur les *Cassi,* populations occupant les régions du nord et nord-ouest de Londres.

> *De même que les Catti de Germanie eurent leur prince Cattimarus, les Teutons leur Teutomarus et Teutobochus, les Daces Decebalus, les Goths Gottiso, pourquoi nos Cassi n'auraient-ils pas eu leur Cassibellinus? Bellinus fut un nom rebattu dans cette île, de sorte qu'on pourrait penser que notre Cinobellinus, en tant que souverain des Iceni, fut en quelque sorte appelé* Bellinus des Iceni.

On notera la légère déformation infligée à Cunobellinus pour le rattacher aux *Iceni*. L'édition de 1600 ajoute à ces éléments disparates la reproduction d'une série plus complète de monnaies, donnant lieu à des *Notes* où manquait encore un rapport explicite au mot *Bellinus* – et à sa famille continentale[36]. Les «Bretons» d'autrefois prirent aux Romains l'usage de frapper le nom de leurs rois sur les monnaies. Le premier, sous Tibère, fut *Cunobilinus,* qui accompagnait le sien de l'image du Janus bi-frons, «peut-être parce que la Grande Bretagne commençait alors à sortir de la barbarie» (illustration 10). La tradition veut en effet que Janus ait le premier transformé «les mœurs sauvages du genre humain en comportement civil»: de là une représentation avec deux visages, «l'un se dégageant de l'autre». Les mots *Camu* et *Tascio,* qui figurent aussi sur ces pièces, désignent respectivement le siège du royaume, où était frappée cette monnaie, et «le denier du tribut», selon une information communiquée par l'ami David Powell. Cet historien gallois (1552?-1598)

---

[35] CESAR 1989, p. 141.
[36] CAMDEN 1600, p. 76, 341 et 390.

se signale comme pionnier dans l'étude de son parler natal. John Davies, le mentionne comme « très expérimenté » dans les matières « britanniques »[37]. Qu'on trouve sur la monnaie la plus anciennement reproduite par Camden un porc et un arbre indiquerait qu'elle évoque la taxation relative à l'élevage des animaux. De manière aussi symbolique, la reproduction des pièces en question est devenue beaucoup plus précise, par rapport aux gravures antérieures figurant dans la *Britannia*.

Le souci d'exactitude et de compréhension s'affirme aussi dans le commentaire de 1607, tandis qu'apparaît dans cette édition une nouvelle monnaie, décisive parce qu'elle montre maintenant Cunobelinus sous les traits d'Apollon jouant de la lyre[38]. L'argumentation prend ici la forme canonique qu'elle revêtira dans les versions anglaises de l'ouvrage, à partir de 1610[39]. La jonction avec le « nom propre ou de dignité » *Bellinus* s'opère. Difficile, avertit Camden, d'avancer quoi que ce soit de sûr concernant une époque « complètement recouverte d'obscurité par les révolutions de tant d'époques passées ». « Je marche dans une sombre et brumeuse nuit d'ignorance ». Le roi Cunobelin, donc, « gouvernant la partie orientale de l'île » et régnant sur les Trinobantes, eut trois fils dont l'un est connu des lecteurs de Suétone, qui rapporte son bannissement et son ralliement à Caligula. Camden ignorait, dit-il, que les Celtes avaient frappé des monnaies avec le nom et l'image de leurs chefs jusqu'à ce que Nicolas Fabri de Peiresc, le célèbre antiquaire provençal, lui « montre tout récemment des pièces semblables, trouvées en France ». Il n'ajoute rien à son interprétation concernant Janus, mais identifie sur la deuxième monnaie, à l'avers d'un portrait du roi, la représentation du « maître des monnaies » et explique les termes *Tascia* et *Tasc* comme déformations du latin *taxatio,* « les Bretons ne connaissent pas la lettre x ».

---

[37] DAVIS 1632, *Préface*. Aux côtés de Guillaume et Henri de Salisbury, Guillaume Morgan, John David Rhesus, etc.
[38] CAMDEN 1607, p. 70.
[39] CAMDEN 1610; CAMDEN 1637, p. 89, 97, 417-18, 447.

La suite du commentaire montre que Camden a lu ceux de Scaliger sur Ausone, désormais. *Cunobelinus* évoque irrésistiblement le *Belinus* des Gaulois, que tout rapproche d'Apollon, outre l'*apollinaris/belinuntia* dont sont enduites leurs flèches. On pourrait se contenter de dire que «*Cunobelinus* est tiré du culte d'Apollon, de la même manière que les noms de *Phoebitius* ou *Delphidius*». «A moins que...»: une hypothèse complémentaire, qui touche aux profondeurs de l'étymologie, se présente.

> *De même qu'*Apollon *est dénommé en grec* Phiantos *en raison de sa tignasse de cheveux jaunes, en latin* Flavus, *c'est-à-dire jaune, les Bretons et Gaulois emploient ce mot* Belin *parce que jaune se dit dans leur langue* melin, belin *et* felin. *Les anciens* Belinus, Cunobelinus *et* Cassibelinus, *qu'on connaît aussi sous l'appellation de* Cassivelaunus, *sembleraient avoir été nommés comme si l'on disait* le prince jaune.

En effet, le mot *cuno* désigne manifestement un personnage du premier rang, un prince ou roi, dénommé aujourd'hui *cynoc*, évidemment apparenté à *king* ou au germanique *koning*. Ce «terme honorifique» apparaît dans quantité d'autres noms d'anciens souverains: *Cungetorix, Cuneda(gius)*, qui serait le «bon prince», *Conetodunus*, etc. Pour le reste, l'accumulation des noms et des formes ne s'embarrasse pas de justification, mais on voit bien que la référence à *Cassivelaunus* joue implicitement sur la série phonétique *b-f-v*. Le plan du sens et du lexique montre à cet égard une attention peut-être plus soutenue. «Je n'ignore pas», dit Camden, qu'un autre nom de prince, *Cuneglasus*, a été traduit en latin, chez un vieil auteur connaissant sa langue «britannique», par *le Boucher de couleur fauve* ou *de teinte sombre*, selon qu'on le qualifie de *fulvus* ou de *furvus*. Le lecteur moderne comprendra: ceci peut donner une indication sur la nuance de jaune exprimée par le celtique *glasus*, par rapport à *belenus*. D'un autre côté, la compréhension de *glasus* pencherait plutôt du côté des interprètes qui l'ont traduit par «de couleur bleue ou céruléenne», c'est-à-dire d'un bleu très foncé, presque noirâtre. Le critique arrête sa réflexion à l'entrée de la «sombre et brumeuse nuit d'ignorance annoncée au début de l'argument. « Assez badiné » (*dallied*). Mieux vaut ne pas en dire plus, « de crainte de s'exposer au mépris d'autrui ».

4. SAUMAISE ET LA PHONÉTIQUE DES INSCRIPTIONS

Claude Saumaise craignait-il de donner dans le « badinage » et les *nugae difficiles* en abordant la question de Belenus ? Il n'y touche, dirait-on, que du bout des doigts, avec cet éloignement des minuties qui caractérise l'esprit élevé. A Leyde, il fait figure d'héritier de Joseph Scaliger. Raison de plus, chez ce provocateur ami des paradoxes, pour ne pas mettre ses pas dans ceux de son prédécesseur. Il n'était pas facile de s'y mesurer. Saumaise fut peut-être sage de se soustraire à une comparaison qui risquait de tourner à son désavantage. Sa position sur la question de Belenus sera donc originale, mais aussi relativement marginale. Elle ne semble pas avoir convaincu les contemporains.

Il se fonde sur la vie d'Aurélien par Flavius Vopiscus dans *l'Histoire Auguste*, qu'il édite et commente en 1620[40]. On y mentionne la construction, à Rome, d'un temple du Soleil d'une beauté extraordinaire », par ordre de l'empereur. Saumaise rappelle que la mère de celui-ci était prêtresse d'un tel temple, sans doute situé en Pannonie, à Sirmium, que l'on dit patrie du prince. « Fréquent dans toute l'Illyrie », « le culte du Soleil ou d'Apollon, qu'ils appelaient Belenus », s'adressait aussi à Mithra, dieu des Perses offrant « le même aspect et la même manière d'être ». « Ce Mithra n'était pas moins honoré en Occident qu'en Orient », comme l'attestent « les vieux écrits et les antiques monuments des Saxons ». Ce ne serait donc pas un hasard si l'empereur, envoyé comme légat en Perse, y reçut une coupe sur laquelle était gravée l'image du soleil, rappel d'un culte au service duquel était sa mère. De là, « peut-être bien », le culte de Belenus.

---

[40] SAUMAISE 1620, *In Flavium Vopiscum Notae*, note 11, 382-83 ; *Histoire Auguste* 1996, XXXIX, 2, 49. Sur « Belinus » : SAUMAISE 1620, 39, p. 253.

L'*Histoire Auguste* comporte un autre passage relatif à la divinité, peut-être plus suggestif des progrès qu'accomplit la « linguistique des inscriptions ». Saumaise y rappelle que les Romains ont parfois écrit *e* pour *i* et inversement, par suite d'une

> *vicieuse habitude dont on trouve pas mal d'exemples dans les vieux monuments* – ainsi Mircurius *pour* Mercurius, Caminus *pour* Camena, Melpomine *pour* Melpomene, Artimas *pour* Artemas, Belinus *pour* Belenus, *Gimina pour* Gemina, *et soixante autres qu'on peut voir à l'index des inscriptions de Gruter.*

Celui-ci, à l'*Index des choses qui touchent à la grammaire* (chap. XIX), enregistre en effet de nombreux exemples de confusion : *cives* est mis pour *civis, delecata* pour *delicata, fecet* pour *fecit, fescu* pour *fiscum,* etc. Dans le « supplément » que constitue le *Syntagma inscriptionum antiquarum* de 1682, Reinesius mentionnera des *filicitates,* un *emet* pour *emit,* etc.[41] Le sommet est atteint avec une inscription chrétienne qui constitue un véritable « pêle-mêle de solécismes et de barbarismes ». « L'éclat et la pureté de la langue latine avaient disparu, et le dialecte du peuple italique régnait ». On y lit *benemeretus* pour *benemeritus, vertutem* pour *virtutem, fecet* pour *fecit*... Tout ceci confirmait ce qu'avaient noté Quintilien et Varron. L'*Institution oratoire* du premier constate que, dans le mot *here,* autre forme de *heri* « hier », « on n'entend exactement ni un *e* ni un *i* » (I, 4, 8)[42]. « Sur de vieux monuments de notre ville et des temples célèbres », « l'*e* n'a-t-il pas été mis à la place occupée maintenant par l'*i,* comme *Menerva, leber* et *magester* et *Deiove Victore,* non *Deiovi Victori?* » (I, 4, 17). Varron avait de même invoqué la « grande affinité entre *i* et *é* » pour justifier le rapprochement étymologique entre le mot *inlicium,* invitation adressée au peuple pour qu'il vienne « sous les yeux du magistrat », et *elicere* « attirer » (VI, 94)[43]. On

---

[41] REINESIUS 1682, *Indices,* 19, f. 2 sv. : 3, 49, 915, 964, 1003, etc.
[42] QUINTILIEN 1975, p. 80-83.
[43] VARRON 1985, p. 44-45.

trouvait donc normalement des dédicaces à *Belino* ou *Belino Aug(usto)*[44].

C'est ici l'endroit de mettre en évidence le répertoire de possibles changements phonétiques romans que constituent les répertoires de Gruter et de Reinesius. On sait comment certaines inscriptions témoignent de l'apparition de la voyelle prosthétique en latin vulgaire. L'une des plus célèbres, appartenant au cimetière de la Voie Tiburtine, fournit la forme *ispeti* pour *spei*. Cette «habitude du peuple babarisant», note Reinesius, s'appliquera «pareillement pendant les siècles suivants aux mots commençant par SC, SP, ST ou autre lettre double», d'où l'*Istefanum* d'une autre pierre funéraire et la forme *iscurra* pour *scurra* «bel esprit» chez Isidore de Séville[45]. Un autre fait attesté par l'épigraphie concerne la réduction de *au* à *o*, illustrée par la forme *Lorentius* pour *Laurentius* dans un célèbre registre de charges et dignités mis au jour en 1581 à Rome, «dans le vignoble de Jean-Baptiste Stalla»[46]. Les hypercorrectismes forment la contrepartie du phénomène précédent – mais peut-être n'est-elle pas conçue comme telle et liée à celui-ci dans l'esprit de nos auteurs. Le nom de femme *Castorina* devient *Castaurina* dans une inscription du quartier de la Gourgouille [Gurgulionis] à Lyon, comme *Pollio* devient *Paullio* sur les médailles qu'enregistre leur plus célèbre historien, Hubert Goltzius[47]. On remémore par ailleurs les alternances entre «la terminaison en A des mots féminins de la première classe, changée dans le neutre UM de la seconde»: *aedicula/aediculum, caverna/cavernum, palma/palmum*[48]. Autre chose serait d'affirmer que la confusion entre neutre pluriel et féminin singulier occupe une place déterminée dans la pensée de Rei-

---

[44] *CIL* 5, 1, 738 et 740; GRUTER 1603, p. 36, 13 et 14; PALLADIO 1659, 4 et 6; CALDERINI 1972, 6 et 8. L'une de ces inscriptions comporte *Nalvius* pour *Naevius* («qui a des verrues» et nom d'homme latin) et *Pintitus* pour *Pinutus*.

[45] REINESIUS 1682, p. 927 (*Istefanu* dans le cimetière de Priscilla) et 973.

[46] REINESIUS 1682, p. 589.

[47] REINESIUS 1682, p. 621.

[48] REINESIUS 1682, p. 163.

nesius. Considérées prospectivement, plusieurs alternances dessinent des mécanismes articulatoires, des processus phonétiques qu'enregistrera plus tard l'histoire des langues romanes.

5. V/B/M :
DE LA PERMUTATION DES LETTRES

L'une de ces alternances joue un rôle particulier dans le débat sur Belenus. « B et V permutent, de même que F », note Gruter. Scaliger l'avait exploitée pour supposer que Vérone remontait à un supposé *Brennona et tenait son nom du fameux Brennus, qui avait par ailleurs imposé leur nom à Bergame, Brescia, Côme, Cremone, etc. La même « raison des lettres » permettait de reconnaître dans le nom de *Velia,* ville de Lucanie, une forme latinisée de *Belea,* ainsi que le donnait à penser le *Trésor de la langue grecque* d'Henri Estienne (1572-73). Le point était évoqué dans une *Digression sur l'origine des lettres ioniennes* accompagnant le *Thesaurus temporum* de 1609, qui complétait le *De emendatione temporum* de 1583, ouvrages par lesquels Scaliger a révolutionné la chronologie ancienne.

A la suite de Scaliger, Saumaise invoque la correspondance pour rapprocher le latin *vappa* « vin éventé » de l'éolien *bappa* rattaché à *baptô, baptizô* « immerger ». Suivant le fil conducteur des équivalences, il prolonge l'alternance d'un troisième terme quand il met en rapport le latin *vieo* « tresser, lier, attacher » et l'éolien *biô* mis pour *miô,* forme du verbe *mitoô* « tendre les fils d'une chaîne de tisserand »[49]. Ainsi, les grecs *mitos* « fil » ou *mitra* « ceinture, bandeau, tiare » éclairent de loin le latin *vitta* « lien ».

C'est peu de dire qu'un rapport notoire d'antagonisme opposait Scaliger à François Junius, ou Du Jon, père de celui que l'on considérera souvent comme un des fondateurs de la germanistique, également prénommé François. A. Grafton

---

[49] Vossius renvoie aux notes de Scaliger sur les *Catalecta de Virgile et poèmes d'autres auteurs latins* ainsi qu'aux *Exercices sur Pline* de Saumaise.

mentionne le traitement réservé à une édition de Junius l'ancien par son adversaire, qui en «rature des pages entières et griffonne 'cacas' dans les marges»[50]. Pasteur à Anvers puis professeur de théologie à Heidelberg et Leyde, Junius avait entrepris d'éditer l'*Apologétique* de Tertullien. L'histoire de cette édition, qui parut en 1597, est picaresque et ne peut être détaillée ici[51]. L'ouvrage mentionnait un dieu «*Bilienus* chez les Noriques», habitants d'une région voisine de la Hongrie (voir ci-dessous, section 6.2, le débat concernant cette leçon). Junius profite d'une note de commentaire pour égratigner Scaliger[52]. Celui-ci a souligné indûment le caractère grec de la forme *Belin*, qui n'a rien d'hellénique, «contrairement à ce qu'on pense vulgairement». Le prestige des langues classiques ne doit pas aveugler. Junius interpréterait plus volontiers le nom de *Belenus* par l'allemand *Himmel* «ciel». La seconde syllabe du mot germanique pourrait être moins éloignée de *Bel* qu'on l'imaginerait, si l'on veut bien

---

[50] GRAFTON 1997, p. 143.

[51] Elle se présente comme la version augmentée de celle de Pamele. Junius s'appuyait sur un manuscrit de l'*Apologétique* représentant la tradition aujourd'hui dite «spéciale» (TERTULLIEN 1961, p. liv, présentation de J.-P. WALTZING). Ce ms. avait été découvert au monastère bénédictin de Fulda par un inlassable voyageur en quête des sources d'œuvres antiques, François de Maulde, ou Modius, également originaire des environs de Bruges (ses visites à maintes bibliothèques des Pays-Bas ou d'Allemagne lui permirent d'améliorer des éditions de Cicéron, Properce, Lucain, Martial, etc.). Maulde établit la collation du *Codex Fuldensis*, qu'il emporta manuscrite avec lui à Francfort, où il fut correcteur d'imprimerie, puis à Bonn, où il fut jeté en prison. Ses notations sont devenues importantes puisqu'elles nous conservent la tradition d'un *Codex* perdu depuis le XVIIe siècle. Remises à un jeune et richissime amateur d'Augsbourg, Marc Welser, elles furent confiées à un ami de celui-ci et savant précoce, Gaspard Schopp ou Scioppius, qui les transmis à Junius, connu pour préparer une édition de l'*Apologétique*. Celui-ci pouvait donc annoncer en février 1597 à Théodore de Bèze que l'ouvrage est «achevé d'imprimer, sauf l'indice» (CUNO 1891, p. 353-55). Mais il devait, en mai, demander à l'imprimeur Commelin de Heidelberg d'excuser un retard dû à «beaucoup d'empeschemens», en considérant que Junius avait «receu des diverses leçons Ms. Fuldensis, qui sont tres bonnes» et qu'elles formeront «un tres bel enrichissement».

[52] TERTULLIEN 1597, 2, p. 42, *Amendements et notes*.

se souvenir que Festus, dans son célèbre traité de la *Signification des mots,* note la «commutation fréquente» des sons *m* et *b.* En témoigne l'ancienne prononciation de *dominus,* qui se disait *dubenus,* ou celle de *famus, famulus* «serviteur, esclave», qui était *fabius*[53]. La référence à Festus prenait, chez le vieux Junius, toute l'apparence d'un pied de nez adressé au «prince des philologues», puisque le traité de Festus avait précisément été publié par Scaliger en 1576. On faisait à celui-ci une tartine de son propre beurre. Belenus, figure typiquement celto-germanique, constituerait ainsi le pendant céleste du dieu *Hertum* que mentionne Tacite, où l'on retrouverait l'allemand *Erde* «terre».

En matière de phonétique historique, Scaliger et Saumaise allaient trouver leur maître en la personne du gendre de Junius, Gérard-Jean Vossius, même si Leibniz émettra un jugement réservé à son égard, le mettant parmi ceux qui «n'ont pas suffisamment pris en considération le celtique» dans leurs étymologies[54]. Ses recherches sont rassemblées dans l'*Etymologicon linguae latinae* de 1662, qui s'ouvre par un *Traité de la permutation des lettres.* Le changement du «B en V» y figure bien sûr en bonne place. Qui ne sait que le grec *phobos* donne le latin *pavor,* comme *bioô* donne *vivo, boros > vorax, orobos* «vesce, lentille» *> ervum?* L'article peut énumérer vingt autres cas, que mentionnait déjà Ange Canini au XVIe siècle. L'alternance, note par ailleurs Vossius dans sa *Théologie des Gentils* de 1641, rend également

---

[53] FESTUS 1576, 1, p. lii; 2, p. lvii. Le traité résume un ouvrage perdu de M. Verrius Flaccus, tuteur des petits-enfants d'Auguste. Sur l'histoire du *Codex Farnesianus* conservant l'œuvre de Festus, démembré par Pomponius Laetus à la Renaissance, cf. REYNOLDS 1983, p. 162-64.

[54] GENSINI 1991, p. 251, art. 30. Leibniz s'exprime ici dans un texte qui constitue en quelque sorte, avec la *Brevis designatio* de 1710, un autre testament linguistique de l'érudit, demeuré longtemps inédit: la *Dissertation en forme de lettre concernant l'histoire étymologique (Epistolica de historia etymologica dissertatio).* Celle-ci se présente «comme une sorte de commentaire critico-bibliographique au livre de Jean Georges Eckhart sur l'*Histoire de l'étude étymologique de la langue germanique,* paru à Hanovre en 1711» (GENSINI 1995, p. 67, qui traduit en italien les articles 14 à 24). On peut considérer qu'elle a été écrite entre 1712 et 1716, date de la mort du philosophe.

compte du mot espagnol correspondant au *belenium* gaulois : *velenno* « jusquiame ». Le terme celtique se survit aussi dans le correspondant hongrois *belend* – terme qu'a dû fournir le *Dictionnaire latin-hongrois* d'Albert Molnar de 1604[55]. Bien plus tard, dom Jacques Martin étoffera d'un récit folklorique l'observation relative au nom gaulois de « l'apollinaire »[56].

> *Pendant les grandes secheresses, les femmes qui vouloient avoir de la pluye assembloient plusieurs filles, parmi lesquelles il devoit y en avoir une fort jeune, qui fût vierge, qu'elles créoient chef de la bande : celle-ci se mettoit à nud, et alloit ainsi suivie de toutes les autres, cherchant dans la campagne la Jusquiame, qu'on apelloit alors* Belisa. *Quand cette herbe étoit trouvée, cette fille devoit l'arracher jusqu'à la racine, avec le petit doigt de la main droite, et l'attacher à un bout d'une ligature, qui tenoit par l'autre au petit doigt aussi du pied droit.*

L'alternance *v/b* donnera encore lieu à une autre hypothèse concernant Belenus. Tacite mentionne dans les *Histoires* le personnage légendaire de Vellada (livre IV, chap. 61).

> *Cette vierge, Bructère de nation, exerçait un pouvoir étendu, conformément à une antique coutume chez les Germains, qui attribue à beaucoup de femmes le don de prophétie et qui, avec le progrès de la superstition, en fait des déesses*

L'héroïne n'aurait-elle pas été inscrite au panthéon sous le nom déformé de Belenus, se demande Théodore Rycke[57] ?

---

[55] MOLNAR 1604, sign. R.
[56] MARTIN 1727, p. 385.
[57] RYCKE 1686, p. 444. Cf. DELLA TORRE 1700, p. 274. Une éventuelle assimilation de *Veleda* à *Belenus* pouvait invoquer une leçon du texte de Julius Capitolin concernant le siège d'Aquilée. Dans les anciennes éditions frobéniennes, le commentateur Jean-Baptiste Egnatius avait écrit qu'il fallait lire *Fellenus* pour *Belenus*, lecture largement répétée au XVIe siècle (CAPITOLINUS 1533, p. 297 ; repris notamment par Giraldi dans son *Livre des dieux des Gentils* et par Ravisius-Textor dans son *Officine*). Rycke est en partie responsable de l'attention qu'a suscitée à

La « permutation » ouvre l'éventail des interprétations par le néerlandais. Dans cette langue, *veel* « beaucoup » a pu se combiner à *heide* « bruyère » pour désigner une déesse de la richesse. Mais on connaît aussi le flamand *beelde* « image » et le prénom féminin *Belle :* un croisement paronymique des deux mots suggère que *Veleda/Belenus* symbolise la patrie, représentée par une femme et son portrait. Comme *leed* signifie « douleur, mal » dans la même langue, le personnage cité par Tacite, affecté d'un caractère négatif, « fatal », pourrait encore être une déesse des mauvais présages et comme un équivalent de Cassandre. L'abondance d'hypothèses – comme il arrive parfois – dénonce leur inconsistance. L'étymologiste avance à l'aveuglette.

Quant à la « permutation » de *b* et m, elle inspire à dom Martin, dans sa *Religion des Gaulois* de 1727, une autre hypothèse patriotique[58].

> Belenus *est un ancien mot Celte latinisé, qui signifioit* blond, jaune. *Dans nôtre Armorique* melen *et* melin *signifient encore la même chose. Le changement du* B *en* M, *qui est si ordinaire dans les langues, est venu de la nature même de ces lettres, qui sont du nombre de celles qui sont labiales : car on remarque que quand elles commencent la syllabe, et qu'elles appuyent sur une voyelle, elles rendent presque le même son.*

Une attention plus précise aux mécanismes de l'articulation se fait-elle jour ? L'adjectif *belenus,* ajoute dom Martin sans sourciller, a donné *blond,* en quoi les Français « n'ont pas été si loin que les Bretons » dans l'altération du primitif. Quant au « changement des voyelles », il « ne doit arrêter personne, puisque c'est une maxime constante que dans les

---

l'époque contemporaine le manuscrit Leiden, B.P.L. 16B des *Histoires*. On considérait généralement que tous les mss. d'une partie des *Annales* et des *Histoires* provenaient d'un seul ms. conservé à l'abbaye de Montecassino, peut-être « emprunté » par Boccace et racheté à sa mort par le Florentin Niccolo Niccoli. Le ms. de Leyde comporte des leçons différentes, rapportées par Rycke. Mais on soupçonne Rudolph Agricola, qui l'utilisa, d'y avoir mis de sa main. (REYNOLDS 1983, p. 406-11).

[58] MARTIN 1727, 1, p. 378 sv.

mots, qui passent d'une langue dans une autre, l'on n'a nul égard aux voyelles». La linguistique française du début des Lumières n'était pas encore prête pour la philosophie du changement phonétique dont Turgot fournira la charte dans l'*Encyclopédie*.

6. VOSSIUS

6.1. Evhémérisme et hypothèse orientale

John Selden fit en 1617 forte impression avec son livre *Des dieux syriens,* ou *assyriens,* où Belenus et l'Abellion des Crétois sont rattachés à la figure séminale de Baal. Le nom de la divinité solaire aurait été aussi employé pour désigner un «roi», comme en témoigne le sens de *basileus* attribué par Hésychius d'Alexandrie au phrygien *ballên,* qui figure dans les *Perses* d'Eschyle[59]. On a dit que Selden avait cédé dans son ouvrage au «préjugé courant en faveur de l'antiquité de l'hébreu»[60]. Plus exactement, il déplace la priorité historique vers cette Assyrie babylonienne ou babélique dans laquelle Scaliger avait désigné le vrai berceau du monde sémitique et une alternative à l'exorbitant privilège que le judaisme faisait peser sur l'histoire de l'humanité. Le culte de Baal aurait ainsi connu un «très large provignement en Europe» et le grec *helios* lui-même garderait trace du nom et de la signification de la divinité. «La diversité des manières d'écrire ou de prononcer ou de terminer les mots ne constitue en rien un obstacle. Les termes migrant d'Asie en Europe ou inversement ont été d'ordinaire dénaturés»[61].

---

[59] HESYCHIUS 1746, col. 685; HESYCHIUS 1953, p. 310.
[60] *Dict. Nat. Biography* 51, p. 218-19.
[61] SELDEN 1668, 1, p. 218. Il convient de s'arrêter à Hésychius d'Alexandrie, parce qu'il joua un certain rôle en histoire de la linguistique par la frange de termes non-grecs qu'il était censé avoir recueillis. Après qu'Alde Manuce ait mis au jour son ouvrage, Henri Estienne souligna dans la préface de son *Trésor de la langue grecque* de 1572-73 qu'il contenait, à côté d'un inventaire des ressources de l'arcadien, du béotien, du crétois, du macédonien, etc., un contingent de mots «égyptiens, perses, lydiens, scythes, celtiques ou propres à d'autres peuples encore».

D'emblée, donc, Baal se présente comme un personnage historique porté aux cieux par la gratitude de ses sujets, selon les conceptions classiques d'Evhémère. L'*Enéide* donnait le ton, dans le passage où la phénicienne Didon accueille en son palais les exilés troyens, invoque pour eux la protection de divers dieux et «remplit de vin» la coupe «dont s'étaient toujours servis Belus et après Belus tous les rois nés de lui»[62]. Honorat Servius écrit dans son commentaire de Virgile qu'on célébrait manifestement à travers «Belus, premier roi des Assyriens, Saturne et le soleil, car ceux-ci furent par la suite objets de culte sous le nom de Bel en langue punique et sous celui de Hel chez les Assyriens»[63]. Dans le même sens, le philosophe Damascius, nommé d'après sa ville natale, et donc bien placé pour témoigner de la manière de prononcer le nom du dieu, dira que «Phéniciens et Syriens appellent Saturne Hel, Bel et Bolathen»[64].

J. Seznec a rappelé comment l'évhémérisme fut retourné avec entrain contre les cultes païens par les apologistes chrétiens et les Pères (Clément d'Alexandrie, Tertullien, Minucius Felix, Lactance, Arnobe, saint Augustin, etc.)[65]. Eusèbe de Césarée se distingue, dans cette galerie, en ce qu'il tend à transformer la théorie en «auxiliaire de la recherche historique» par un effort pour assigner aux personnages déifiés «une place précise dans les annales de l'humanité». L'illustration de cette tendance est précisément fournie dans sa *Chronique,* qu'entreprit de restituer Joseph Scaliger, par l'identification du dieu Baal avec le premier roi des Assy-

---

Dans une lettre à Isaac Pontanus, qui explora les rapports entre gaulois et breton armoricain (1606), un certain Godefroid Sopingius, qui n'a guère laissé de traces, considéra plutôt les intrusions «celtiques». Reinesius discerna surtout dans l'ouvrage «beaucoup de mots des Germains»: on ne s'en étonnera pas. Voir la liste des appréciations portées sur l'œuvre en tête de HESYCHIUS 1746.

[62] VIRGILE 1977, p. 33, vv. 728-30.
[63] VIRGILE 1516-17, f. 42 v°.
[64] DELLA TORRE 1700, p. 286; ou plutôt: «El et Bel et Tholathen» (DAMASCIUS 1850, p. 131, n° 115). Le témoignage de Damascius figure dans la vie d'Isidore, son maître en dialectique à Athènes.
[65] SEZNEC 1980, p. 17 sv.

riens, dont le règne se situe à l'époque de la guerre entre Géants et Titans. La *Chronique,* traduite en latin et continuée par saint Jérôme, « lègue au Moyen Age (...) le type de ces synchronismes grossiers, qui, de la naissance d'Abraham à l'ère chrétienne, massent en quelques périodes essentielles tous les événements et tous les personnages de l'histoire humaine – y compris les dieux ».

L'interprétation évhémériste de Bel ou Baal sera développée par Isidore de Séville au chapitre des *Origines* traitant des *Dieux des Gentils*[66]. Les divinités païennes « furent des hommes puissants ou des fondateurs de villes auxquels ceux qui les honoraient consacrèrent des images, après leur mort », de sorte que la « contemplation de ces simulacres » fit croire aux générations ultérieures qu'il s'agissait de démons ou d'êtres supérieurs. Le premier roi des Assyriens fut ainsi assimilé à Saturne ou au soleil et connut divers avatars, des formes circonstancielles parmi lesquelles figurent Belphégor, Belzébuth et Behemoth. Le premier, « Baal de la montagne Fégor », devint le protecteur des jardins, c'est-à-dire de la fécondité, en raison de la grandeur de son membre. Cela explique qu'il « s'interprète comme un simulacre d'infamie » et qu'il ait été révéré en Grèce sous le nom de Priape. Belzébuth est la « très immonde idole des mouches », puisque tel est le sens de *Zebub.* Behemoth renvoie au mot hébreu signifiant « l'animal », ce qui convient parfaitement à l'histoire d'un être tombé des hauteurs du ciel parmi les bêtes, etc. Le roi Bel donne lieu par ailleurs à une dynastie, comme père supposé de Ninus, et prend place dans une histoire du monde, « selon l'ordre des temps ». « Surtout, il retrouvait dans ces temps primitifs », note J. Seznec, « les héros civilisateurs – destructeurs de monstres, fondateurs de villes, inventeurs des arts – depuis Prométhée ». Ceux-ci s'élevaient aux côtés des grandes figures bibliques : « les dieux reprennent un prestige nouveau ».

Le traité de Selden fut réédité en 1629 à Leyde sur les instances de Gérard-Jean Vossius, qui s'inscrit au premier rang parmi ses disciples sur la question de Belenus. Sa *Théologie*

---

[66] ISIDORE 1577, 8, 11, p. 192 sv.; ISIDORE 1951, p. 204-205.

des Gentils de 1641 centre la démonstration, qui se veut de pure phonétique historique et comparée, sur le nom et l'idée du soleil, en développant le principe de l'équivalence, désormais classique, entre *h* et *b*[67]. Une racine de type *helê* – qu'on pourrait presque affecter du traditionnel astérisque indiquant le prototype reconstruit – explique à la fois *helios,* la forme laconnienne *bela* «soleil» et le surnom de *hekêbolos* «qui lance au loin ses flèches, ses rayons» appliqué à Apollon[68]. On se souvient que ce dernier terme était invoqué par Pithou, pour qui *Belenus* venait du gr. *belos* «trait». Vossius précise:

> *l'éolien préfixait un b dans des mots tels que* rhôpes *changé en* brôpes *«buisson épineux», termes qui ont eu d'abord un esprit rude, comme aussi dans* hespera *devenu* bespera *et* vespera, hethês *devenu* bethês *et* vestis...

L'argument peut effectivement s'appuyer sur la caractérisation du dorien telle que la résume Michel Neander dans son *Graecae linguae erotemata* de 1561, dont la cinquième partie mentionne (mais non pour l'éolien) le phénomène de «prosthèse» affectant d'un *b* des mots commençant par un esprit rude[69].

A ces formes de *helê* s'ajoute bien sûr *Belenus.* Si l'on part ici d'une variante **beel,* le dérivé *Belis* et la forme *Belin* fournie par Hérodien pour les Grecs s'expliquent facilement.

> *Il se peut qu'ils aient dit* Belis *comme on a* aktis *«rayon lumineux» et* aktin, delphis *et* delphin, salamis *et* salamin, *etc. A partir de* Belin, *une autre terminaison aura été ajoutée, d'où* Belinus *et* Belenus, *car on lit l'une et l'autre voyelle dans les vieilles inscriptions. Et tout ceci est également confirmé par le fait que d'autres termes tirent leur origine du même nom oriental.*

Ces derniers mots éclairent en profondeur le propos de Vossius. Remonter à un assyrien *«baal* et *bal,* ou *beel* et *bel,*

---

[67] VOSSIUS 1642, 2, p. 390.
[68] La forme laconienne est fournie par Hesychius. Vossius note à propos de *bela* que «le ê se change en a en dorien».
[69] NEANDER 1561, p. 364 et 387.

signifiant *maître* ou *roi»,* en fonction de l'assimilation avec le soleil, n'est pas seulement convaincant dans la mesure où «presque toute superstition vient de l'Orient», mais s'impose à l'historien des sons du langage, au moins autant qu'au théologien, par la force de la démonstration linguistique elle-même[70]. La virtuosité, phonétique et même à prétention morphologique, commande l'étymologie ultime. Singulier renversement d'une pratique plutôt habituée à viser l'étymon au détriment de la procédure y conduisant! Appréciable dérive de l'interprétation, sur le fond, mais qui constitue une sorte de progrès, par l'exercice, de précision millimétrique, indicatif dans son excès même, auquel se livre son auteur. Ce n'est pas pour rien si Vossius apparaîtra, dans l'*Etymologicon de la langue latine,* comme un maître de la «permutation des lettres», pour le XVIIe siècle[71].

6.2. Le «dieu noir», de l'écrit à l'oral

Vossius appliqua par ailleurs son éminent sens philologique à un passage de *l'Apologétique* de Tertullien (chap. 24) qui fit couler pas mal d'encre et finit par mettre *Belenus* en évidence. Passant en revue les «inepties» et imaginations bizarres du polythéisme, Tertullien stigmatisait la tendance qu'a montrée ici et là «chaque province, chaque cité» à se faire «son propre dieu». Ainsi, la région du Norique, située entre le Tyrol et la Hongrie (cap. Neumarkt), avait son *Tibilenus* ou *Tibelenus*[72]. Se fondant sur ce texte, un certain Georges Fabricius y ajouta en 1606, dans sa *Saxonie illustrée,* le témoignage du chroniqueur médiéval Helmold de

---

[70] DU MÈGE 1814, p. 194 et 1858-60, p. 120 caricature quelque peu la thèse de Vossius quand il écrit que celui-ci «a cru que le nom d'Apollon dérivait du crétois *Abelio*».

[71] Sur les «index de permutations», cf. GENSINI 1991, p. 226, art. 20 et LEIBNIZ 1995, p. 84.

[72] La première de ces formes fut popularisée par les célèbres commentaires d'Andreas Althamer sur la *Germanie* de Tacite (ALTHAMER 1529, f. 10 v∞ et 14 v∞).

Bosau[73]. On lisait chez celui-ci, à propos des Slaves, dont une partie avait vécu dans la « vieille Germanie », en deçà de la Vistule :

> Dans leurs repas et libations, ils passent à la ronde une coupe à laquelle ils portent des mots d'exécration – plutôt que de consécration, à vrai dire – à l'invocation des dieux du bien mais aussi du mal, faisant valoir que toute bonne fortune dépend du dieu bon, et toute adversité du mauvais. De là vient qu'ils appellent ce dieu mauvais, dans leur langue, Diabol ou Zcerneboch, c'est-à-dire le dieu noir[74].

Ce *Zcerneboch* ne déformait-il pas l'ancien nom de *Tibilenus, Tibelenus*, demandait Fabricius ? Les Saxons, « comme les autres Germains, révéraient vraisemblablement Tybilenus (ainsi que l'appelle Tertullien), puisque c'est le nom par lequel ils dénomment communément le dieu du mal jusqu'aujourd'hui ».

Dès 1565, dans ses *Travaux accessoires*, Pierre Pithou émit l'idée que le *Tibilenus* de Tertullien déguisait *Belenus* et qu'il fallait lire *Armorique* à la place de *Norique*[75]. Il eut la chance de « mettre la main sur un vieux manuscrit » qui confirmait pleinement sa conjecture : le *Codex Montepessulanus* H 54 (XIe s.), qui appartient à la tradition dite « commune » de l'*Apologétique* de Tertullien. Le manuscrit porte à la dernière page le nom de Pithou[76]. Ce texte ayant *Belenus*, il devenait clair que la dernière syllabe de *Nori-ci* avait été

---

[73] Sa *Chronique des Slaves*, bien connue au moyen âge et au début de la Renaissance, fut utilisée par tous ceux qui traitèrent de la Souabe, de l'histoire de Mecklenburg, de Lubeck ou des comtes d'Oldenburg, notamment par Johann Schiphouwer, auteur d'une *Chronique des comtes d'Oldenburg*. La *Chronique* parut pour la première fois dans le *Wandalia* d'Albert Krantz, doyen du chapitre de Hambourg (mort en 1517). Elle eut dès lors de nombreuses éditions. Vossius la considéra dans ses *Trois livres sur les historiens latins* de 1627. Cf. NORDMAN 1934, p. 116-23 ; BOSAU 1973, p. 18.

[74] BOSAU 1973, 1, 52, p. 196-98, *De ritu Slavorum*.

[75] PITHOU 1565, 1, 4, p. 8-9.

[76] TERTULLIEN 1961, p. li-liii. Le ms. passa à la Bibliothèque de Montpellier après sa mort (1596).

répétée et préfixée, avec déformation, pour former *Ti-bilenus*[77]. La correction proposée par Pithou apparut dans l'édition de Tertullien fournie en 1584 par le Brugeois Jacques de Pamele[78]. L'ouvrage devint classique et connut de nombreuses réimpressions à Genève, Heidelberg, Anvers, Cologne ou Rouen.

Vossius reprit la question et apporta la conclusion dans sa *Théologie des Gentils*. Fabricius n'a pas pu entendre en Saxe un mot ressemblant à *Tybilenus,* qui n'est que cacographie. Pithou l'a montré : « Le *Ti* de *Tibelinus* vient d'une répétition du *ci* de *Norici* », « *T* et *C* étant volontiers confondus dans les vieux manuscrits ». Il a été victime d'une illusion auditive. Ce qu'il a recueilli chez ses contemporains, suppute Vossius, doit être un nom apparenté à l'allemand *Teufel* « diable » ou au flamand *Duyvel* – quelque chose comme **Tifel:* famille de mots qui dérive tout simplement du gréco-latin *diabolos, diabolus,* de même que *Diabol* dans le texte du vieux chroniqueur, appellation évidemment « empruntée aux chrétiens ». Pithou avait entamé la révision critique sur le plan du texte. Vossius la prolonge sur celui du langage parlé. Peut-être y a-t-il là l'indice d'un changement de paradigme, dans l'étude du discours.

6.3. Variations sur le dualisme mythologique

Passés au crible, les témoignages anciens et modernes de Tertullien, de Helmold de Bosau et de Fabricius constituent au sein du panthéon germano-slave un couple associant un

---

[77] Au reste, un recours à l'édition de Tertullien donnée au début du XVIe siècle par Beatus Rhenanus eût conforté l'hypothèse, puisqu'elle donnait la forme *Tibelenus* (TERTULLIEN 1562, p. 861 ; l'index donne *Tilibenu).*

[78] TERTULLIEN 1584, p. 126. Pamele invoquait divers manuscrits où se lisait la « diction » *Nori cibelinus,* qu'il fallait évidemment rétablir en *Norici Belenus*. Parmi ceux-ci figure le *Codex parisinus* 1623 qui représente également la « tradition commune » et porte la marque de propriété de Claude Dupuy. Pamele est dit avoir préparé cette édition au moins depuis son installation à Douai en 1578, quand les victoires protestantes dans sa patrie firent de lui le première prêtre ayant volontairement choisi l'exil..

élément solaire et bénéfique – Belenus – et un élément nocturne nettement décrit comme principe du mal – *Teufel* ou *Diabol*. Vossius n'exclut pas la divinisation d'un tel principe. «Les plus anciens théologiens et législateurs», et particulièrement Plutarque à propos d'Isis et d'Osiris, laissent entendre que ce dualisme est universel[79]. Aussi faut-il lui laisser son caractère abstrait, au lieu d'envisager les couples de divinités «nordiques» en fonction du modèle gréco-latin, comme on le fait trop souvent.

Prenons l'exemple de ces «deux frères» qu'honore la tribu germanique des Naharvales, selon Tacite[80]. Celui-ci montre un bois sacré où «un prêtre habillé en femme» préside au culte de deux divinités qui, bien que dépourvues de représentation, sont volontiers assimilées à Castor et Pollux, «d'après l'interprétation romaine». Tacite lui-même observe bien qu'on n'aperçoit dans ce culte aucune «trace de superstition étrangère» et regrette qu'il fasse l'objet d'une «interprétation» typique des Latins. Ceux-ci regardaient telle divinité barbare «comme étant Jupiter, ou Neptune; celle-là comme Junon, ou Cérès; telle autre comme Hercule, ou Mars, et ainsi de suite». Même déformation chez Diodore, pour qui

> *les Celtes qui habitent le long de l'océan vénèrent surtout, parmi les dieux, les Dioscures. Chez eux, en effet, se transmet, depuis des temps anciens, le souvenir de la présence parmi eux de ces dieux qui étaient arrivés de l'océan. En outre, la bande littorale de celui-ci porte de nombreux noms tirés des Argonautes et des Dioscures*[81].

Avec «notre ami Cluvier», écrit Vossius, on peut croire que la dualité divine de la religion germano-slave et peut-être saxonnne n'est pas sans rapport avec celle qui unit «logos et Saint-Esprit», discernable dans la relation entre Castor et Pollux. La théologie des gens du Nord ne tire pas son origine

---

[79] Sur «la doctrine platonicienne de la double âme du monde» chez Plutarque, cf. HANI 1976.
[80] TACITE 1983, 44, p. 97; VOSSIUS 1642, 1, 38, p. 280-81.
[81] Voir aussi DIODORE 1997, 4, 56, p. 482.

et ses formes du monde méditerranéen, qui fait peser sur l'autre moitié du monde occidental un poids mythique dont il convient de se débarrasser[82]. La revendication doit s'appliquer aussi à la fable énonçant les vestiges qui rappellent le passage d'Ulysse en Germanie (voir ci-dessous).

La question du manichéisme germanique sera reprise en 1688 par Hector Gottfried Masius dans un ouvrage sur *les dieux des Obodrites ou idoles du Mecklembourg*[83]. Celui-ci maintient, contre la correction de Pithou et la démonstration de Vossius, le rapprochement entre Tibilenus et Zcerneboch. L'assimilation lui impose dès lors de choisir entre un «dieu noir» et l'aimable Apollon, joueur de cithare. Rien «de commun» entre eux. Masius pencherait pour une filiation avec le dévoreur phénicien que fut Baal ou Bel, racine qui se sera tournée en *Baalis, Bêlos, Belis, Belinos*. «Les Anciens n'accommodaient pas ordinairement d'une seule et même manière les mots étrangers». La participation de la théologie germano-slave au manichéisme pythagoricien, postulée par Vossius, prend ainsi la forme d'une «détestable superstition qui mettait le Diable à la place de Dieu». Ceci n'exclut du reste pas un certain degré de civilisation. Les Chinois, plus délicats que le reste des hommes à plus d'un égard, n'ont pas encore rompu avec un culte aveugle du démon, comme Kircher dans sa fameuse *Chine illustrée* et d'autres en témoignent.

L'idée d'un tel culte, dans la perspective d'une assimilation entre Belenus et Zcerneboch, rebutera un critique comme della Torre[84].

> *Pour moi, je ne doute pas que les Allemands fassent fausse route. Tertullien nous dit que Belenus est le dieu dominant en Norique: je n'arrive pas à croire que ses habitants ont pris pour divinité tutélaire un démon du mal. Même si le paganisme mettait au rang des dieux des êtres mauvais, pour ne pas qu'ils nuisent, je ne sache pas qu'il ait adopté*

---

[82] MAGNE 1976, p. 333 voit également dans le patriotisme gaulois sous Louis XIV une forme de contestation de ce privilège

[83] MASIUS 1688, p. 30 sv.

[84] DELLA TORRE 1700, p. 274.

pour la tutelle de villes ou de régions autre chose que des dieux bons ou favorables.

Qu'on parcourre l'imposant catalogue des dieux topiques ou locaux dressé par Giraldi dans ses *Dieux des Gentils*. On n'y voit que des protecteurs favorables, comme il ressort aussi de la liste fournie par Tertullien lui-même: l'*Astarté* des Syriens est Vénus, le *Disartes* des Arabes est Bacchus, la *Celestis* d'Afrique est Junon (Pithou l'avait déjà montré), etc. Il convient donc de «laisser Belenus à Tertullien et aux habitants du Norique», en l'intégrant à l'explication manichéenne. Car à côté de *Zernebock,* les Vandales avaient un *Belbuk* ou *Belbock* qui doit être le dieu du bien, puisque *Bel* chez eux signifie «blanc».

Le Baal ou Bel assyrien retrouvera sa dualité, qui approche davantage de celle conférée aujourd'hui aux signes fondateurs et aux mythes, chez Jacob Spon. Son intervention concernant Belenus se fonde, dans ses *Miscellanées d'antiquité érudite* de 1679, sur une inscription découverte à Rome, dans les *jardins Carpensiens*[85]. Celle-ci est dédiée «A Glibolus et Malachbelus, dieux de la patrie». Le premier est représenté avec ceinturon et chlamyde, tient à la main une javeline ou un bâton, «regarde vers la terre» et laisse voir derrière l'épaule un croissant de lune. L'autre est vêtu d'un habit court recouvert du manteau grec et tient aussi à la main un objet indéterminé (une faux?). Ils sont tournés vers le pin qui est entre eux. Leur nom comporte pour Jacob Spon un même élément qui peut renvoyer à l'assyrien Baal, puisque l'un des dédicataires se dit «de Palmyre», laquelle «faisait partie de la Syrie». *Baal, Bolus, Belus* doivent donc signifier quelque chose comme «seigneur». Les auteurs latins – on s'en souvient – rapportent qu'Aurélien fit édifier à Rome et à Palmyre des «temples du soleil», magnifiquement dotés, comportant des «représentations de l'astre et de *Belus*». On en déduirait qu'une des divinités figurant sur l'inscription romaine, en l'occurrence Glibolus, avec son manteau court, correspond à Apollon, d'autant plus que la variante

---

[85] SPON 1685, 1, 1.

Aglibolus rappelle une épithète du dieu grec, *aiglêtês*. Quant à Malachbelus, où l'on reconnaît le même élément *Bel*, il correspondrait à la lune qui surmonte son épaule et constituerait l'élément terrestre du couple (il regarde vers la terre), ce dont l'étymologie rendrait aussi compte, si l'on discerne dans son nom celui de Moloch.

7. L'HYPOTHÈSE ORIENTALE

Thomas Reinesius, dans son *Recueil d'inscriptions antiques, principalement romaines, omises dans le vaste ouvrage de Gruter,* de 1682, explora le lien multiple unissant Baal, le *Ballên* phrygien, la famille lexicale d'*Apollon,* l'*Abelion* crétois, l'*Abellio* des Pyrénées et *Belenus*[86]. Rappelons que l'auteur fut félicité par Leibniz d'avoir participé à la mise en évidence de l'unité de la famille sémitique : c'est-à-dire, dans un sens, d'avoir sapé la singularité et la primauté de l'hébreu. Leibniz appréciait cette manière oblique de prendre ses distances avec un principe monogénétique qu'il répugnait à récuser franchement. Son discours sur l'hébreu langue-mère fut toujours marqué d'ambiguïté. Reinesius traite de Belenus à propos d'une nouvelle inscription découverte à Venise « sur le rivage de Sainte-Claire ». Les « nomenclatures » mentionnées plus haut, qui désignent évidemment « le maître ou le dieu soleil », se présentent comme les différentes formes d'un même mot ou d'une même racine. *Apollo* est la forme « avec la quatrième voyelle », comme *Apello* est celle « avec la première voyelle ». L'*Abellio* pyrénéen est affecté d'*epitasis,* c'est-à-dire d'un « allongement ou extension vocalique ». *Belenus* ou *Belinus* résulte d'une « apocope ». Tout ceci renvoie à un prototype qui, dans le système général de la pensée de Reinesius, serait plutôt oriental, bien qu'il paraisse quelque peu exagéré de dire, comme le fait Alexandre Du Mége au début du XIXe siècle, que l'Allemand « a même osé avancer que c'est d'Abellio qu'Apollo a été formé »[87].

---

[86] REINESIUS 1682, p. 98-102.
[87] Repris dans DU MÈGE 1858-60, 2, p. 120.

Samuel Bochart a souvent été présenté comme un partisan de l'hébreu langue-mère. Son propos est sensiblement différent puisque la *Géographie sacrée* de 1646 envisage essentiellement les survivances ou héritages européens du phénicien, langue de grands voyageurs, en particulier dans la toponymie. A côté des mots appartenant au vocabulaire militaire ou des noms de dignités, ceux relatifs au monde religieux sont mis en évidence, et l'on se doute que Baal y occupe le premier rang. On a dit ailleurs l'interprétation de toponymes espagnols par le nom de la divinité, en soi un projet non dépourvu de pertinence, avait donné lieu à des identifications bien hasardeuses. Bochart ne le reconnaît pas dans l'actuelle *Belonia*, anciennement *Baelo*, où le rapport paraît justifié, mais le distingue erronément (jusqu'à preuve du contraire) dans *Corduba*. Même quand une origine phénico-punique est envisagée, comme pour *Onoba*, l'hypothèse généralement proposée aujourd'hui est différente. Toute la gamme de rapprochements proposés concernant Belenus est passée en revue. Disciple du Scaliger du *Trésor des temps*, Bochart n'y ajoute que la référence au roi Belus dans l'*Enéide* et le témoignage de Sanchoniathon sur la théologie des Assyriens[88].

Elias Schede, deux ans plus tard, reprend à son tour la liste de ces rapprochements, dans toute son ampleur, et offre une interprétation mystique du nom de Belenus, obtenue en « transposant les lettres en nombres, ce qui produit le nombre de jours déterminé par la course annuelle du soleil »[89]. D'où l'équation suivante: $B = 2 + ê = 8 + l = 30 + e = 5 + n = 50 + o = 70 + s = 200$. Total: 365. « Imagination plus curieuse et ingénieuse que solide », juge della Torre[90]. « En effet, le docte auteur ne prête pas attention au fait que la première syllabe de Belenus s'écrit avec e de même que la seconde, ainsi qu'en témoigne Hérodien; elle est brève en latin, comme le montrent les deux passages d'Ausone... » Remplacer la première voyelle par 5 « raccourcit » sensiblement le comptage,

---

[88] BOCHART 1651, *Phaleg*, 42, p. 736-37.
[89] SCHEDE 1648, 7, p. 112-17.
[90] TORRE 1700, p. 277.

l'*isopsêphia*. Comment prendre au sérieux un «docte auteur» qui donne dans les superstitions et «usurpations des Basilidiens et des Gnostiques», quand ceux-ci soumettaient au même type de calcul les noms de Mithra ou d'Abraxas[91]?

On ne s'étonnera pas que l'hypothèse orientale ait quelque peu tourné la tête aux descendants des Gaulois. Dans son *Histoire de Saintonge, Poitou, Aunix et Angoumois* de 1671, Armand Maichin rapporte qu'il a vu à Clermont-Ferrand la fameuse inscription, toute «rongée de vieillesse», mentionnant «*Bellenus*, d'un nom derivé de *Belus* Roy des Assyriens, que les Anciens croyoient avoir esté le premier inventeur de *l'Astrologie*»[92]. Pourtant, le culte gallo-romain n'est en rien présenté comme l'extension celtique d'une sorte de religion-mère. Il résulte d'une importation gréco-latine, les Gaulois ayant «receu le venin de l'Idolâtrie et des superstitions Romaines avec leurs *Aigles et leurs Estendards*». Les professeurs bordelais célébrés par Ausone deviennent des «sacristains» ou «comme qui diroit, Porte-Coupes, Eschançons, et Bouteillers d'Apollon». Maichin est archéologue, non apologiste. Son schéma d'acclimatation de Belenus exclut la question d'une religion gauloise participant d'une manière ou de l'autre à la Révélation.

Le P. Thomassin, entiché d'hébreu, par lequel il s'étourdit à revivre en direct celle-ci, était sans doute plus intéressé à trouver dans la langue sacrée la racine unifiant les manifestations de croyance vues jusqu'ici. Toutes remontent au mot hébreu *halal* signifiant «luire»[93]. Le systématisme est annoncé dans le titre de l'ouvrage de 1690: *Méthode d'étudier et d'enseigner chrétiennement et utilement la grammaire ou les langues par rapport à l'Ecriture sainte en les reduisant toutes à l'hébreu.* Il ne doit cependant pas dissimuler complètement la préoccupation linguistique, dévoyée

---

[91] MONTFAUCON 1719, p. 420.
[92] MAICHIN 1671, 2, p. 47-48.
[93] THOMASSIN 1690, 3, 10, 4, p. 413-14. Sur Leibniz et Thomassin, cf. GENSINI 1991, p. 242-43, art. 28 et la lettre à Sparfvenfeldt du 29 janvier / 8 février 1697 dans LEIBNIZ 1995, p. 156. Sur Thomassin, cf. DROIXHE 1994b.

mais réelle, qui l'anime. Thomassin veut justifier la chaîne des noms qu'il étend vers l'origine.

> *Tout cela vient de hêlios, l'aspiration estant changée en B ou en P; car B et P s'echangent souvent l'un pour l'autre; et à peine peut-on douter que ce* Bela, Belenus, Abellio, *ne soit le mesme qu'Apollon.*

Le nom grec de la «lune», *selenê,* dérive aussi de *helios:* on a mis «un S au lieu de l'aspiration», «ou du he, ce qui est très-ordinaire», de même en latin. Pas de difficulté pour rattacher celui-ci à la famille: «Le nom de *Luna* vient de là mesme en retranchant l'aspiration». En fait, depuis la Renaissance, voire depuis l'Antiquité de Quintilien, la pratique sur les «permutations de lettres» n'a pas progressé, si l'on considère Thomassin. Elle reste en tout cas dominée, chez lui, par le modèle monogénétique orthodoxe. Il est vrai que le souci apologétique ne s'y fait pas trop remarquer.

8. L'HYPOTHÈSE TROYENNNE

Toutes les interprétations proposées jusqu'ici invoquent un culte astral, principalement appliqué au soleil, éventuellement à la lune, ou s'élevant à travers l'un et l'autre, ou à travers le couple ciel/terre, vers des principes supérieurs de bien et de mal. Mais Cicéron, quand il énumère les dieux des Romains et les figures qu'ils ont prises, énumère plusieurs soleils «sans noter qu'aucun d'eux ait été pris pour Apollon», objecte Montfaucon[94]. Par ailleurs, il ne dit pas que l'une de ces figures représente explicitement le soleil. Quant aux inscriptions, elles mentionnent *Apollo Belenus,* «mais jamais *Sol Belenus*». Ne faut-il pas considérer le dieu des Gaulois comme correspondant strictement à Apollon, sans plus?

Telle est la perspective adoptée par della Torre en 1700. L'hypothèse de Pithou qui rattache Belenus au grec *belos* «trait» resterait défendable à condition de ne pas considérer

---

[94] MONTFAUCON 1719, p. 420.

ici les « traits du soleil », mais les « flèches » au moyen desquelles Apollon vint à bout du serpent Python, par le maniement d'une arme dont il est « l'inventeur »[95]. L'historien part de là pour essayer « d'éclairer non seulement l'origine du nom, mais aussi l'époque et les peuples qui transportèrent la religion de Belenus en Gaule et dans notre Carniole », région de l'est de l'actuelle Slovénie, voisine de la Vénétie et d'Aquilée.

Presque tous les écrivains de l'Antiquité ont rapporté comment le prince Antenor, fuyant Troie, s'établit sur les bords de l'Adriatique, dans cette Vénétie ou Hénétie qui tient des siens son appellation. Que d'autres exilés, de même ethnie, aient occupé « les terres vides de la Gaule » est attesté « par le fait que des peuples établis vers les rivages de l'Armorique portent le même nom de Vénètes ». César en fait état ; l'actuelle cité de Vannes fut autrefois l'*urbs Veneti*. Virgile, Ovide attestent qu'Antenor précéda de beaucoup Enée en Italie. L'expédition était conduite par Pyrrhus, fils d'Achille et roi d'Epire, suivant les oracles que rendait le devin Helenus, fils de Priam – on commence à voir où della Torre veut en venir. Helenus se joignit à Antenor et à une partie de ses compagnons « pour naviguer directement à travers l'Adriatique, tandis que d'autres infléchissaient leur route vers les Gaules ». Comment le devin, qui dirigeait l'équipée vers « des sièges riants et fertiles », inspiré par « un divin instinct », n'aurait-il pas reçu pour lui-même « le nom et l'appellation » de cet Apollon qu'invoquaient les Argonautes, par un transfert « facile à comprendre, de la part de ces gens superstitieux » ? Qu'on ait rendu un culte à un des principaux héros troyens – de même qu'à Hector – ne peut surpendre.

L'argument reprend, sur le versant linguistique, des thèmes classiques[96]. «*Helenus*, adopté comme divinité par les anciens Vénètes et Gaulois sous le nom d'*Apollon*, peut facilement passer à *Belenus,* car la migration de l'aspiration

---

[95] DELLA TORRE 1700, p. 283 sv.
[96] L'auteur accumule une foule de références antiques pour établir le volet historique et géographique de celui-ci : Ammien Marcellin, Pausanias, Servius, Euripide, etc.

en B est fréquente ». Della Torre invoque Servius et Damascius, cités au début de ce chapitre. De même que, selon ces auteurs de l'Antiquité tardive, les Assyriens appelaient *Bel* ou *Hel* un dieu ou le roi empruntant son nom, les habitants de la Pamphylie, en Asie mineure, disaient *Babelios* pour *hêlios* « soleil »[97]. On peut donc penser que les Troyens, leurs voisins, « appliquèrent la mutation au nom d'Helenus ». Ne supposera-t-on pas, en outre, que les compagnons de Pyrrhus articulèrent d'abord *Velenus?* D'une part, cela rendrait compte du nom des *Venètes,* d'abord *Henètes.* Le fait serait confirmé d'autre part, d'un point de vue plus proprement linguistique, par « la permutation des lettres V et B, dont on connaît ça et là des exemples ».

Mais on peut encore « ajouter des conjectures aux conjectures », c'est-à-dire étendre le champ des analogies verbales. Comment le nom de la Carniole, l'ancienne *Carnia,* n'évoquerait-il pas d'abord celui de *Carnutum,* la moderne Chartres, dont il est question chez César? Celui-ci, après avoir dépeints les druides comme chargés de l'éducation de la jeunesse, de l'administration de la justice et même du règlement des tensions entre « Etats », décrit la grande assemblée que les Gaulois consacrent périodiquement aux questions d'ordre public et politique[98].

> *Chaque année, à date fixe, ils tiennent leurs assises en un lieu consacré, dans le pays des Carnutes, qui passe pour occuper le centre de la Gaule. Là, de toutes parts affluent tous ceux qui ont des différends, et ils se soumettent à leurs décisions et à leurs arrêts. On croit que leur doctrine est née en Bretagne, et a été apportée de cette île dans la Gaule; de nos jours encore ceux qui veulent en faire une étude approfondie vont le plus souvent s'instruire là-bas.*

« Est-ce que la convenance des appellations n'indique pas quelque origine commune ? », demande della Torre. Celle-ci doit être cherchée dans le surnom de *Carneios* que portait Apollon, et qui a donné leur nom aux fêtes instituées en son

---

[97] D'après les *Notes* de Frédéric Sylburgius sur PAUSANIAS 1583, p. 423.
[98] CÉSAR 1989, p. 185-86.

honneur, les *Carneia,* ainsi qu'au mois d'août pendant lequel elles étaient célébrées à Lacédémone. Les Troyens, en souvenir du dieu qui les avait guidés, lui auront dédié les régions où ils s'établirent. Qu'ils aient exporté une appellation typique des Grecs ne peut surprendre, car «ils avaient en commun avec eux une grande part des rites et de la religion», et même de la langue. «Le phrygien ne différait du grec qu'à la manière d'un dialecte», comme l'a prouvé contre Bochart Theodor Rycke dans sa *Dissertation sur les premiers colons de l'Italie et l'arrivée d'Enée,* de 1684[99]. Il est vrai que, sur base du même rapprochement des noms, Johann Ludwig Schönleben a plutôt supposé un mouvement migratoire inverse, plus favorable au modèle d'un peuplement de l'Europe à partir d'un centre continental, dans sa *Carniole antique et nouvelle* de 1681. Les Carnutes, avec les Eduens, les Arvernes et les autres nations de la Gaule celtique se seraient répandus en direction de l'Allemagne puis de l'Italie. Mais les habitants d'Aquilée et de «notre Vénétie», en conservant la religion de Belenus à travers le cours des siècles et l'imposition du panthéon romain, n'ont pas montré une moins grande fidélité au souvenir de l'oracle qui incarna dans les temps archaïques – ceux où vont se mêler chez Vico âge des dieux et des héros – la parole d'Apollon.

9. NOTRE-DAME-DE-SOUS-TERRE : UNE PHILOLOGIE DU RELIGIEUX

9.1. Une visite à la cathédrale de Chartres au XIIe siècle

On vient de voir comment César situe dans l'ancienne Carnutum, c'est-à-dire Chartres, le centre de la vie religieuse, administrative et judiciaire de la Gaule. La cité allait accueillir à son tour Belenus, par une singulière manœuvre de récupération chrétienne. Sa cathédrale avait la réputation d'être «la premiere et la plus ancienne Eglise de la Chrestienté», comme le dit un guide du pèlerin du XVIIe siècle, œuvre d'un certain Vincent Sablon. L'ouvrage rappelait que

---

[99] RYCKE 1684, p. 466-67.

«les Druïdes, qui en sont les premiers Fondateurs, ont adoré dans les Grottes sacrées de cette Eglise le Verbe Incarné, et ont honoré la Sainte Vierge d'un culte tout particulier long temps avant l'Incarnation de Nôtre-Seigneur» (éditions de 1671 et 1683)[100]. Ceux-ci, «animez d'un esprit prophetique, mirent au dessous de son Image, que l'on conserve encore aujourd'huy, cette Auguste Inscription, c'est à dire, *A une Vierge qui doit enfanter*».

Le moderne *Dictionnaire d'archéologie chrétienne et de liturgie* a fait justice d'une tradition qu'il range parmi les légendes pieuses[101]. Une «superstition de l'origine apostolique» de l'église dut naître au IXe siècle. L'évêché de Chartres relevait de la métropole de Sens, qui s'inventa comme évêques fondateurs Savinien et Potentien, compagnons supposés de saint Pierre. Des adeptes de ceux-ci firent dans toute la région des conversions et fondèrent des églises. Vers la fin du XIVe siècle, un clerc prétendit avoir recueilli auprès de vieilles gens une tradition selon laquelle l'église avait été fondée avant la naissance du Christ, en l'honneur de la Vierge, dont un prince chartrain fit sculpter l'image, avec le Christ dans le giron. La Renaissance s'empara du souvenir en y ajoutant l'élément druidique manquant: la statue était due à des prêtres gaulois, qu'ils adoraient conformément à la prédiction d'Isaïe concernant la venue d'une *Virgo paritura*.

Le guide du visiteur de Vincent Sablon lui faisait vivre le sentiment qu'imposait la découverte de la cathédrale, puis l'impressionnante descente vers les «grottes sacrées» où se trouvait conservée l'image de *Notre-Dame-de-Sous-Terre*. L'extérieur du «saint temple» méritait une évocation poétique (chap. III).

> *Il n'est rien de si haut, de si grand que sa cime,*
> *Sa pointe touche au ciel, son pied touche à l'abîme,*
> *Et par ces deux clochers célebres en tous lieux*
> *Joignant d'un ferme nœud les enfers et les cieux,*

---

[100] L'*Histoire de l'auguste et venerable église de Chartres* en était à sa cinquième édition à la fin du règne de Louis XIV, et elle fut encore réimprimée en 1836 et 1864.

[101] 3/1, p. 1027 sv.

> *Il donne aux habitans de la voute azurée*
> *Du zele des Chartrains une marque asseurée...*

Le pèlerin rencontrait ensuite la fameuse «Vierge noire», sur «sa colonne ronde d'une pierre fort dure», ce qui restait des trente-huit autels d'autrefois, dont la moitié étaient détruits dès cette époque, puis était entraîné vers les temps du christianisme primitif (chap. VII).

> *A présent que nous nous sommes assez promenez par toute l'Eglise superieure, il est temps que nous descendions dans l'inferieure, et que nous fassions une description de cette sainte Grotte, où les Druides avoient erigé un Autel à une Vierge qui devoit enfanter, et où ils faisoient tous les jours leurs prieres et leurs sacrifices. (...) L'on descend dans ces lieux par quatre divers escaliers de pierre de taille, et si tost que l'on y est entré l'on se sent surpris de je ne sçay qu'elle agreable horreur et d'une devotion extraordinaire...*

Le cicerone donnait l'impression du vécu, mais il répétait assez fidèlement ce qu'il avait lu chez des devanciers comme Sébastien Rouillard, dans sa *Parthénie* de 1609, ou Raoul Boutrays, dans son *Histoire de la ville et de la nation des Carnutes* de 1624. Le sanctuaire, disait Boutrays, «saisit d'effroi religieux» par «les ténèbres du lieu» et «commande à ceux qui approchent de l'autel souterrain de la Vierge un tremblement, imposant la vénération à leur membres agités»[102]. Le même auteur montrait la grotte

> *brillant de torches et de fumées, étincelant des offrandes d'or et d'argent suspendues et attachées à la voûte, des tablettes votives pour la recouvrance de la santé, ou encore des inscriptions évoquant des dangers écartés.*

Là était le puits dit des Saints Forts, ainsi nommé parce que des premiers chrétiens, réfugiés dans la grotte pour échapper à la persécution, étaient censés y avoir été précipités. A côté, dans «une maniere de cachot», se trouvait – c'est Sablon qui reprend le fil de la visite – «ce saint Autel que

---

[102] BOUTRAYS 1624, p. 38.

l'on appelle l'Autel de Nôtre Dame sous-Terre », où était jadis exposée la statue de celle-ci.

> *Il ne sera point hors de propos de dire icy comment est representée la Vierge que nos anciens Druïdes avoient élevée sur cét Autel. Elle est assise dans un Trône tenant son fils entre ces bras. Elle est représentée d'une couleur noire ou moresque, comme le sont presque toutes les Images qui la representent dans la Ville de Chartres, et l'on croit que les Druïdes l'ont dépeinte ainsi, à cause qu'elle estoit d'un pays plus exposé au soleil que le nôtre.*

On sait aujourd'hui que cette Vierge en Majesté a dû être exécutée au XIIe siècle[103]. Détruite à la Révolution, elle fut remplacée au milieu du XIXe siècle par une copie. L'objet se trouve reproduit dans les ouvrages de dévotion du temps, à côté du vieux texte de Sablon. On se s'étonnera pas du crédit prolongé dont jouit la pieuse légende : le lieu invitait à l'exaltation, comme en témoigne la *Cathédrale* de Huysmans. Plus caractéristique de l'époque est la spéculation relative au physique de la Vierge et à la fidélité de la représentation qu'en offre l'image médiévale. Dans celle-ci, Marie est d'aspect « moresque ». « On ne sçait pas bien au vray », convient Sablon, « quelle estoit la couleur de son teint ». Mais « on peut conjecturer pourtant par ce qu'en dit Salomon par esprit prophétique, qu'elle estoit brune, et qu'elle ne laissoit pas d'être belle ». Il est vrai que Nicéphore, d'après des tableaux « faits par saint Luc après le naturel », la croit « de la couleur du froment », mais il songe sans doute à la teinte que prend celui-ci quand il est « mûr » et « tire sur le brun ou sur la couleur chasteigne ».

9.2. L'annonce gauloise faite à Marie

La tradition de la *Virgo paritura* induisait l'idée du prophétisme druidique. La religion gauloise offrait-elle, avec le pressentiment de la venue du Christ, une ébauche de christianisme ? C'est ce que tente de montrer Sébastien Rouillard

---

[103] AUBERT 1957, p. 14.

dans sa *Parthénie, ou histoire de la très auguste et très dévote église de Chartres, dédiée par les vieux druides en l'honneur de la Vierge qui enfanteroit*, de 1609. L'argumentation sera reprise par le capucin Jacques Boulduc dans ses *Trois livres sur l'Eglise avant la Loi, où l'on indique quel fut l'ordre de l'Eglise, de l'origine du monde à Moïse* de 1626 et par le jésuite Pierre Lescalopier dans son *Humanité théologique* de 1660[104]. Il s'agit, pour Rouillard, de laver les Gaulois de la calomnie leur imputant le polythéisme et de montrer que le Belenus dont parle Ausone n'est pas un de ces dieux particuliers mais qu'il s'interprète par *Bel Enos,* c'est-à-dire *Dieu (fait) homme.* Boulduc distinguerait plutôt sous la dénomination un *Dieu Enoscis,* soit que les disciples de celui-ci soient des «initiés» ayant les premiers reconnu une divinité «révélée» (du latin *enotescere* «divulguer»?), soit qu'ils aient fondé le monothéisme (du grec *henoô* «ramener à l'unité»?).

Lescalopier, on l'a déjà dit, paraît répugner à ces jeux prophétiques. Il conserve à Belenus sa correspondance avec Apollon en tant que «père des lumières» et croit même, sur cette base, pouvoir légitimer le rapprochement avec le Bel assyrien. Le nom de ce dernier signifie soit «divinité» en général, soit «soleil». On trouve quelque chose de similaire chez les Perses, où le nom de *Mithra,* qui désigne le «maître», peut également se comprendre comme renvoyant au «nombre de jours compris dans une année», c'est-à-dire au nombre de rayons du dieu, si on lui applique le type de comptage mystique appliqué par Schede à Tibelinus pour arriver à 365. Pas besoin de discerner dans le culte de Belenus un pressentiment chrétien.

Dans la conception développée par Boulduc, la doctrine des messagers gaulois du dieu unique se présente en effet comme «très antique», approchant des temps de Babel et du

---

[104] BOULDUC 1626, 2, 8, p. 235-37, *Que tous les philosophes de Grèce ou d'autres régions ont reçu leur doctrine des neveux de Noë et des autres fils de Dieu;* LESCALOPIER 1660, p. 717 sv. et 1744, p. 90 sv.; cf. PELLOUTIER 1771, 2, p. 5-6. On notera que Boutrays ne mentionne pas en 1610 la Vierge des Carnutes et son culte druidique à l'index du *De rebus in Gallia.*

Déluge. Elle remonte à l'époque où les fils de Noé portaient au monde nouveau sa «raison de vie», le «pontife de cette Eglise» étant Sem, dont le nom s'est conservé dans celui de diverses communautés religieuses. On a évoqué plus haut les *Semni* de l'Inde, sortes de brahmanes et gymnosophistes, et les *Semnothei* ou *Samanéens* de Gaule, dont parlent Clément d'Alexandrie et Diogène Laërce. Que les détenteurs celtiques de la *prisca theologia* aient reçu la Révélation et la religion primitive grâce à Gomer, fils aîné de Japhet, voire de Japhet lui-même, fils de Noé, paraît confirmé par les indications bibliques montrant la haute antiquité de leurs mystères. Arrivant au pays de Canaan, Abraham atteint le «saint lieu de Sichem, au chêne de Moré» (*Genèse*, XII, 6). Boulduc l'imagine s'asseyant sous son ombrage et «plantant des bois» en guise de prière et de sacrifice: César montre aussi les Celtes célébrant le culte dans des bois sacrés. Josué, en témoignage d'alliance entre son peuple et le Seigneur, «prit une très grande pierre qu'il mit sous un chêne qui était dans son sanctuaire» (*Josué,* XXIV, 26). Jacob fait enterrer la nourrice Débora sous le même arbre, et comme la *Genèse* poursuit immédiatement en évoquant l'apparition de Dieu, «il semble, dans le contexte, qu'elle ait eu lieu sous ce chêne»... (XXXV, 8-9).

C'est ici qu'intervient à nouveau l'intraitable Reinesius, qui profite de la notice, déjà mentionnée, sur une inscription vénitienne avec *Bilienus,* dans son *Syntagme* de 1682, pour régler son compte à l'argument «plus ingénieux que solide» des catholiques[105]. «Toutes leurs imaginations doivent être mises au nombre des *bekkeselêniasmoi*, des songes dans la lune, dignes d'Annius de Viterbe et de Goropius Becanus» – association, comme on va le voir, totalement dépourvue de pertinence historique. D'abord, décomposer *Bel-enus* en faisant un mot hébreu d'une terminaison latine est «dérisoire». On voit bien que «*Belinus* est formé par les Latins à partir du grec *Belis* ou *Belin*», lesquels, on le sait, remontent au *Bel* ou *Baal* assyrien. «Il est dès lors impertinent de considérer *Enos* comme particule intégrante d'un mot composé». Ceci dis-

---

[105] REINESIUS 1632, p. 99-100.

qualifie également le «paradoxe» alternatif de Boulduc, avec ses *Enoscis* initiés et initiateurs. Boulduc «s'écarte par cette opinion des rabbins, qu'il rejoint cependant immédiatement, et de bon cœur, dans la pêche cabbalistique aux mystères des inflexions et formes des lettres».

On voudrait, continue Reinesius, que les druides aient déjà enseigné l'adoration du dieu unique, avec les dogmes d'immortalité de l'âme, de passage dans l'autre monde, de résurrection des corps, avec le mépris des choses terrestres. Peut-on vraiment croire qu'ils aient retenu ce suprême savoir «des Noachides et Gomérites, après tant de siècles», quand on voit avec quelle barbarie ils honoraient les dieux? Qu'on aille relire Otto Heurnius, ou van Heurne, qui traite en 1600 du paganisme antique. Ce ne sont, chez les Gaulois, que sacrifices humains, que dévotions d'un «caractère sinistre»[106]. Les conceptions et correspondances de dogmes qu'on attribue aux druides étaient «choses communes», dont on trouve les échos chez Pythagore, Platon et d'autres. Elles n'excluent en rien le polythéisme et n'impliquent aucune «connaissance salutaire d'un seul vrai Dieu».

Quant à la tradition de la «Vierge qui doit accoucher» et à l'érection d'un temple en son honneur, elle relève de la fable historiquement et linguistiquement inacceptable. Lucain, Pomponius Mela l'ont attesté, et Vossius l'a rappelé en citant César: les druides n'élevaient pas de temple, ou très rarement, mais officiaient dans des «bois écartés» ou «sur des hauteurs». Ausone contredit-il ces témoignages? Il fait état d'un temple de Belenus pour une époque de confusion grossière, où les Romains de Gaule contaminaient la pure religion celtique en imposant leurs modèles cultuels.

Dans tout ceci se profile, relevée par la verve familière du critique habitué à s'exprimer sans ambages, la revendication sous-jacente d'une évocation du paganisme respectueuse de son caractère spécifique, original et originaire. La doctrine des anciens Celto-Germains n'avait rien à voir avec la Révélation judaïque ou les pratiques romaines, et leur religion ne se réduit pas non plus à un fétichisme, à l'adoration de réali-

---

[106] HEURNIUS 1600, 2, 33.

tés grossières. Telle est apparemment l'idée qui anime la manière dont Reinesius corrige et commente une autre inscription de Gruter, matière d'une réflexion illustrant bien les rapports entre philologie et religion tels que l'âge classique les mettait couramment en œuvre. L'inscription en cause constitue en fait un document composite, factice, fondant en une seule trois inscriptions distinctes[107]:

> BELENO
> C. AQVILEIENSIS FONTI DIADUMENUS
> B V S
> M. HOSTILIUS
> AUCTUS
> IIIII VIR
> D S D

Reinesius conteste l'apparente allusion à une *fontaine de Belenus* en substituant à la leçon *(Beleno) fonti* un *Apollini* dont la gravure s'est fortement dégradée. A la chute de l'*A* d'*Apollini* se serait d'abord ajoutée l'altération du *P* en *F*, «qui lui ressemble», tandis que le double *LL*, «retourné», devenait *I:* «il existe de ceci bien d'autres exemples». Restaurée, l'inscription évoque une dédicace à Belenus de la part d'un habitant de la colonie d'Aquilée, Fonteius Diadumenus, dont l'existence est attestée par une autre inscription[108]. Sans doute les païens ont-ils attribué quelque chose de divin à des fontaines, des fleuves, des bois sacrés, des nymphes ou des génies, mais c'était dans la mesure où ceux-ci représentaient une entité supérieure. Ceci est illustré par un passsage d'une lettre de Pline le Jeune commençant par «Avez-vous jamais vu la source du Clitumne?», qui alimentait le Tibre en Ombrie[109]. Il y est question du *Jupiter Clitumnus,* le dieu du fleuve, dont on honore la figure dans un temple voisin, entre de petites «chapelles» affectées au culte d'autres sources et

---

[107] *CIL 5,* 736, 743, 754.
[108] REINESIUS 1682, p. 72.
[109] PLINE LE JEUNE 1992, 8, 8, p. 62-64. Cette fontaine se trouvait, précise Reinesius, dans la région de la Mévanie, sur un site donné par Auguste aux habitants d'Hispella.

affluents, «formant autant de dieux». Que nos ancêtres, dit Reinesius, aient véritablement donné le nom de leurs divinités «à des choses privées de sentiment et d'âme», à des artefacts humains produits par l'utilité passagère, voilà qui paraît «invraisemblable», et même indécent, comme si le timonier se mettait à révérer sa voile et ses cordages, ou le tisserand ses fils et chaînes, par un «comble d'hyperbolique idiotie». Les sacralisations du quotidien sont «des bêtises tendant à la négation des Dieux».

CHAPITRE III

NEHALENNIA

Après avoir longuement traité du Mercure gaulois, de Belenus, de l'Hercule Ogmios, du pilier des nautes parisiens, des déesses Mères et des druides, Montfaucon, dans l'*Antiquité expliquée*, passe aux dieux des Espagnols et des Carthaginois, mais se ravise[1].

> *J'avois presque oublié Nehalennia, déesse inconnue jusqu'au cinquiéme jour de Janvier de l'an 1647, qu'un vent d'Est soufflant avec violence vers la Zelande, et poussant les flots de la mer au côté opposé, le bord se trouva découvert, et l'on y vit des mazures que la mer couvroit auparavant. Le peuple y accourut, et y trouva des autels, des vases, des urnes, et des choses semblables: on y vit aussi des statues et des bas-reliefs de divinitez, et entre autres de la déesse Nehalennia, avec des inscriptions qui apprenoient son nom.*

Le 14 janvier, une lettre écrite de Domburg en Zélande par un anonyme décrivait les bas-reliefs figurant sur ces « grosses pierres » blanchâtres[2].

> *Certaines ont la partie supérieure creusée, dans laquelle concavité est assise une déesse ayant près d'elle une petite corbeille avec des fruits, des pommes. Sur une autre pierre, la déesse, de forme plus grande, se tient debout. Sur une autre figure Neptune, lequel figure également sur le côté d'autres pierres représentant la déesse assise. Sur une des pierres, le côté est occupé par Mercure. Sur une autre, on*

---

[1] MONTFAUCON 1722, p. *443-45.
[2] MATTHAEUS 1738, p. 695, epist. 6.

trouve ces mots, Deae Nehalenniae Summaronius Primanus V. S. L. M. Sur une autre, Deae Nehalenniae Sext. Nertomarius Nertonus V. S. L. M. Sur une autre, Nehalenniae Fletus Annalonis pro se et suis. V. S. L. M.

Des représentations de ces autels furent rapidement diffusées. Hendrick Danckerts fournit une douzaine de planches gravées dans ses *Images des antiques raretés trouvées sur la plage de Domburg* (illustrations 13-15). Les stèles seront désormais exposées dans le chœur de l'église de Domburg. D'autres seront léguées à l'université de Leyde, qui les placera dans son jardin botanique[3]. L'une d'elles, par exemple, avait été conservée quelque temps dans la *Maison des Dunes ('t Huis ten Duinen)* près de Middelburg. Elles seront vues à Leyde par Charles Pougens, qui publie en 1810 une brochure de *Doutes et conjectures sur la déesse Néhalennia* – utile, bien que partielle, synthèse des hypothèses la concernant[4].

Celles-ci n'ont guère été modifiées par le «glorieux come-back» de la divinité, le 14 avril 1970, quand le capitaine K.J. Bout, parti pêcher dans l'Escaut oriental, près de Colijnsplaat, ramena dans ses filets deux nouveaux autels. Ceux-ci allaient rouvrir une campagne de fouille qui aboutit à la mise au jour de plus de cent stèles et images, complètes pour un peu moins de la moitié d'entre elles[5]. On y retrouvait l'image traditionnelle de la déesse. Parmi ses attributs se distinguent d'abord, comme dit plus haut, une ou plusieurs «corbeilles avec des fruits, des pommes»: ceux-ci «doivent avoir représenté au départ les productions sur lesquelles on appelait la protection de la divinité», avant «de signifier l'abondance en général». Joints à la *cornucopiae* qui figure sur certaines stèles, ces éléments inscrivent Nehalennia

---

[3] OUDENDORP 1746, p. 11-13, n° 9-10, Legs Gerard van Papenbroeck.

[4] Une autre stèle, nous apprend-il, «appartient au Musée des monumens français», où les armées de la République la déposèrent après l'avoir enlevée en 1792 à l'Académie de Bruxelles (l'actuelle Académie «thérésienne»). Pougens tient la copie de cette dernière inscription d'Alexandre Lenoir, le «sauveur» d'œuvres d'art et fondateur du Louvre sous la Révolution.

[5] *Deae Nehalenniae* 1971, p. 9, 27 sv., etc.

«dans le large cercle des déesse-mères (*matronae, matres, matrae*) et divinités symbolisant la prospérité (comme Fortuna et Abundantia)»[6]. Reste que la référence à des motifs floraux peut surprendre, de la part de Zélandais vivant surtout de la pêche, du sel et de la poterie. Si le gouvernail et la proue de bâteau signalent la préoccupation d'un peuple de marins, le premier élément accompagne aussi dans un sens plus large l'image de la Fortune romaine. La déesse apparaît par ailleurs volontiers flanquée d'un chien, de type lévrier, qui fera couler pas mal d'encre. L'âge classique y reconnaîtra en général le chien de chasse de Diane. Les Romains affecteront l'animal, employé dans la chasse au lapin, du nom celtique de *vertragus*. La critique moderne rapprochera parfois le compagnon de Nehalennia du Cerbère de Pluton, évoquant la relation avec le monde souterrain, ou du chien d'Esculape, symbole de guérison. Enfin, Nehalennia apparaît souvent vêtue d'un manteau ne couvrant que les épaules, où l'on peut voir l'habillement typique des anciennes Zélandaises. Cette particularité, comme les attributs précédents, ne manqueront pas de guider certaines des interprétations étymologiques qui vont suivre.

1. PREMIERS DÉBATS

«On discute ici et on affabule en tous sens», écrit en février 1647, à propos de la découverte, Constantin Huygens, le célèbre conseiller des Stadhouders de Hollande. Son courrier est adressé à Pierre Schryver, ou Scriverius, considéré comme «l'Hercule» de l'historiographie nationale depuis qu'il avait publié en 1609 une *Batavie illustrée* et des *Antiques inscriptions et monuments bataves*[7]. Un contemporain parle de lui comme de l'auteur qui renferme «dans l'écrin de sa poitrine les arcanes, les secrets, les choses les

---

[6] Cf. CZARNOWSKI 1927; DE LAET 1971.

[7] MATTHAEUS 1738, p. 697, epist. 8; KEYSLER 1720, p. 255; HUYGENS 1911-17, 4, p. 390, n° 4548, qui fournit une version amputée des références lexicographiques.

plus cachées des temps anciens »[8]. Personne, lui dit Huygens, ne possède aujourd'hui plus de ressources permettant de dénouer la question de Nehalennia. « Nous le savons tous ».

Si le débat prend rapidement l'allure d'une polémique enflammée, la religion n'y est pas étrangère. La découverte constitue une aubaine pour les catholiques papistes, en particulier pour ceux de la gazette de Bruges, qui distinguent dans Nehalennia une représentation de la Vierge Marie. L'assimilation suscite une réaction particulièrement ironique de Marc Zuer Boxhorn, dans un écrit qui va nous retenir[9].

> *Ô l'heureux siècle! Il y a maintenant seize cent quarante-sept ans, si le compte général ne nous trompe pas, qu'est né notre Seigneur Jésus-Christ, et nous apprenons maintenant que sa Mère, outre le nom de* Marie, *portait aussi celui de* Neeltje [la petite Neel], *ce que signifierait* Nehalennia, *paraît-il, en latin. Je peux difficilement m'empêcher de m'exclamer, comme un Gueux que je suis:* Ave Maria Nehalennia...

Que l'on ajoute donc aux jours de fête de l'almanach celui *de la découverte de la sainte image de la mère de Dieu, Maria Nehalennia.* « Pauvre mère de Dieu ! ».

Parmi les premières conjectures mises en circulation se détache celle qui invoque – mais c'est comme en badinant, juge Huygens – « l'idiome Belgique ». *Nehalennia* est décomposé en *Net hael inne:* les termes *net* « filet » et *halen* « aller chercher » désigneraient une divinité protectrice de la pêche. « Voilà », juge aussitôt Boxhorn, « du flamand singulièrement contrefait ». « Ce n'est pas avec ce filet qu'on attrapera la vérité ». On songe aussi à *Niew hael inne,* qui évoque une déesse « nouvellement reçue » (néerlandais moderne *inhalen* « recevoir solennellement »).

A ces rêveries, Huygens préfère une explication par le grec *nealês,* qui a deux sens: « qui est nouveau dans une fonction » et « (poisson) pris récemment ou nouvellement

---

[8] Selon Henri Bruno, précepteur des enfants de Huygens: MATTHEUS 1738, p. 696, epist. 7. Sur Bruno: MOLHUYSEN 1930, s. v°.

[9] BOXHORN 1647, p. 7 sv.; KEYSLER 1720, p. 250, § 25.

salé». En humaniste consommé, le politique accumule les témoignages lexicographiques: on trouve notamment *nealês* dans un ouvrage datant des «enfances de la typographie», le dictionnaire de Théodore Gaza et Constantin Lascaris, l'instituteur de l'Italie pour le grec[10]. Argument un peu court, jugera Pougens. Huygens s'est efforcé de «donner au mot *Nehalennia* une origine purement grammaticale, qui, bien considérée, n'offre aucun sens précis»[11].

Huygens soumettra aussi les inscriptions de Domburg à la sagacité de Saumaise, qui lui répond le 24 février[12]. «Monsieur Boxhornius me les avoit desja fait voir, mais sans les figures». Celles-ci lui font penser «que cette desse Nehalennia sembloit estre celle que les Romains ont appellée Pomona»:

> *Ce que l'on peut colliger par les paniers de pommes qui sont mis aupres d'elle. Pour ce qui est de son nom, il est bien malaisé de retrouver si justement la vraye origine et la cause de cette appellation, qu'on ne puisse dire quelque chose à l'encontre de ce qu'on aura dit. Ce que je puis asseurer avec quelque vraisemblance est que le nom de cette deité est pris et tiré du lieu où elle estoit adoree, comme la plupart de ces divinites anciennes qui estoient propres à chaque lieu, et qu'ils nommoient* localia numina. *Car il n'y avoit ni ville, ni bourgade, ni village dans le paganisme qui n'eust quelque dieu particulier qui le plus*

---

[10] On y ajoutera par la suite le témoignage du *Cadmus graecophenix* de Matthias Martini, qui, comme le suggère le titre, s'inscrivait dans la tradition faisant remonter le grec à des «sources orientales». Huygens suspendra son jugement jusqu'à ce que Scriverius l'instruise en lui confiant une meilleure hypothèse ou en se ralliant à la sienne. Une réponse du «docte Trébate» ne figure pas dans l'édition moderne de la correspondance de Huygens qui, pour le reste, concevait mal, en épistolier obligeant autant qu'en homme d'autorité, qu'on tarde à répondre à ses courriers. Voir sa lettre du 25 janv. 1653 à Saumaise et la réponse, très humble sinon embarrassée, de celui-ci: HUYGENS 1911-17, 5, p. 164 et 167, n° 5268 et 5274.

[11] POUGENS 1810, p. 11; KEYSLER 1720, p. 253, § 27.

[12] HUYGENS 1911-17, 4, p. 391-93, n° 4552. La lettre de Huygens à Saumaise du 29 janv. 1747 ne fait pas allusion à la découverte (4, p. 380, n° 4534).

> *souvent prenoit son nom du lieu mesme, et quelquefois d'ailleurs.*

On sait comment Tertullien et Ammien Marcellin ont évoqué ces patrons et patronnes dont les mentions souvent énigmatiques remplissent les *Inscriptions* de Gruter[13]. Il est donc tentant de renvoyer Nehalennia à une appellation géographique sur mesure:

> *la forme de son nom le monstre clairement, qui semble estre fait pour la deesse adoree en la ville ou la bourgade de Nehallen. Et sans doute qu'il y a eu autrefois un village ou un port aussi appelle en l'isle de Walachren...*

Ceci n'empêche pas d'imaginer une explication subsidiaire:

> *Je ne sçai pourtant si j'oserois dire que ce mot de Nehalen vint de celui de* Hale *ou* Halle *qui signifie marché où lieu ou l'on tient le marché, qui est un vieux mot alleman duquel nous nous servons aussi quand nous appellons* la Hale *pour le lieu où se vendent toutes sortes de marchandises.*

On peut donc supposer que «ce Nehalen signifie *Novum Forum*» et qu'il entretiendrait quelque rapport avec les nombreux toponymes formés sur *forum*, comme *Fréjus*, qui est *Forum Iulii*. Saumaise ne semble pas être revenu sur la question, du moins dans sa correspondance avec Huygens: faute d'interprétation convaincante?

2. LUNE GRECQUE OU FLAMANDE?

2.1. De Wree: se libérer d'Ulysse

L'explication par le grec proposée par Huygens n'était sans doute pas exempte d'intention anoblissante, en faveur

---

[13] Référence à: AMMIEN MARCELLIN 1978-89, 19, 12, 3, p. 152-53 (*hic Besae dei localiter appellati oraculum);* TERTULLIEN 1984, 14, p. 134-35, concernant les divinités Ancharia à Asculum, Nortia (Saumaise écrit *Nursia)* à Volsinii, etc.

des anciens habitants des Pays-Bas. D'autres le suivront dans cette voie, à commencer par le Brugeois Olivier de Wree, ou de Vree, ou plus couramment Vredius, dans son *Histoire des comtes de Flandre* de 1650.

L'ouvrage se compose de deux livres. Le second nous intéresse en ce qu'il traite de Nehalennia au chapitre concernant l'idolâtrie des Francs Saliens, au cours d'une recherche sur la *Flandre ancienne ou ethnique*[14]. Ce peuple occupait le territoire de la Flandre comme en témoignent les toponymes se terminant par –*seel,* qu'il y a semés. C'est ainsi que Valère André avait compris le nom d'*Oldenseel,* foyer de *Vieux Saliens.* Il convient sans doute, pour mesurer la portée de l'hypothèse, de réinscrire l'idée dans la tradition d'interprétation du mot *salique,* et particulièrement dans l'histoire de son interprétation étymologique[15]. La proximité de *salique* et de *Salien* «Franc habitant aux environs de Cologne» n'est invoquée qu'une fois avant 1500. D'autres hésitent entre une proposition géographique plus précise, l'anoblissement par l'hellénisation ou le jeu de mots. *Salique* est tantôt référé à «Saleheim en Germanie, où habitaient alors les Gaulois», tantôt rapporté aux prêtres *saliens* affectés au culte de Mars, de sorte qu'il prend le sens de «dû à des Sages», «raisonnable». La *loi salique* peut aussi apparaître comme un *jus salicum,* un «jus salé» qui «garde et conserve» les principes du bon gouvernement. Plus généralement invoquée, dans nos documents, est l'interprétation qui assimile *salique* à *franc* «noble ou libre», «pour ce que les gens du pays étaient noble peuple» (Raoul de Presles, au XIVe siècle, dont la traduction de la *Cité de Dieu* est notamment publiée en 1531). La notion de liberté ne va pas tarder à réapparaître.

Revenons à la divinité.

> *Elle n'est rien d'autre que la* Nouvelle lune. *Ce nom provient peut-être d'un latin corrompu, vu que les Francs ont déformé dans leur langue nombre de mots latins, si on n'accepte pas qu'il vienne du grec nea helênê, mis pour nea*

---

[14] WREE 1650, p. xliv sv.: additions à la dissertation constituant le chap. 22.

[15] BEAUNE 1985, p. 284-86.

selênê, *c'est-à-dire* Nova luna, *le s étant changé en esprit rude*. De même, les Latins *ont fait* sus *du grec* hos ; *et encore* super *de* huper, sex *de* hex, septem *de* hepta, sedes *de* hedos, supo *de* herpô, sylva *de* hulê, socer *de* hecuros, semi *de* hêmi, se *de* hê, *etc.*

La page de titre du second livre de l'*Histoire des comtes de Flandre* comporte un croissant de lune qui rappelle peut-être cette étymologie (illustration 17). Mais comment expliquer la présence d'un mot grec en Zélande ? D'une part, « certains auteurs ont noté une grande communauté entre gaulois et grec ». Vredius peut ici se fonder très classiquement sur les *Dialogues* de Périon *sur l'origine du français et son apparentement (cognatio) avec le grec* et sur le *Celt'hellenisme* de Trippault. Il ajoute à ces autorités divers témoignages antiques. On connaît le témoignage de César concernant l'usage de l'écriture grecque par les druides. Quant à Aulu-Gelle, qui ne souligne pas moins volontiers l'influence de la culture hellénique dans les Gaules, il invite aussi à croire que « les Gaulois parlèrent grec, autrefois, et maintenant latin ».

L'hypothèse pourrait se contenter de ce rapport historico-génétique interne entre les langues. Mais comment mieux emporter la conviction qu'en recourant au vieil argument diffusionniste, scellé par la mise au jour d'une trace matérielle ? Vredius va invoquer les pérégrinations d'Ulysse, telles que permettent de les reconstituer, de les authentifier, Tacite et Strabon. On lit dans la *Germanie* (III, 3) que le Grec aurait, selon certains, fondé la cité d'*Asciburgius,* située au bord du Rhin « et aujourd'hui encore habitée », où serait conservé un autel consacré par lui, ce dont témoignerait une inscription mentionnant « le nom de Laërte son père ». Le rapport de ce toponyme avec l'*Odyssée* est plus ou moins étroit. On peut discerner dans *Asciburgius* le grec *askos,* c'est-à-dire l'outre remise à Ulysse par Éole[16]. On peut aussi, comme le fait Jean Gaspard Hagenbuch en 1723, dans la dissertation qu'il consacre à la question, y distinguer un « nom très usité chez

---

[16] TACITE 1983, p. 72.

les Troyens», *Ascanius,* qu'on n'éprouve aucune difficulté à tourner en *Ascinius* puisque ce type d'alternance vocalique se remarque dans quantité de mots adaptés du grec. *Massalia* est devenu *Massilia,* puis *Marseille,* de même *catanê* a donné en latin *catina, rhucanê > runcina, trutanê > trutina,* etc. Le nom même des *Alamans* n'a-t-il pas été converti en *Alemani,* puis *Allemands?*

La localisation d'Asciburgius excitera les hypothèses rivales. Est-ce *Ascelburg,* village des environs de Xanthen, comme l'affirme Hubert Thomas dans son traité *Des Tongres, Eburons et autres peuples de la Germanie inférieure* [17]? Est-ce celui d'*Asburg* voisin de Mursa, comme le veut Jean Isaac Pontanus dans son *Histoire de la Gueldre* de 1639 (supposition encore alléguée aujourd'hui)? Est-ce le bourg d'*Essenberg,* proche de Haeg-Emmerick dans le comté de Moersen?

Les voyages d'Ulysse n'ont pas laissé que ce vestige. Tacite signale que «des monuments et des tombeaux portant des caractères grecs existeraient encore aux confins de la Germanie et de la Rhétie». Que l'*Odyssée* ait pu semer son souvenir dans les toponymes de divers pays est confirmé par Strabon[18]. Homère, homme de «vaste information», s'est inspiré de la vérité pour décrire les courses de son héros. Simplement, il a tourné les faits à la manière du poète. On a dit que son périple avait eu pour cadre le «voisinage de la Sicile et de l'Italie». Mais on peut recueillir, «jusqu'aux extrémités de l'Ibérie», Strabon y insiste, «des milliers d'autres vestiges et du voyage d'Ulysse et des autres suites de la guerre de Troie». L'Espagne connaît «une ville du nom d'*Odysséia*», nom que l'on retrouverait aujourd'hui dans des inscriptions mentionnant soit la cité d'*Oducia* (dans la vallée du Guadalquivir), soit celle d'*Ulisi,* au nord de Malaga[19]. Pour de Wree, il s'agit d'*Ulisippo,* au Portugal (?).

---

[17] THOMAS 1551, p. 33; hypothèse reprise par WILLICH 1551, 1, p. 87; KEYSLER 1720, p. 268.

[18] STRABON 1966, 1, p. 9 sv., 2, p. 13 et 3, 4, p. 3.

[19] STRABON 1966, 2, p. 61.

Vredius utilise par ailleurs l'étymologie pour éclairer l'origine des Flamands. De très anciens textes dénomment leur pays *Terra Franca* ou *Terre des Francs,* souligne l'épître liminaire de l'ouvrage de 1650. C'est que «les sujets y sont constamment appelés *libres,* en vernaculaire *vryen»,* d'après les adjectifs *vry, fry* (anglais *free),* auxquels correspondent *vranck* ou *franck* «selon la prononciation». Le nom même de *Flandre* n'a pas d'autre origine, laquelle caractérise en somme la nature foncière du peuple: c'est la terre des *Vry-* ou *Fry-lander* «habitants libres», terme qui a évolué sous l'influence des Romains et de leur «habitude de contracter les mots barbares». La tradition érudite a traité de l'origine des Francs. «Certains les font venir des Troyens; d'autres des Cimmériens, et des Pannoniens; d'autres de l'île de Scandinavie». Le plus grand nombre les considère plus simplement comme autochtones et situe leur berceau dans «la grande Germanie, Outre-Rhin». «Mais aucun ne me satisfaisait». Relisant les anciens auteurs, Vredius a reconnu sans doute possible que «Flandre et Zélande étaient la terre même des Francs, d'où ils sont sortis». Le sous-titre du volume posant la question *Qu'en est-il de la Flandre?* résume le parcours: celle-ci a été *dite la première Francia*[20].

Ceci acquis, l'auteur procède à une autre assimilation historico-linguistique. Le territoire linguistique des Gaulois était très étendu. Saint Jérôme a noté que les habitants de Trèves, qu'il avait fréquentés dans sa jeunesse, parlent la même langue que les Galates, ces Celtes sortis de Gaule pour occuper une partie de la Grèce. Les Ménapiens, ancêtres des Flamands, étaient aussi de langue celtique[21]. Ils furent les

---

[20] Ceci permettra éventuellement d'attribuer à Vredius l'idée – étrange à la vérité – selon laquelle la nation française, voire sa monarchie, trouveraient leur origine chez ses compatriotes.

[21] De nombreux auteurs sont allégués pour accréditer l'assimilation entre Flamands et Ménapiens. Si l'on peut craindre quelque chauvinisme de la part de Pieter Van Dieven, autrement nommé Divaeus, dont les *Antiquités de la Gaule belgique* (Anvers, 1584) proposent une carte où le pays des Ménapiens s'étend de l'Escaut à Boulogne-sur-Mer (l'ancien Itius), l'autorité de Joseph Scaliger est incontestable, quand il désigne le rivage maritime de la Flandre. Celui-ci, avec ses forêts, ses marais, ses îles, offrait un abri contre les Romains, «en plus d'un été aride».

seuls de leur nation à n'avoir jamais connu la domination des Romains, lesquels, dit saint Augustin, « avaient pris l'habitude d'imposer non seulement leur joug mais leur langue même aux peuples conquis ». Contrairement à ce qui s'est produit « à Tournai, Lille, Armentière », où s'est imposée la langue « romance », cette contrainte n'a pu s'exercer sur les Flamands, qui ont donc conservé « la vieille langue de Gaule, qui est la même que la francique et la flandrienne »...

Cette dernière va donc éclairer une série de termes gaulois repérés de longue date chez les auteurs classiques et particulièrement chez les lexicographes Festus ou Nonius Marcellus[22]. L'inventaire repose pour l'essentiel, à ce qu'il semble, sur le *Glossaire d'ancien gaulois* donné en 1606 par Pontanus, déjà mentionné. Qu'il s'agisse du classique *carrus* « char », de *sparus* « petit javelot, sorte de poisson de mer », ou des *r(h)enones* gaulois, vêtements de peau à long poil « enveloppant les épaules et la poitrine jusqu'au nombril » (Isidore de Séville), la leçon est identique. La référence au grec ou au latin est récusée par un simple rapprochement avec des racines flamandes. Dériver *carrus* de *cardo* « pivot, moyeu » défie le bon sens, quand l'appellation apparaît évidemment forgée *per fictionem nominis* « à partir du bruit perçant » que fait le véhicule : en flamand, *karren* signifie « faire un bruit strident »[23]. Ménage mentionnera ironiquement la proposition, à l'intention de « ceux qui aiment le bruit en

---

[22] On les trouve par exemple dans la *Corne d'abondance ou commentaires sur la langue latine* de Niccolo Perotti, archevêque de Siponto, de 1527.

[23] Vredius y rattachera *carruca* « charrue », « qui semble être dit par diminutif », et *carricare*, que fournissent les capitulaires de Charles le Chauve, d'où *charger*. La *benne* de Festus est également connue des « Hollandais, Frisons et Germains » (FESTUS 1527, 2, p. 1135, 1 ; le mot devait plutôt avoir chez les « Hollandais » le sens de « panier, corbeille » : VERDAM 74). Cluvier note : « On trouve aujourd'hui chez tous les Germains *Karren*, ou *Karre,* et par variante dialectale, *Karen* ». Il ajoute qu'on se trompe sans doute en interprétant le *carrum* des auteurs latins par « véhicule à quatre roues », puisque celui-ci n'en avait généralement que deux chez les vieux Germains et Gaulois. Voir aussi les commentaires de PEROTTI 1527, p. 707, 45 et 49 et p. 210, 5.

matière de chariots »[24]. *Sparus,* rattaché par certains à *spargere* «jeter», puisqu'on lance le javelot, est plus proche de *speer* «lance», lui-même de la famille de *«sperren* étendre allonger»[25]. Joseph Scaliger et Robert Estienne voudraient que les Gaulois aient reçu *rhenones* des Grecs et que le mot remonte à *rhên* «agneau»[26]. Mais dès le VIIIe siècle, Paul Diacre, dans son *Histoire des Lombards,* le rapproche logiquement du nom scandinave du renne – *«een rhene»* – qui aurait donné sa fourrure à cette sorte de gilet. Cluvier a donc eu raison de s'insurger contre l'étymologie hellénophile[27]. Au reste, concluait celui-ci, l'origine de la chose n'importe pas moins que celle du signe. C'est Dieu qui, comme dit la Genèse, vêtit nos premiers parents de «peaux de bêtes», habillement qui est encore celui, aujourd'hui, des «Scritifinnois» et des Américains. Vredius invoquera donc de son côté le nom du «bœuf», qui est «chez nous *Ren* ou *Rend»* (néerlandais moderne *rund)*[28].

L'exemple à ne pas suivre est celui de Scaliger, qui a trop concédé aux langues classiques. «L'étymon d'un mot barbare devait lui échapper, comme dans le cas de *sagum».* La raison d'un tel terme sera cherchée dans la langue même, ou «dans la nôtre», qui en perpétue certains éléments. Les traces laissées par Ulysse dans ses périples appartiennent aux marges de l'idiome national, qui revendique désormais une histoire propre.

---

[24] MÉNAGE 1750, 1, p. 349-50.
[25] FESTUS 1527, 17, p. 1216, 30; NONIUS 1527, p. 1434-35, 49 et 19; PEROTTI 1527, p. 693, 27; cf. VEEN 1989, s. v°. Cluvier a pu fournir à Vredius les autres exemples de provignement de la souche celtique. On dit "*spare* chez les Germains, *speare* chez les Anglais» (CLÜVER 1616, 1, p. 69 et 358). On dérive aujourd'hui *sparus* du gr. *sparos* de même sens, d'où sont issus le fr. mod. *spare* «genre de poisson comprenant les dorades» ainsi que divers termes occitans tels que *sparaillon, esperlin,* etc.
[26] VARRON 1993, p. 156-57; PEROTTI 1527, p. 208, 56.
[27] CLÜVER 1616, 1, 16, p. 135.
[28] Qu'on aille voir le mot dans une des éditions de l'*Etymologique de la langue teutonique,* ou plutôt *thioise,* c'est-à-dire flamande, de l'Anversois Corneille van Kiel ou Kilianus (1574), père de la lexicographie néerlandaise. KIEL 1605, s. v° *rend, rind, rund.*

2.2. Blankaart : la phonétique à l'appui de Diane

L'hypothèse de Vredius est reprise une douzaine d'années plus tard par Nicolas Blan(c)kaart, ou Blancard(us), professeur d'histoire et d'antiquités au gymnase de Middelburg, dans une lettre du 8 octobre 1663 à Jacob Lydius, pasteur à Dordrecht.

> *Etant donné la convenance de l'ancienne langue gauloise avec la grecque, et de celle-ci avec la latine, il est clair que Nehalennia est la lune croissante, ou nouvelle lune des Grecs:* nea helênê *ou* selênê.

Les Francs saliens des bords de mer devaient d'autant plus honorer la lune, comme les Grecs, qu'ils avaient reconnu son influence sur les marées. Voilà pourquoi on trouve ce culte non loin de l'endroit nommé *Roompoot,* c'est-à-dire *Romanorum portus,* sur l'île de Walcheren à l'embouchure de l'Escaut. «J'allais oublier», termine Blankaart, de «parler du chien de chasse» qui figure aux pieds de Nehalennia. Sa signification est donnés par «un autel rougeâtre, très abîmé d'un côté», montrant «un serviteur vêtu d'une tunique, la tête rasée, qui tient de la main droite un bâton et porte sur l'épaule gauche un autre bâton auquel est suspendu un lièvre» (illustrations 15-16). Cette image de la chasse renvoie, comme le chien, «compagnon habituel de la déesse», à Diane et à travers elle au culte de la lune.

Blankaart reprend l'argument des correspondances du type *hex / sex* et explique l'aspiration que comporte le nom de Nehalennia par l'usage des lettres grecques chez les druides. S'il fallait convaincre le lecteur de 1663 que ces correspondances phonétiques obéissent à des règles et comportent une logique, Blankaart invoquerait le cas de «notre île de Walcheren», dont le nom apparaît souvent sous la forme *gualacra* dans les manuscrits. «La transmutation des lettres V et G est aisée»: ne met-on pas *Wallia* pour *Gallia, Walo* pour *Gallus?*

Les druides pouvaient bien être, comme on le sait, rompu à la langue grecque, observera Georges Keysler. Mais est-il naturel qu'ils lui empruntent un mot pour dénommer une divinité typiquement nationale ? Les excès du philhellénisme avaient été correctement dénoncés par Juste Lipse. Puisque l'on suppose d'après Tacite (que Lipse se flattait de pouvoir réciter au mot à mot)[29] qu'Ulysse a disséminé un peu partout des traces de son errance, «pourquoi notre *Vlyssinga* en Zélande» – Flessingue – «ne serait-elle pas due au même Ulysse?». «Et pourquoi pas *Circzea* de Circé», si l'on songe à Zierickzee? Ceci n'empêchera pas de Wree de prendre la plaisanterie au pied de la lettre. On connaît plusieurs lieux-dits nommés *Lisse-Wege* (dont un *Lissewege* près de Bruges): serait-ce la «voie d'Ulysse»? Comme la racine *hem* signifie «l'habitation, le foyer», ainsi que le confirme l'allemand *Heimat,* on reconnaîtra une «demeure», un «temple» de l'errant dans *Vlisseg(h)em* (un village voisin de Bruges porte également ce nom).

2.3. Alting: pour une lune batave

Menso Alting, bourgmestre de Groningen, reconsidère en 1697 la thèse des hellénisants sur le rapport de la déesse de Domburg à la lune, mais l'infléchit également dans un sens patriotique. Que ses ancêtres aient honoré l'astre comme une divinité, qu'ils aient été plus particulièrement enclins à vénérer le sexe féminin, cela est attesté, notamment par Tacite. Ils donnèrent ainsi à la lune un double type de nom. Ils employaient *maan* pour évoquer sa croissance et son déclin. D'autres désignations s'inspiraient de son éclat: néerlandais *licht* «lumière», *schein* ou plutôt *schijn* «clarté» et enfin *hel* «éclatant». «Il me paraît donc que Nehalennia n'est rien d'autre que *nie hel,* c'est-à-dire *nouvelle lumière*». Alting comparait en outre la formule au *Neu Schein* des «Germains supérieurs»[30].

La proposition s'accompagnait de conjectures et d'arguments plus ou moins philologiquement appuyés. D'abord, quand on considérait une inscription rapportée par Gruter où

---

[29] Au risque d'être transpercé, à la première faute, par la dague qu'on lui tenait sur la gorge, ainsi que le rappelle GRAFTON 1997, p. 206.

[30] Ceci, joint à l'allure germanique que revêtaient les synonymes énumérés plus haut, fait dire à Pougens que l'auteur dérive Nehalennia «de l'allemand *Neue helle*» (POUGENS 1810, p. 12).

figure DEAE NEHAEE, on comprenait que l'un des deux E « est en fait un L, ou qu'il a dû l'être », ce qui nous rapproche immanquablement de NEHALE ou NEHAEL, et donc de l'origine supposée. Que ces mots « celtiques » aient ensuite pris un suffixe ordinaire dans leur idiome, c'est ce que rendent plausible les formes suivantes, qui désignent des réalités sacralisées. L'*Arduhenna,* qui a donné son nom à l'Ardenne, montre ce suffixe *-enna* ajouté à l'appellation flamande de la terre, *aarde.* Un ancien *Baduhenna* désigne « évidemment » la déesse qui préside aux routes, car *pad* signifie « chemin » dans la même langue. Ainsi aurait-on déifié, en quelque sorte, la « nouvelle lune ».

Keysler ne se montrera pas convaincu[31]. Une chose est d'honorer la lune comme une divinité. Ceci est attesté chez les Germains. Autre chose est d'adorer la lune naissante. Si le culte est avéré chez les Romains, les Hébreux et d'autres peuples encore, on n'a pas de preuve qu'il ait atteint l'ancien monde du Nord, qui paraît, quant à lui, l'avoir totalement ignoré. Charles Pougens y ajoutera d'autres réserves. Il envisage l'hypothèse, dit-il, d'une œil moins favorable que ne semble le faire Dupuis dans son *Origine de tous les cultes* (1797). D'abord, on n'a jamais, y compris chez les Germains, honoré la lune « dans des temples couverts », alors que Nehalennia se présente sous une sorte de dôme. Ensuite, le chien à ses côtés est l'attribut d'un dieu lare, plutôt que celui de Diane. Enfin, la liste des noms et surnoms de la divinité lunaire chez les anciens peuples, telle que fournie par Schede, ne montrerait pas le moindre rapport avec celui qui nous occupe ici[32].

3. DIEUX D'EAU

Après avoir résumé les théories qui se réfèrent au grec, Keysler passe rapidement sur celles invoquant des « origines latines ». Jan van Someren, qui rapproche Nehalennia de Pomone dans sa *Description de la Batavie* de 1657, ne lui

---

[31] KEYSLER 1720, p. 255-56, § 29.
[32] SCHEDE 1728, p. 232 sv.

paraît guère mériter qu'une mention parce qu'il « n'ajoute aucune élucidation du nom »[33]. Il aurait pu y joindre, on l'a vu, l'opinion de Saumaise. Un autre savant du Nord, rapporte Pougens, supposera à la fin du XVIIIe siècle dans un mémoire inédit « que la déesse Nehalennia est Cérès, ou quelque autre divinité romaine apportée en Angleterre par les Romains sous les premiers Empereurs », le nom étant pris « du celtique *Néhal,* qui était peut-être celui du lieu où ils s'embarquèrent ».

Keysler en vient ensuite « à ceux qui ont préféré expliquer les réalités germaniques par elles-mêmes ». « Ici domine avant tout autre Boxhornius, ornement de son âge, pour qui Nehalennia a été nommée du lieu et de l'île où elle était honorée... ».

3.1. Boxhorn : l'invention de la grammaire comparée

Daniel Heinsius, étoile de l'université de Leyde, évoquait dans une lettre de mai 1651 à Jean-Frédéric Gronov les « merveilleux commentaires de notre ami » sur Nehalennia[34]. Cet « ami » n'était autre que Boxhorn, son successeur à la chaire d'histoire et de politique de Leyde. Les « commentaires » en question figuraient dans deux brochures en néerlandais parues dès 1647. Boxhorn y systématisait une hypothèse qu'il nourrissait depuis au moins une dizaine d'années et à laquelle Saumaise venait d'apporter la consécration, tout en prenant ses distances avec ce qu'il considérait comme une idée fixe de la part de son collègue, auquel l'opposaient des circonstances de nature non proprement scientifiques[35].

---

[33] KEYSLER 1720, p. 256-58, § 30-31.
[34] BURMANN 1724 sv., 3, p. 259.
[35] Sur Boxhorn, Saumaise et l'hypothèse scythique, cf. GENSINI 1991, p. 109 ; LEIBNIZ 1995, p. 171-72 ; LEIBNIZ 2000, p. 24. Il faut regretter que ce dernier ouvrage, peut-être un des premiers à présenter au grand public, en France, la linguistique historique et comparée de Leibniz, offre de nombreuses imperfections. Parmi celles-ci figure la mention inexacte, excessivement latinisante, des auteurs auxquels se réfère le philosophe. Marc(us) Zuer(ius) Boxhorn(ius) – forme courante qu'atteste par exemple son beau portrait gravé, à l'âge de vingt-huit ans – est tantôt appelé « Boxhornus » (p. 184), tantôt prénommé « Zuerus »

En 1637, le Hollandais avait communiqué à Saumaise ses réflexions concernant l'analogie de certains mots dans différentes langues. Les rapprochements s'inscrivaient notamment dans la ligne de la concordance classique entre *super* et *huper* (lat. *sudor* «sueur», gr. *hudôr* «id.»), mais étendaient sensiblement le cercle de la comparaison puisqu'ils invoquaient le perse *bes* «vent» pour expliquer les néerlandais *biezen / bijzen* «s'agiter, se démener, en parlant du bétail» et *biesbout* «insecte agitant les ailes avec violence et bruit»[36]. Rapprochés du français *bise* à travers un «très vieux latin» *bisa* «agitation» – adaptation d'un terme germanique – ces mots paraissaient, non sans raison, renvoyer à un même prototype que la linguistique comparée qualifiera d'indo-européen, et que Boxhorn, conformément à une antique tradition, appelle «scythique». Il ne peut être question de refaire ici l'histoire de l'idée de «source scythique», en tant qu'origine commune des peuples occidentaux[37]. La Bible avait désigné Japhet comme ayant entrepris le repeuplement du continent européen, après le Déluge. Dès le début de l'ère chrétienne (avec Flavius Josèphe, au premier siècle, et les Pères de l'Église), Gomer et Magog, fils de Japhet, font figure de «pères des Scythes» et bientôt des Goths. On imagine facilement comment les écrivains issus de cette nation accentuèrent la filiation, pour la plus grande gloire des souverains qu'ils servaient. Tel fut le cas de Cassiodore, conseiller de Théodoric,

---

(p. 22, corrigé p. 24). Jean van Gorp et Adrien van Schrieck apparaissent anoblis en «von Gorp» et «von Schreck» (p. 23-24). Au même endroit, le «Goth» Jordanes est situé au XIIe siècle. Quant à la traduction de la *Brevis designatio,* elle est reprise à celle de J. Sudaka parue dans JACOB 1973 et n'est guère fiable. Si l'inopportune référence à un auteur nommé *Schreiten* a été corrigée (le mot signifie «avancer» en allemand), la découverte des affinités germano-persanes reste attribuée à un problématique «Salmasion» (accusatif de Salmasius = Saumaise; p. 176 et 182).

[36] VEEN 1989, p. 103.
[37] BORST 1957-63 fut un des premiers à mettre en évidence cette tradition. Voir à présent MULLER 1986; GENSINI 1991, p. 107-13, 184, etc.; LEIBNIZ 1995, p. 171-73; TAVONI 1998, p. 64-65; LEIBNIZ 2000, p. 24-25.

et de l'évêque Jordanes, ou Jornandes, chez qui le critère linguistique devient critère généalogique essentiel (VIᵉ siècle). Peu après, Isidore de Séville, dans un contexte historique analogue, consacrera l'idée d'une unité linguistique européenne de type «scytho-japhétique» et de fondement germanique.

Brûlons les étapes. Le principe connut un développement décisif en 1569 quand Jan van Gorp réclama pour sa langue maternelle une place de choix parmi les idiomes premiers de l'Europe et accrocha leur unité à l'hypothèse d'une source orientale en rapprochant le nom des Cimbres, ancêtres des Néerlandais, et celui des Cimmériens, qui évoluaient avec les Scythes dans les plaines de la Russie méridionale (*Origines anversoises*). Ce schéma de diffusion préfigurait d'une certaine manière celui qu'accréditera – sur des bases linguistiques évidemment toutes différentes – le comparatisme indo-européen. Mais la thèse était servie par des étymologies provocatrices et une réactivation quasi burlesque de la fameuse expérience de Psammétique. On sait que l'ancien roi d'Egypte est censé avoir fait élever des enfants en milieu clos, afin d'identifier, par les premiers mots prononcés spontanément, la langue naturelle de l'humanité. Le premier terme articulé fut *becos,* qui signifiait «pain» en phrygien, et qui reproduisait tout simplement, fit-on bientôt remarquer, le cri des chèvres parmi lesquelles les enfants avaient grandi. Ironie partagée par van Gorp? Il avança qu'on pourrait aussi légitimement invoquer le flamand *becker* «boulanger». Comment ne pas saborder toute réputation quand on en tire la conclusion que cette langue a autant de mérite théorique que d'autres à illustrer les plus anciennes strates du langage, sinon les origines mêmes de la parole? Les contemporains ne furent-ils pas sensibles au rapport plaisant que l'auteur établissait, mi-figue mi-raisin, entre le *becker* primitif et son propre nom latinisé de *Becanus?*

A. Grafton souligne un autre aspect des *Origines anversoises,* qui ne rétablit pas seulement une certaine balance historiographique en faveur de l'auteur, mais découvre une partie de la machine philologique très précise et intelligente parfois mise en œuvre pour soutenir un préjugé[38]. Car les *Ori-*

---

[38] GRAFTON 1993, p. 125-26.

gines, par ailleurs, «constituent la plus habile des critiques dirigées contre l'œuvre de Nanni» – le génial faussaire de Viterbe – et ébauchent ainsi «une reconstitution diachronique de l'historiographie critique ancienne» faisant apparaître l'ouvrage de van Gorp comme «le lointain ancêtre des *Fragmente der griechischen Historiker,* la grande édition de Jacoby qui a révolutionné ces matières». La technique ayant permis de confondre Annius mérite d'être résumée. Celui-ci ignorait le grec et s'était fondé sur des auteurs de seconde main pour forger ses contrefaçons. Goropius identifia ces sources et, mieux encore, y pointa les erreurs de traduction qui avaient donné lieu à des absurdités, dans l'imitation qu'en tire Annius. Ainsi, ce dernier faisait prononcer à Archiloque un avis concernant la vie d'Homère. Mais l'original du texte sur lequel était bâtie cette invention montrait qu'il n'y était question d'aucun témoignage d'Archiloque, lequel ne pouvait guère, comme poète, fournir un type d'information plutôt réservé à un historien. La contestation du modèle généalogique et migratoire fourni par l'Italien se donnait ici des armes «déconstructives» particulièrement affûtées.

L'idée d'une archéologie de l'Europe où la Flandre occuperait une position privilégiée, en tant qu'archive linguistique, prit du poids lorsqu'un des collaborateurs de l'imprimeur anversois Christophe Plantin, François Ravlenghien ou Raphelengius, remarqua vers 1600 de singulières analogies lexicales entre le perse et le parler du pays. Cette correspondance génétique pleine de promesses, vérifiée plus tard par la linguistique comparée, sera explorée en 1612 par Abraham van der Myl dans sa *Langue belgique* de 1612, qui citait le perse à côté du latin et du grec parmi les langues offrant une «communauté» d'origine. Deux ans plus tard, les *Origines celtiques et belgiques* d'Adrien van Schrieck plaçaient aussi sa langue maternelle dans la proche descendance d'un «scythique» dont Germains et Celtes, confondus, auraient le mieux conservé les restes[39]. D'autres philo-

---

[39] SWIGGERS 1984. Pour l'opinion de Leibniz sur van Gorp, van der Myl et van Schrieck, cf. la lettre à Sparfvendeldt du 29 nov. (?) 1697 citée dans LEIBNIZ 2000, p. 164 (van Schrieck est malheureusement appelé «von Schreck» p. 24).

logues travaillant dans les Pays-Bas prirent leurs distances avec la théorie «scythique», par mépris des prétentions bataves ou par prudence. On sait comment Joseph Scaliger nia le lien génétique unissant les parlers occidentaux dans sa *Diatribe sur les langues des Européens* de 1599/1610: l'essai disait bien, dans le titre, sa nature polémique et allait jusqu'à éviter la formule «langues européennes», par provocation. Juste Lipse se montrait à peine moins sceptique quant aux marques lexicales d'apparentement que semblaient manifester flamand et perse.

L'histoire des religions n'était pas loin. En 1614, dans ses *Discours académiques,* un professeur de l'université bavaroise d'Altdorf, Michael Piccart, fait écho à la découverte de Raphelengius. Une quart de siècle plus tard, un jeune érudit, Christoph Adam Ruprecht, s'apprête à prononcer dans la même université un «discours inaugural» dans lequel il a l'intention de se démarquer de Piccart et de la thèse d'un apparentement. Peut-être y voit-il une ritournelle nationaliste déplorable. Il entend donc, ainsi qu'il l'annonce au pro-chancelier de l'université, «réfuter l'idée de ceux qui affirment la parenté des Germains et des Perses» malgré la ressemblance de mots «comme *Fader, Moder, Broder»*. La question agita l'académie. Le pro-chancelier dut s'interroger et s'informer, car quelques années plus tard, un de ses correspondants, Christoph Arnold, lui adressa une lettre intitulée *Sur Frea (c'est-à-dire Vénus), Wodan ou Othin (Mars),* dans laquelle il développe l'analogie qu'offre le nom de la déesse avec le flamand *fryster* «jeune fille» mais aussi avec le persan *fristar* «vierge». La dissertation trouvera un écho dans celle, mentionnée au début du présent livre, que Keysler joint en 1728 à une réédition des *Dieux germaniques* d'Elias Schede (*Dissertatio de cultu Solis, Freji et Othni*).

Tel est le contexte dans lequel Boxhorn entreprit ses travaux sur le prototype «scythique», dont il fit notamment part à Blankaart. Celui-ci, né en 1625, fit ses études à Leyde et l'on peut conjecturer sans guère de risque qu'il connut Boxhorn et devint même un de ses élèves préférés. Le maître lui soumettait, l'année même de la découverte de Nehalennia, une comparaison entre le latin *oleum,* le grec *elaion,* le germanique *olie* et un «ibère» *celia,* qui renvoyaient «sans aucun doute» à «la plus vieille langue d'Asie et d'Europe»[40]. C'est le moment d'observer que Blankaart, interprétant Nehalennia, n'évoque pas la théorie de son aîné.

Le milieu des années 1640 vit une accélération considérable de la recherche sur le prototype commun. En 1643, Saumaise soumettait les noms de nombre à une procédure comparative impliquant le latin, le grec (sous la forme particulièrement «ancienne» de l'éolien), les langues germaniques, en ce compris le gotique de Crimée et l'anglo-saxon, ainsi que le perse (*De hellenistica commentarius*). On a souvent souligné la minutie d'une reconstruction qui – chose peu banale à l'époque – postule franchement une forme hypothétique de base: abstraction à laquelle répugnait une philologie pratiquant le culte du texte et de la manifestation écrite. En 1644, c'est à Huygens que Boxhorn fait part de ses convictions concernant «notre Scythie, ventre des peuples et officine des nations». En 1646, il se dit émerveillé de ce qu'il découvre, qui est «absolument certain», et dont il espère qu'il paraîtra «tel aux autres». On imagine dans quelle exaltation il reçut la nouvelle de la découverte de Domburg, dont traite une première brochure en flamand, intitulée *Eclaircissements sur la déesse Nehalennia, inconnue jusqu'ici*. Celle-ci commence par évoquer le défi religieux dont s'accompagne une énigme linguistique que ne résout pas l'étymologie commune par *Net heal inne,* en mauvais flamand. Que la princesse d'Orange, à qui s'adresse Boxhorn, veuille bien prendre connaissance d'une autre idée.

> *Pour faire court, je dirai que* Nehalennia *tient son nom de l'endroit où elle fut autrefois honorée et où elle a été découverte: c'est-à-dire qu'elle n'est rien d'autre que la* déesse de Nehalent, *ou* Zehalent (…). *Mais qu'est-ce que ce* Nehalent? *Ce nom ne se trouve sur aucune carte des Pays-Bas. S'agirait-il d'une province effacée par le cours du temps? L'expérience apprend que nombre de royaumes, dans des régions voisines, ont pu de même disparaître et être ensevelis. Ou pensera-t-on qu'une appréciable partie de l'île de Walcheren, nommée* Nehalent, *a jadis été recouverte par les*

---

[40] BOXHORN 1662, p. 218-20.

eaux, suite à une poussée et montée de la mer ? Il est sûr que la Zélande, dans les siècles passés, a subi de nombreux assauts de ce type[41].

« L'homme joue avec les mots et les noms ». Comment ne pas voir que le nom de *Zierickzee* – « pour rester ici dans les limites de la Zélande » – déguise un originel *Kercke* « église », devenu toponyme dans la mesure où l'île de Schouwen n'avait dans les anciens temps qu'un seul bâtiment de l'espèce ? De même *Munster*, en Westphalie, signifie proprement « monastère ». *Kercke* aura donné *Curcke*, puis *Curike*, d'où le *Curicea* que disaient les vieux Saxons et Flamands, et enfin *Cirizea*, « avec le temps ». Voilà qui est bien de nature à dégonfler les « balivernes » de ceux qui invoquent à l'origine du nom moderne cette « garce de Circé »[42] !

« Mais je m'oublie ». Il est clair que *Nehalent* est un avatar de *Ealent*, mot des « Scythes et Flamands », composé sur *ea* ou *aa* « eau ». Cette dernière équivalence avait été notamment fournie par Adrien van Schrieck dans l'ouvrage cité plus haut. Articulation élémentaire, la première des « lettres vocales » était vouée à désigner un des éléments de la nature. De façon toute cratylienne, van Schrieck ajoutait que l'addition d'un son marquant la dureté modifiait l'élément naturel représenté, processus illustré par le flamand, où *aa/rde* signifie la « terre ». A quel point Boxhorn demeure prisonnier de l'écriture, on le voit par la manière dont il appuie la distinction entre les racines *ea* et *aa*. La première a donné le français *eau* et se retrouve dans *oocean*, qui se comprend comme « la grande eau » puisque *oock*, apparenté au latin *augere* « augmenter », qu'on discerne aussi dans *Augustus*, « signifiait *grand* chez les Scythes ». La racine *aa* produit quant à elle le latin *aqua*, rameau différent de celui constitué par le français *eau* !

Un mot-souche, par ailleurs, est fait pour provigner. L'authenticité d'un son primitif se lit dans la famille qu'il

---

[41] BOXHORN 1647, p. 14–17.
[42] On sait que celui de *Catti* ou *Chattes*, qui désignait « un vieux et célèbre peuple des Pays-Bas », dont parlent tant d'écrits des Romains, a cédé devant celui de *Hassen*, puis *Hessen.*

engendre : déploiement où l'on verra, selon l'humeur, une approche du critère que peut offrir la solidarité lexicale, ou, de façon plus critique, le fantasme d'une construction systématique, quasi géométrique, de la langue. La racine *aa* se retrouve bien sûr, selon Boxhorn, dans « les mots *naas,* ou *neas,* et en raccourci *nat, nes»,* c'est-à-dire « mouillé, humide ».

Tout ceci offre un singulier mélange d'archaïsme et d'intuition promise à développements philologiques, voire linguistiques. Le comparatisme moderne trouvera aussi un indo-européen *akwa « eau » à l'origine du mot latin ou du vieux-haut-allemand *aha,* que Leibniz invoque à son tour pour confirmer l'hypothèse. La connaissance des anciens textes, rejointe par la toponymie, transcende le produit d'une imagination aventureuse. Leibniz voit la racine *aha* perdant chez les Islandais une aspiration qui s'accentue chez les Latins et les Germains, pour donner chez ces derniers le nom allemand d'Aix-la-Chapelle, *Aachen,* l'ancienne *Aquae Grani,* ou encore le suffixe *-ach* de certains cours d'eaux, comme dans *Schwarz-ach* « l'eau noire ». Un contemporain de Leibniz, Johannes Braun, que l'on va retrouver, raffinera sur le motif dans ses *Selecta sacra* de 1700. Outre *Creuzenach,* qui signifie « croix de l'eau » parce que deux rivières y confluent, il mentionne *Andernach, Bacherach, Zurzach, Breisach, Ilsach* et tant d'autres qu'on voudra. Il est moins inspiré d'y ajouter le suffixe *-ac* que montrent tant de noms de lieu du Midi de la France : *Nérac, Clarac, Laberdac, Bergerac, Aurillac, Bastanac,* etc. On sait que la finale représente le gallo-roman *-acum* « chez ».

Le rapprochement latéral d'*oock* et *augere* n'est pas non plus à négliger. Le comparatisme moderne le placera sous une origine indo-européenne de type *aueg signifiant "augmenter».

Ealent, ou *Ea-land,* sera donc « le pays de l'eau ». Le mot primitif aurait pris à l'initiale « une lettre *consonante, s* ou *z»,* comme cela est arrivé à « de nombreux autres termes commençant par une *voyelle»,* et serait devenu le moderne *Zeeland.* L'hypothèse se cadenasse par une dernière évolution : *Ealand* a aussi donné *eyland* « île ». Mais la lettre *N* à l'initiale de *Nehalennia* « ne fait-elle pas obstacle » ? Boxhorn aurait presque honte, pour repousser ce genre d'objection, d'entrer dans de tels détails, lorsqu'il s'adresse à « Votre Grandeur ». Il est nécessaire « de montrer que cette lettre est parfois jointe, parfois abandonnée dans un même mot chez des peuples usant d'une même langue ». Ainsi, ceux des Pays-Bas disent parfois *oom* « oncle », parfois *noom,* ou *erm* « bras » et *nerm :* mots qui ont subi l'agglutination du possessif *mijn.* Il n'est pas jusqu'à l'hypercorrectisme qui n'apporte sa contre-épreuve. D'anciennes histoires manuscrites des évêques d'Utrecht, tirées de l'oubli par « le célèbre Peter Schrijver », le correspondant de Huygens, ont volontiers *Assau* pour *Nassau,* compris comme altéré par l'initiale parasite.

La notion de participation à « une même langue » doit du reste s'entendre dans un sens large et peut s'ouvrir à une comparaison inscrite dans le modèle scythique. Le cas du germanique *abent* « soir » engage même la mythologie. Ce mot, qui alterne avec la forme *nabent,* se décompose en *ab* « soleil, jour » et *ent* « fin ». « Sur ce petit mot *ab,* Grecs et Romains ont sans nul doute fait leur dieu *Apollo,* c'est-à-dire le soleil ».

D'autres exemples font intervenir des mots « scythes » de nature problématique. Les Hollandais prononcent *a(e)sem* ou *naesem* pour « souffle », qui suggère, croit Boxhorn, un rapprochement avec le latin *nasus* « nez ». « Les Scythes disent *Nasuni* » *:* difficile de savoir ici s'il mentionne un mot d'une langue déterminée ou s'il vise une origine plus ou moins reconstruite. Les compatriotes de Boxhorn désignent un « ongle » par *angel, nangel* ou *naegel* (mod. *nagel),* qu'il rapproche avec raison du lat. *ungula* (voir la prosthèse du vieux-haut-all. *nagal* de même sens). « *Nagali* disent les Scythes » : même référence elliptique. Mais voici qui paraît éclairer le propos du comparatiste. Les Hollandais ont *arangie* ou *narangie* pour « orange ». Qui est mieux placé qu'eux pour savoir que le prince d'Orange est désigné par *Narankie* dans les langues de nombreux peuples – mot occupant une place analogue à celle des termes « scythiques » précédents ? Ainsi l'appellent les « Illyriens, Croates, Dalmates, Hongrois, Tartares ». L'énumération révèle quelque chose d'essentiel. Le terme de *Scythe* y perd son sens abstrait de « prototype » pour reprendre celui, tout concret, que lui attribue l'antique tradition géographique d'Hérodote ou de Strabon. Il désigne maintenant un amalgame de nations évoluant aux frontières de l'Europe et plus ou moins étrangères à la famille occidentale. Déplacement tout à fait analogue à celui que Leibniz fera subir au modèle de la matrice européenne, quand son *Bref essai sur les origines des peuples* affectera l'appellation de « scythique » aux parlers turco-tartares, slaves et finnois[43].

Le même infléchissement s'observe dans l'étymologie du néerlandais *teef* « chienne, salope », que Boxhorn propose dans les dernières pages de ses *Eclaircissements*. Qui accepterait que l'on salue sa mère d'un tel nom? « Pourtant, même la meilleure des femmes n'aurait pu, autrefois, être appelée autrement ». C'est que le mot résulte d'une abréviation de l'ancien *vischteven* « morue », dont le temps n'a gardé que l'idée de « femelle ». Les Scythes, et nommément les Tartares, chez qui ce poisson représente sans doute l'animal par excellence, donnent encore le nom de *Teve* à une femme, quelque respectable soit-elle.

A quel point les perspectives d'avenir succèdent rapidement aux voies sans issue, on le mesure sur la même page. Trouverait-on aujourd'hui partout dans les Pays-Bas, demande Boxhorn, des personnes qui comprennent « le nom de *Souaers,* ou *Souers»*, pour désigner un « portefaix »[44] ? Le mot dut cependant être connu jadis de tous les « Duytschen », car un *Dictionnaire persan (Persis Woordenboeck)* aimablement communiqué par le célèbre orientaliste Jacob Golius, collègue de Boxhorn à Leyde, fournit le terme *soulanzi* désignant un même genre d'homme de peine, et spécialement un porteur d'eau. Tous les Flamands d'autrefois ont dû, ainsi que les Perses d'aujourd'hui, partager ce terme comme ils partagent « dans une très large mesure une seule et même langue, étant de même origine ». Mais le vestige est réservé à la Zélande – inestimable réservoir d'archaïsme – ainsi qu'au

---

[43] DROIXHE 1978, p. 133.

[44] Il équivaut, dit Boxhorn, à *sackedrager:* cf. KIEL 1889, 1, s. v° *baiulus:* « drager, pak-drager; sak-drager; arbeider », etc.

langage de l'armée, «où l'on parle de *Soulars,* ou communément de *Soutelars*» pour désigner ceux qui portent les tonneaux : Corneille van Kiel définit en effet le verbe *soetelen* par «se charger d'un office bas et vil, exercer un métier non libéral»[45].

> *Où entend-on encore le gentil nom de* Venoot, *signifiant un ami ou* camarade, *sinon en Zélande, et généralement chez ceux qui naviguent, étant compagnons de bâteau ? C'était cependant un terme couramment utilisé par tous les gens de ce pays, dans l'ancien temps. On le lit à plusieurs reprises dans de vieux* Règlements *zélandais de droit maritime, comme dans des écrits anglo-saxons (...) ou sur d'antiques monuments érigés dans le Nord de l'Europe voici bien des siècles (...). On lit là* Venoot, *un* ami ; Venoothova, *le prénom – nom de tête (hooft) – de l'ami ;* Vena, *une amie ; mot duquel les Romains, à n'en pas douter, ont tiré le nom de* Vénus.

Que demander de plus à un auteur du milieu du XVIIe siècle en matière de documentation ? Celle-ci fait apparaître un autre des meilleurs esprits du temps. Boxhorn doit ici certaines informations «à l'amitié de l'honorable Seigneur *Johan de Laet»,* celui qui développa contre Grotius la charte la plus rigoureuse des principes de comparaison linguistique, pour l'époque. Faut-il rappeler comment il s'élève en 1643 contre la pratique consistant «à changer des lettres, à transposer, ajouter, soustraire des syllabes» pour établir la parenté de telles ou telles langues, ainsi que procède arbitrairement Grotius dans sa *Dissertation sur l'origine des Américains* de 1642 ? On force les similitudes. «Mais quant à considérer par là comme établie la provenance de certains peuples»... Il ne suffit pas d'aligner quelques éléments du lexique. Il convient plutôt d'envisager

> *le génie même de la langue ou du dialecte, le système de prononciation, le mode de construction et surtout le nom des choses qui sont particulières et les plus communes à cette nation*[46].

---

[45] KIEL 1605, p. 502.
[46] SIMONE 1998, p. 198 pense que la notion de «génie des langues», dans un sens moderne, semble «faire surface» dans la *Grammaire de*

Boxhorn affirmera les mêmes principes dans une autre brochure en néerlandais. Ses *Eclaircissements* suscitèrent des interrogations, que traduisit un bref opuscule, anonyme, de *Questions présentées au Sieur Marc Zuer van Boxhorn*, sorti des mêmes presses de Guillaume Christian vander Boxe en 1647. On y demandait en rafale: *Les Scythes sont-ils plus anciens que les Grecs et les Romains? Quelle langue parlaient-ils et peut-on y reconnaître le* duytsch*? Quels éléments montrent que grec, latin et germanique viennent des Scythes?,* etc. Boxhorn fit aussitôt paraître un essai d'une centaine de pages, une *Réponse (Antwoord)* dans lequel on a pu voir l'exposé le plus avancé de la théorie scythique, et comme la préfiguration la plus achevée de l'hypothèse indo-européenne. N'y revenons pas[47]. Le premier essai sur Nehalennia, plus directement consacré au nom de la divinité, offre déjà le tissu de promesses, d'ambiguïtés et de déviations qui caractérisent le second et qui affecteront le *Livre des origines gauloises,* ouvrage posthume censé conserver le testament linguistique de Boxhorn. On retrouvera bientôt celui-ci au chapitre du pilier des nautes parisiens, dans un contexte particulièrement éclairant.

3.2. Gudius et la Waal

On a vu au début de ce livre comment Leibniz, mentionnant dans une lettre de 1711 à La Croze la question posée par Nehalennia, citait la dissertation flamande de Boxhorn – sans se souvenir «de l'explication qu'il en donne» – et proposait en passant de rapporter le nom de la déesse «à la rivière *Vahalis*»[48]. Sans doute avait-il plutôt en tête, en rappelant l'hypothèse, celle développée par son compatriote Marquard Guđe, ou Gudius, dont il avait fait acheter la somptueuse bibliothèque pour le duc de Wölfenbütel à la mort de l'itiné-

---

Port-Royal. Que celle-ci relève d'une théorie cartésienne du signe où les mots reflètent passivement des essences, jamais des structures culturelles, n'est pas pris en compte.

[47] DROIXHE 1978, p. 93-99; DROIXHE 1993.
[48] POUGENS 1810, p. 17 note que Leibniz «n'a pas d'ailleurs approfondi ce point de mythologie».

rant érudit, en 1689. Leibniz avait le don de récupérer des sommes d'informations originales, comme le montre particulièrement l'histoire de sa recherche finno-ougrienne[49].

Gudius avait promené dans toute l'Europe une soif insatiable de savoir, qui lui fit refuser, dit-on, des chaires aux académies de Duisbourg, Deventer et Amsterdam. Il fallut que le duc de Holstein, dans les Etats duquel il était né, en tire avantage pour le nommer son bibliothécaire et son conseiller intime. Imaginera-t-on qu'il ne remplissait pas ses charges avec enthousiasme ou rigueur? Il fut disgrâcié, mais retrouva un emploi auprès du roi de Danemark, au terme d'une existence qui le vit traverser la Hollande, où il entra en relation avec Heinsius, la France, où il connut Ménage, l'Italie, d'où lui écrivait le savant Magliabecchi, et l'Angleterre.

Partageait-il l'opinion de Saumaise sur Boxhorn? Ses collections conservent une lettre du premier qui, dès 1631, s'en prend aux «inepties» du second. Saumaise s'y étonne que Boxhorn «trouve des gens pour le louer, mieux! pour l'admirer»[50]. Gudius va en tout cas opposer à la thèse «scythique» une théorie en partie fondée sur le rejet de la référence à la Zélande en tant qu'île, car la région «touchait jadis à la Gaule», comme «ne l'ignore aucune personne quelque peu versée dans la géographie antique». Son idée se trouve exposée dans ses *Antiques inscriptions, tant grecques que latines,* ouvrage que Gudius avait laissé inédit et qui ne parut qu'en 1731, la publication étant parfois attribuée à ceux qui la préparèrent[51]. Les attributs de Nehalennia ne laissent pas de doute sur ce qu'elle symbolise. La corne d'abondance a régulièrement signalé l'image d'un cours d'eau, comme le montrent les représentations du Tibre ou du Nil dans la statuaire antique. Dans ce cas, il doit s'agir de la rivière *Vahalis,* branche du Rhin qui se jette dans la Meuse, aujourd'hui nommée Waal. Tacite la mentionne dans les *Annales* (II, 6)[52]:

---

[49] DROIXHE 1990a.
[50] GUDIUS 1697, p. 377, lettre du 22 mars 1631 à Justus Kriexius.
[51] GUDIUS 1731, *Praefatione appendix,* paginé ****** ***** **.
[52] TACITE 1990, p. 80. Repris par HALMA 1725, p. 103.

> *le Rhin, jusque-là contenu dans un seul lit ou n'embrassant que de petites îles, semble, à l'entrée du territoire batave, se diviser en deux fleuves: il conserve son nom et la violence de son cours du côté où il borde la Germanie, jusqu'à ce qu'il se mêle à l'Océan* [le «vieux Rhin» coulant à Utrecht et Leyde]; *le bras qui baigne la rive gauloise, plus large et plus paisible, reçoit des habitants la dénomination nouvelle de Vahal, puis il change encore de nom pour prendre celui de la Meuse, par laquelle il se déverse en une vaste embouchure dans le même Océan.*

La localisation des autels portant le nom de la déesse circonscrit cette région. Le plus grand nombre d'entre eux en proviennent, et si on en trouve à Cologne, c'est que la ville commerçait intensément avec le «littoral extrême de la Gaule». Il y a pourtant une différence entre *Vahal* et *Nehal*. «Elle s'explique facilement» par un intermédiaire **Nahalia* (gratifions la forme de l'astérisque, à la moderne), que l'on peut lire, prétend Gudius, dans un manuscrit des *Histoires* de Tacite conservé à Milan (V, 26)[53]. Il est vrai, convient-il, que toutes les éditions existantes ont *Nabalia*. Mais on imagine aisément comment a pu se produire «une petite faute concernant la seule petite lettre *b* mise pour *h*», et le codex qu'il a vu est «écrit d'une main soigneuse»[54].

---

[53] POUGENS 1810, p. 16: «Il assure avoir vu à Milan, entre les mains de Fr. Birargus Mezzabarba, un manuscrit de Tacite sur vélin, dans lequel on lit *Nahalia*».

[54] TACITE 1992, p. 95. Nehalennia appartiendrait ainsi à la catégorie des divinités «marines ou fluviatiles» propres à une région déterminée, telles que celles évoquées par Honoratus Servius dans ses *Commentaires sur Virgile* (Ve siècle) à propos de la nymphe Marica de l'*Enéide* (VIRGILE 1977, 7, v. 47). POUGENS 1810, p. 17 considérera tout ceci avec scepticisme: «cette manière d'expliquer diverses origines historiques par la métathèse et l'alternation des lettres est sujette à des erreurs si étranges que je dois me borner ici à extraire l'opinion de Gudius, sans examen et sans discussion». L'idée selon laquelle le nom de Nehalennia renverrait à «un très célèbre port situé jadis à l'embouchure de la Meuse et de la rivière Vahalis» sera reprise, avec un changement d'étymologie, par François Oudendorp, lorsqu'il publiera en 1746 un inventaire raisonné des antiquités léguées à l'université de

3.3. Keysler: des nymphes ou *Nehae*

C'est également dans la descendance, plus lointaine, de Boxhorn que se situe l'hypothèse proposée par Jean-Georges Keysler dans son *Exercice historico-philologique sur la déesse Nehalennia, divinité topique des anciens habitants de Walcheren,* inséré sous la forme d'une «seconde édition plus correcte» dans ses *Antiquités septentrionales et celtiques* de 1720. Le «premier comparatiste» est d'abord rappelé par Keysler pour sa critique de l'idée «risible» associant Nehalennia et la Vierge Marie[55]. Les théories hellénisantes de Vredius et Blankaart montrent, dit-il, beaucoup d'ingéniosité. Mais toute interprétation accordée à la place qu'occupaient dans les mythologies septentrionales les «démons aquatiles» doit se fonder sur «cet étymon *aa, ea, eha* qui désigne notoirement l'eau en langue celtique», depuis la démonstration administrée par Boxhorn[56]. On sait que la racine se retrouve dans de nombreux noms de fleuves attestés par les «vieilles annales»: «Salzaha, Isalaha, Isaraha, Lonaha, Maraha, Salaha, Weseraha, etc.».

Tous les peuples de l'Antiquité ont honoré les eaux, sources et fleuves sous la forme de «génies et nymphes» que mentionnent de nombreuses inscriptions. Les historiens de l'ancienne Germanie en témoignent, comme Procope dans son livre des Goths (II, chap. 15). Mêmes cultes «dans les terres celtiques», où ont été trouvés des autels dédiés aux

---

Leyde (OUDENDORP 1746, p. 11-12, n° 9). Le nom viendrait selon lui de *Novum Helium,* littéralement «nouveau soleil» – «large embouchure», expliquera Pougens, par où les eaux de ces deux fleuves s'écoulent dans la mer. Pougens mentionne encore à ce sujet Did. van Cruisselbergen et son *Mémoire sur les antiquités de la Zélande,* «inséré dans le recueil de la Société des Sciences, Flessingue, 1771». Il y joint une autre hypothèse invoquant aussi la situation de Domburg sur le rivage, notion que l'anglo-saxon rend par le terme *neal* «rivage». Celui-ci aurait été couplé avec le nom d'un cours d'eau anglais, le «*Len* ou *Lene*». Les marins riverains de cette rivière se seraient acquittés, là où ils débarquaient, des vœux faits à leur divinité protectrice

[55] KEYSLER 1720, p. 250, § 25.
[56] KEYSLER 1720, p. 263-64, § 34.

nymphes des Brigants, nymphes Griselices, etc. Les canons conciliaires, les capitulaires royaux ont tâché d'abolir ces croyances. Le nom que portaient ces divinités peut se déduire de nombreux monuments antiques. «Le principal est un bas-relief conservé à Eiffel dans le duché de Juliers», dira Pougens, reprenant l'argumentation de Keysler. Il montre «trois déesses dont le giron est plein de fruits», surmontées de l'inscription suivante, découverte par le Liégeois Hubert Thomas, transmise par Smet et Gruter[57]:

> MATRONIS VACALLI
> NEHIS TIB. CLAVDI
> MATERNVS. IMP. IPSA
> M.
> P

Dans son *Commentaire sur l'origine des habitants du Palatinat et les antiquités de Heidelberg,* publié en 1599 par Marquard Freher – un des premiers commentateurs importants des Serments de Strasbourg! – Hubert Thomas avait cru reconnaître dans la figure de gauche de la stèle, signalée par la lettre *L,* Livie, la mère de Tibère. La scène était censée représenter un sacrifice offert par des déesses matrones à Livie, laquelle, au témoignage de Tacite, non contente de recevoir les «honneurs humains», exigeait pour elle le culte rendu aux divinités de la part des prêtres et flamines. «Ineptie», tranche Keysler, «car une lecture exacte de l'inscription ne permet pas cette explication, si l'on observe l'ordre des mots et la raison même de la construction». «Cette pierre a été trouvée à *Amwiler* [Andweiler] non loin d'un village nommé aujourd'hui *Vachlendorff,* autrement dit Vacalli». Elle est dédiée à des nymphes de Vacalli, désignées ici par *Nehis, Nehae,* qui sont donc des «divinités topiques», du type de celles dont on parlé Minucius Felix et Ammien Marcellin dans des textes bien connus[58].

---

[57] *CIL* 13, 2/2, 7952, en fonction de quoi on corrige légèrement la lecture de Keysler; GRUTER 1603, p. 91, n° 3; POUGENS 1810, p. 22 sv.

[58] L'hypothèse remontait à Smet et Pighius, fut popularisée par Gruter et quelquefois contestée au profit d'un rapprochement avec le village de Wachtendonk, entre Allemagne et Pays-Bas. On connaît mieux encore,

Il semble donc que Nehalennia fut honorée d'abord en un lieu portant le nom de Hallen ou Allen. Il est familier aux Zélandais de mettre une aspiration à un endroit qui ne convient pas, c'est-à-dire là où elle doit être omise, et où la raison des mots réclame qu'on l'omette. Ce lieu, célèbre tant par les sacrifices qui s'y accomplissaient que par sa réputation commerciale, donna son nom à d'autres villes maritimes, et celui-ci est conservé aujourd'hui encore par plusieurs d'entre elles. Parmi celles-ci s'élevait autrefois l'ancienne Hallen, à présent Egmunda. Elle abritait une abbaye non moins célèbre par son antiquité que par ses mérites dans l'histoire nationale. Elle fut détruite en 1572, dans ce temps où la Belgique, déchirée par les calamités internes, marchait surtout contre elle-même (...). Ce nom se disait sans doute d'un port sur l'Escaut que fréquentaient aussi bien les Romains que les Gaulois et les Bretons...[59]

Une autre inscription fournie par Gruter, trouvée à Odenhausen, près du Rhin, invoque des *Matronae Asericinehae* (§ 36)[60]. La recherche épigraphique ultérieure enregistrera divers monuments qui leur sont voués et qui proviennent de la région voisine d'Odendorf[61]. Keysler décompose à nouveau le second terme en *Aserici nehae* «nymphes d'Asericum» et rattache cette localité à celle d'*Asciburgius* qu'Ulysse aurait fondée selon Tacite, comme on l'a vu plus haut à propos de Vredius. Il rappelle les diverses localisations proposées mais «aurait peine à risquer d'affirmer quelque chose», sinon que certaines font grand honneur à des villages «obscurs» ou «modestes» (Ascelburg, Asburg), tandis que l'identification avec Essenberg peut faire valoir «de nombreux et remarquables monuments d'antiquités

---

aujourd'hui, ces *Matronae Vacallinehae,* dont une belle collection est conservée à Bonn, comme on l'apprend dans le moderne *Corpus inscriptionum latinarum.*

[59] KEYSLER 1720, p. 278-79. Et de rappeler, après Blancaard, que les Romains donnèrent leur nom à *Roompot,* «ou plutôt Romport, Romanorum portus».

[60] *CIL* 13, 2/2, 7981; GRUTER 1603, p. 91, n° 1.

[61] *CIL* 13, 2/2, 7978-79; auj. au musée de Bonn.

romaines» et qu'elle convient mieux à la «noble cité d'Emerica», voisine. Quant au fait que l'inscription s'adresse à des *Nehabus,* au lieu du classique *Nehis,* il est banal, comme le montrent les *deabus* ou *diibus* fournis par les inscriptions antiques.

L'une d'elles, trouvée dans le village d'Altdorf, près de Juliers, mentionne encore des *Matronae Hamavehiae* (§ 37)[62]. Keysler invoque Gudius en faveur de la leçon *Hamanehiae, Nehae* étant devenu par la suite *Vehae,* mot qui pourrait être à l'origine du français *fées,* «sortes de nymphes que l'Antiquité crédule imaginait – et que beaucoup imaginent encore – apparaissant aux hommes, s'entretenant avec eux et prédisant l'avenir». Mais Keysler, à côté de cette «nova ratione» du terme, tient à signaler en note que d'autres critiques font remonter *fées* à *fatidicas,* ce qui met sur la bonne voie.

Dans ses *Doutes et conjectures sur la déesse Nehalennia* de 1810, Charles Pougens imputera à Keysler une manipulation continuelle des inscriptions. Celui-ci décompose de manière «absurde» *Vacallinehis,* adjectif de *Vacalli,* sans tenir compte du fait que les deux syllabes finales «se trouvent écrites à la ligne suivante, mais faute de place, ou peut-être pour la symétrie», tandis que «l'intercalation de la lettre *h* au milieu de ces deux syllabes *Ne-h-is* ne sert à autre chose qu'à exprimer l'aspiration gutturale naturelle aux peuples de ces contrées». Keysler lui-même ne peut s'empêcher d'y songer, puisqu'il dit que «l'inscription offre en elle quelque chose de la rudesse germanique dans la manière d'aspirer et d'abréger»[63]. Dans le cas plus particulier des *Matronae Hamavehiae,* la substitution du *n* au *v,* pour servir la thèse, n'est pas autorisée par l'état de la phonétique. «Ces deux lettres alternent rarement entr'elles, puisqu'elles ne sont pas du même organe»[64].

---

[62] *CIL* 13, 2/2, 7864; GRUTER 1603, p. 91, n° 2 d'après les notes d'Arnold Mercator; auj. au musée de Cologne.

[63] KEYSLER 1720, p. 271-72.

[64] L'habileté trompeuse de l'Allemand est également analysée à propos d'une des inscriptions invoquant d'autres «matrones», les *Rumane-*

Ce mot de *Nehae* ne se trouve du reste dans aucun des grands répertoires sur les langues du Nord, à part celui de Jean Georges Wachter, le *Glossaire germanique, contenant les origines et antiquités de toute la langue germanique*, de 1737, un autre jalon sur le chemin qui mène à l'idée indo-européenne[65]. Mais l'argumentation y repose entièrement sur celle de Keysler.

«Erreurs ridicules», «paradoxe»: Pougens veut souligner les bêtises dont sont capables ces «savans de l'Allemagne et de l'Angleterre» qu'admire la France impériale, par un mouvement de «dénigrement» envers soi-même. En l'espèce, il s'étonne «que Keysler, qui avait dirigé ses recherches sur les antiquités septentrionales et celtiques, n'ait dit qu'un seul mot en passant sur les nymphes ou divinités tutélaires des eaux, connues chez les peuples du Nord sous les noms de *Nik, Niik, Nacken, Nichs, Nix, Nichsens, Nixen*» – termes où il faut chercher l'un des éléments du nom de Nehalennia. Le reproche est quelque peu injuste. Mais l'argument fournit l'occasion d'évoquer quelques figures majeures de l'étude hisorique des langues germaniques et du pré-comparatisme avant 1800.

3.4. Monstres marins et progrès de la germanistique

Ce n'est pas à l'érudit allemand, intéressé par la culture populaire, qu'il faut apprendre ce que sont ces démons nommés *nicken, nikur* ou *nocca*. Ceux-ci étaient censés attirer les hommes dans les eaux et les tuer en leur suçant le sang par la bouche et les narines[66]. Keysler rattache leur nom à l'allemand moderne *neigen* «faire pencher, faire descendre, incliner» et songe aussi à un rapprochement (erroné) avec le latin *necare* «tuer»: celui-ci n'a-t-il pas donné le français *noyer*[67]?

---

hae, rattachées à Rumanheim, dans les faubourgs de Juliers (§ 39): *CIL* 13, 2/2, 7869; GRUTER 1603, p. 91, n° 4; auj. au musée de Cologne.

[65] WACHTER 1737, col. 1130-31.
[66] KEYSLER 1720, p. 260-65.
[67] Le sens du fr. *noyer* perpétuerait peut-être, dit-on aujourd'hui, une nuance du verbe latin qui désignerait plutôt «la mort donnée sans blessure».

Il cite aussi «certain dictionnaire flamand-français où *Neccer* est un esprit aquatique et *Necce* signifie 'tuer'». Le folklore établit un autre trait d'union entre le présent et le plus lointain passé. Les Anglais ne disent-ils pas encore «*the Old Nick* pour le diable»?

Keysler se fonde ici, tout d'abord, sur Olaus Worm, découvreur du «runique» ou «ancien nordique» (*Monumenta danica*, 1643). Le mot *nikur* a le sens de «monstre marin» en islandais, langue vivante dont le caractère archaïque, du point de vue morphologique comme lexical, s'impose au même moment, spécialement grâce à Runolf Jonsson, ou Runolphus Jonas (*Recentissima antiquissimae linguae septentrionalis incunabula*, 1651). Keysler invoque aussi la célèbre *Atlantica* d'Olaus Rudbeck (1675 sv.), dont la thèse provocatrice sur l'identité entre l'Atlantide et la Suède ne doit pas faire oublier nombre de préoccupations linguistiques appréciables: réflexion méthodique sur la distinction entre analogies résultant de l'emprunt ou de la parenté; attention à la priorité heuristique de certains champs lexicaux; recherche de règles d'évolution phonétique; conscience de la différence entre les «permutations naturelles» et celles fondées sur les textes; rapprochements exacts entre mots suédois et latins, etc.

Le «monstre aquatique» *Nikur* figure aussi dans l'ouvrage qui résume, vers 1700, les progrès accomplis dans le cours du siècle en matière de comparaison entre gotique, anglo-saxon et langues scandinaves: le *Trésor grammatico-critique et archéologique des vieilles langues septentrionales* (1703-5) de George Hickes, déjà mentionné pour ses *Institutions grammaticales de l'anglo-saxon et du moeso-gothique* de 1688-89. L'ouvrage systématisait les découvertes de celui que l'on a appelé «le fondateur de la germanistique»: François Junius et ses *Deux versions archaïques des Evangiles, à savoir la gothique et l'anglo-saxonne* (1665)[68].

---

[68] Sur Junius et Leibniz, cf. GENSINI 1991, p. 136-37, 203, 249, etc. et la lettre de Leibniz à Huldreich von Eyben du 5 avril 1691 dans GENSINI 1995, p. 135.

Pougens pouvait bien alors suggérer l'omission, chez Keysler, de tel *Lexique islandais* de 1683[69] et surtout des travaux de Johan Ihre, le « Linné des lettres du Nord », dont le *Glossaire suédois-gothique* de 1769 était encore, disait Adolphe Noreen à la fin du XIXe siècle, « le seul dictionnaire étymologique que nous possédions ». On y trouvait aussi le mot *nikr* avec le sens de « monstre marin, hippopotame »[70]. Celui-ci forme l'initiale de *Nehalennia*, laquelle n'est donc « autre chose que la *Niik, Nacke*, c'est-à-dire la *nymphe* ou *déesse du commerce et des marchés publics*», ainsi que l'expriment les corbeilles de fruits et cornes d'abondance qui l'environnent[71]. C'est aussi une « déesse nautique, ou marine, comme l'annonce cette proue sur laquelle pose un de ses pieds », une « protectrice des navigateurs ». En témoignent les figures gravées sur les autres faces, « sur la plupart des autels », où l'on voit « soit un Neptune, soit un Hercule Magusain ». On sait que celui-ci, « l'un des dieux qui, chez les anciens peuples, présidaient à la navigation », apparut pour la première fois « sur une pierre découverte en 1514 », rappelle Pougens[72]. On le voit aussi, « appuyé sur sa massue, au revers d'une médaille, grand bronze, représentant une tête radiée de l'empereur Marcus Cassius Latienus Posthumius ». Enfin, Nehalennia est encore « déesse lare », « tutélaire chez un peuple riverain », « ce qu'indique sufisamment le chien couché à ses côtés ». Au reste, ceci se traduit dans « sa physionomie », telle que Pougens l'a découverte sur « tous les monumens » qu'il a examinés, notamment « dans les jardins de l'université de Leyde »: physionomie qui « offre l'empreinte d'un caractère national », avec des « ornemens de tête » qu'il a retrouvés chez « les paysannes de la North-Hollande ».

---

[69] Œuvre de Gudmundur Andresson, « le plus rare de nos glossaires septentrionaux ».

[70] Pougens conteste par ailleurs la réalité du terme *Nocca* pour désigner le même type de « génie marin ». Le mot pourrait bien avoir été inventé par Wormius.

[71] POUGENS 1810, p. 42-45.

[72] Pour celui-ci, renvoyons, comme Pougens, au *Trésor géographique* d'Ortelius (1578) et à KEYSLER 1720, p. 198 sv.

« Les monosyllabes *hall, hal, haull, hoel, heall, heal,* racines de la seconde partie du nom de la déesse *Néhalennia,* ont toujours signifié, dans les anciennes langues du Nord, notamment dans l'ancien islandais, idiôme de l'Edda, *un lieu couvert*». On reconnaît la vieille proposition de Saumaise, sans doute ignorée de Pougens. Celui-ci précise qu'on trouve aussi *hallr,* mais « la lettre *r* n'est pas toujours radicale dans les langues du Nord » et sa « prothèse » ne sert souvent que « pour exprimer et figurer la prononciation âpre et rude de certains mots ». Qu'on passe de « lieu couvert » à « temple » est également attesté par Ihre, où l'on voit que la racine *hal* termine les « noms de plusieurs temples » dans le Latium : « observation d'une haute importance sans doute »... De là la représentation courante de la déesse « assise sous une espèce de toit circulaire ». On peut se faire une idée des temples de Nehalennia par celui « dont on avait retrouvé les débris sur le bord de la mer », à Domburg, après la fameuse tempête de 1647.

> *Ce monument, au rapport de G. Keysler, n'était qu'un petit temple de douze à treize pieds de long, entouré de colonnes disposées sur deux rangs, souvent sur quatre, rarement cannelées, et qui servaient à soutenir la voûte. On voyait aux environs des troncs d'arbre et des racines, restes d'un bois sacré planté autour de l'édifice; comme c'était aussi la coutume des peuples du Nord, depuis que l'usage des temples fut introduit chez eux par les Romains, politiques trop profonds pour ne pas sentir que l'admission des dieux étrangers, et l'introduction de leur culte chez les nations vaincues ou alliées, c'est-à-dire, asservies, était un des moyens qui devaient leur assurer l'empire de l'univers. Tant qu'il restera des hommes sur la terre, ce moyen sera infaillible...*[73]

4. NEEL OU ISIS?

Deux auteurs hollandais, Jacob Lydius et Simon van Leeuwen, vont retrouver dans Nehalennia le prénom féminin

---

[73] POUGENS 1810, p. 32-33.

Ne(e)l, diminutif de Cornelia. L'héroïne mythique donnera lieu à de flamboyantes images marines chez le premier, en même temps qu'à des observations sur les variations de l'idiome national, tandis que le second appuie plutôt l'argument sur l'anthroponymie. L'hypothèse sera récusée par un troisième érudit des Pays-Bas qui substitue à cette figure de la « Belgique glorieuse » une déesse du « grand tout ».

4.1. Lydius : le triomphe du dialecte

Jacob Lydius commence par reconsidérer l'hypothèse de Blankaart sur l'identification à la lune en déplaçant l'explication par le grec vers un autre étymon, avant proposer une origine nationale, dans une réponse que reproduit sa *Belgique glorieuse* de 1668.

On pourrait accepter l'équation *Nehalennia = helêne = selênê,* même si l'argument *invoquant* une analogie avec *hus = sus* lui semble inutile dans la mesure où la « mutation » *s > h* est également imputable au fait que le mot entre en composition. Le changement se produit « principalement lorsqu'un terme grec passe en latin ». Une autre hypothèse, néanmoins, se présente, qui peut faire valoir un effet analogique différent en même temps qu'un trait des anciennes croyances. *Nehalennia* ne serait-il pas plutôt formé sur le grec *nea en(n)ê,* c'est-à-dire «*neuf vieux,* pour désigner les différentes figures de l'astre »? Les Grecs appelaient en effet *enê kai nea* le jour à la fois vieux et nouveau, le dernier du mois. Qu'un lambda soit apparu au milieu de l'expression correspond au changement qui se produit dans le passage de *kudos,* forme de *kudanô* « glorifier », au dérivé *kudalimos* « glorieux ». De même, *peukê,* ou plutôt *puka* « en réfléchissant fortement », produit *peukalimos* « sage », etc. Les fruits figurant sur l'autel de la divinité rappelleraient l'idée selon laquelle leur croissance est influencée par la lune. Et qui sait si la corne d'abondance, autre attribut, ne pourrait réfléter quelque chose de ces figures *neuves et vieilles?*

Voilà, conclut Lydius, du grain à moudre pour « l'érudition non vulgaire » de Blankaart, « oracle de la Zélande », qui est seul en mesure de résoudre la question avec cet « esprit de géométrie » que lui prête une brillante réputation. Aussi

Lydius, pour combler toutes les attentes de son correspondant, ajoute-t-il à sa proposition une autre hypothèse, que des «préoccupations privées et publiques» l'empêchent pour l'instant d'approfondir et que retiendra davantage la tradition sur Nehalennia.

> *Après quelque réflexion, je pense qu'il y eut autrefois chez tes compatriotes de Walcheren une femme distinguée, qui prodigua ses bienfaits et leur fut si utile, soit en matière d'agriculture, soit pour le commerce maritime des produits de la terre et des marchandises, qu'elle obtint après sa mort les honneurs divins.*

Telle est l'origine de notre polythéisme: on honore certains à proportion des bienfaits qu'on leur doit. On peut donc supposer que cette femme s'appelait *Ne(e)l* diminutif de Cornelia, dont on a aussi tiré *Nelleke* et *Neeltje:* «ceux de chez nous affectionnent les monosyllabes». Après son apothéose, on l'invoqua pour la sauvegarde des bâteaux chargés de marchandises et on lui adressait des prières telles que «*Neel haal inne*», c'est-à-dire «Neel, fais rentrer à bon port», puisque c'est le sens de *in-halen* en langage maritime. Les Romains, qui entendaient répéter ces mots par les Zélandais, «principalement lors des tempêtes», pensèrent qu'il s'agissait du nom de la divinité.

> *Le premier L se trouva omis parce que le latin interdit qu'il se joigne à H dans ce type de diction; et la voyelle I fut changée en E. Il existe en effet entre ces lettres une grande affinité, et la transformation de l'une en l'autre est fréquente, comment le montrent quantité de mots. En voici quelques exemples parmi d'autres. Je lis que les anciens Latins disaient* Menerva, leber, magester *pour* Minerva, liber, magister. *Par ailleurs, la conjonction* in *ne vient-elle pas du grec* en, *d'où ces ancien Latins ont fait leur* endo? *De plus, en ce qui concerne l'addition de la syllabe* ne, *qui s'est attachée en flamand pour donner* inne, *j'y reconnaîtrais volontiers un trait du dialecte de Walcheren, ou des Flandres voisines: il y est ordinaire non seulement d'ajouter un* e *aux infinitifs des verbes, de sorte qu'on dit* loopene, sprekene *pour* loopen [marcher, courir], spreken [parler], *mais aussi de l'ajouter à d'autres monosyllabes, dans les-*

quels on redouble souvent la dernière consonne, pour l'euphonie. Ainsi s'est formé un inne *qu'on retrouve aujourd'hui encore dans l'adverbe* innelich *«intérieurement» et dans le composé* binnen [dans, dedans], *fait de* by [par, près de] *et de* inne. *Mais ce sont là des minuties...*

L'argument méritait d'être cité en entier. Le souci de rigueur engage la conscience de l'intérêt qu'offrent les dialectes, et celle-ci entre en action pour accréditer une «minutie» à laquelle, dit Lydius à son ami, «tu n'es pas obligé de t'intéresser», en homme sage. Mais le philologue n'est pas sage, et sa discipline a d'abord besoin de ces *nugae difficiles* pour s'autoriser les audaces nécessaires. A ce point, le pasteur de Dordrecht consent à tout, en matière de pratique mythologique. Rien d'étonnant à ce que les Romains polythéistes, recevant *Neel-haal-inne* des habitants de Walcheren, l'aient accueillie parmi leurs dieux et lui aient dédié des autels chargés de fruits. Rien d'impossible à ce qu'ils l'aient assimilée à Diane, d'où le chien à ses côtés, dans le mouvement qui leur faisait introduire Jupiter, Neptune ou Hercule, comme en témoignent aussi les pierres votives.

Et pourquoi ne pas imaginer dès lors qu'à l'instar des anciens peuples méditerranéens, on plaçait son image à la poupe des bâteaux, comme *episêma,* comme enseigne? Entendant répondre dignement aux suggestions «ingénieuses et érudites» de son corrrespondant, Lydius fait assaut de citations empruntées à *l'Argonauticon* de Valère Flaccus, à Virgile, à Ovide, à Perse[74]. Quelle vision que celle de ces «dieux peints» (Ovide, Perse), voire de ceux dieux d'or (comme les représentations de Minerve ou d'Apollon dont font état les autres auteurs), resplendissant sur les eaux! Les antiquités fabuleuses, les civilisations les plus exotiques ou archaïques sont tenues d'y apporter leur caution. Les Phéniciens ornaient les trirèmes de leurs divinités barbares (mais à la proue selon Hérodote). Les Egyptiens mettaient l'image du soleil dans les navires. Les habitants des Indes semblent connaître des coutumes analogues. Et même les pygmées.

---

[74] VALERIUS FLACCUS 1970, 8, 202-3, p. 169; VIRGILE 1977, 10, p. 171; PERSE 1966, p. 53.

Laissons voguer l'imagination. La «devise» *Nehalennia* ne serait-elle pas celle, plus particulière, des bâteaux pirates ? «De là le chien de chasse et le chasseur même» figurant aux côtés de la déesse. «C'est en effet l'expression toute pure des gens de mer, lorsqu'ils poursuivent une proie: *jacht hebben,* c'est-à-dire être en chasse, comme le chasseur presse un lièvre». L'image est juste, souligne Lydius. Tel est le bâteau qui revient «bien chargé de butin et de marchandises».

4.2. Van Leeuwen: l'archive anthroponymique

Né à Leyde, Simon van Leeuwen mit à profit la connaissance des archives acquise en tant qu'avocat auprès de la Haute Cour, à La Haye, pour évoquer les antiquités nationales dans sa *Batavie illustrée* de 1685, parue trois ans après sa mort. Concernant Nehalennia, il paraît adopter pour une part l'hypothèse de Boxhorn en l'articulant à celle, renversée, de Lydius sur le rapport au prénom *Neel*. L'argument est quelque peu sinueux[75].

Van Leeuwen invoque d'abord la filiation *Zeehalent* > *Nehalent,* ce dernier mot donnant lieu ou s'apparentant à «notre vieux mot hollandais *Neland,* par contraction *Neel»,* qui est en effet nom de femme, également connu sous la forme *Neeltje* ou *Nelletje,* typiques de la Zélande. Ici se pose la question du rapport aux prénoms *Cornelis* et *Cornelia.* D'un côté, on pourrait, avec Adrien van Schrieck, les considérer comme d'origine batave. Ils viendraient de *koorn,* néerlandais moderne *koren* «blé» + *heel* «très, bien des, beaucoup de». Appliqué à un homme, *Koorn-hel* désignerait «quelqu'un possédant de grands revenus, qui jouit de récoltes importantes». De là l'ancien mot *kornel* pour désigner la fine fleur de farine[76], ce qui expliquerait que *Cornelis* «soit un nom si répandu parmi les paysans» et s'applique précisément à «une compagnie de cinq ou six personnes».

La difficulté réside dans le fait que ce nom «est nouveau» et qu'il a dû «être emprunté aux Romains ou à d'autres»

---

[75] VAN LEEUWEN 1685, 1, 3 /4, p. 125.

[76] VERDAM 1932, s. *cornel* «farine non raffinée, son», ce qui ne s'accorde pas avec le sens général du passage.

puisqu'il « n'est pas connu parmi les anciens habitants des Pays-Bas », au contraire de *«Neland* ou *Neel* par abrègement ». Ce qui précède relevait de la pure spéculation étymologique, au reste quelque peu hésitante. Maintenant interviennent les faits historiques vérifiables, et avec eux la part de « modernité » que recèle finalement la réflexion de Leeuwen. La liste des « gens bien nés et haut-juges du Rhijnland », pour les années 1531–33, montre combien ce prénom était répandu sous sa forme courte: *Neel Pitersz. Boskoop, Ouwe Neel Bouwensz., Neel Wouters, Neel Pieter Mouringsz., Neel Gysen, Neel Ewouts, Neel Gerrits, Neel van Striemen, Neel Jan Maas, Neel Gys Robbertsz., Jonge Neel van Striemen.*

La discussion se terminera donc par un retour à Boxhorn, où « il y a plus à voir concernant Nehalennia ». Le lecteur retiendra également à quel point culture latine et culture locale se sont mêlées. L'assimilation est inscrite dans ces pierres et inscriptions où « Neptune, dieu de l'eau, et Nehalennia se trouvent également célébrés, honorés ». Les « superstitieux Romains » avaient le souci d'implanter leur panthéon; les locaux le marièrent au leur, comme ils durent adopter leur *Cornelis* du latin *Cornelius*. Tout cela « ressort suffisamment de la langue et de la manière de nommer ».

4.3. Gargon: Isis flamande

S'il pense, comme les auteurs précédents, « que Nehalennia doit être tiré de notre langue », Matheus Gargon ne peut accepter ni l'idée séduisante de Boxhorn, ni la plaisante théorie de Lydius, écrit-il dans son *Arcadie de Walcheren* de 1715-17, sorte d'encyclopédie locale évoquant l'histoire et les « délices » de l'île, et particulièrement les découvertes de Domburg, l'Hercule Magusanus de Westkapelle ainsi que d'autres curiosités.

Pasteur à Flessingue, traducteur du *Dictionnaire de la Bible* du P. Calmet, partisan fameux et tardif de l'hébreu primitif, cet émigré originaire de Tournai pourrait être tenté d'interpréter Nehalennia par la langue sainte. Olivier de Wree a sans doute raison de dire que les anciens Bataves, comme les autres Celtes ou Scythes, « nos ancêtres », honoraient particulièrement la lune et qu'ils mettaient Diane au-dessus de toute autre divinité puisqu'ils lui offraient même des sacrifices humains[77]. Il est par ailleurs notoire que les druides connaissaient le grec. Mais la référence à la lune invoquerait plus opportunément l'hébreu, où la nuit et son astre se disent *lail, lailaa,* d'où les Arabes auraient tiré leur *Alla...*

Tout ceci, cependant, n'est guère croyable: en bon *Heerman*, Gargon invoquera un terme livré par la littérature nationale, à savoir l'archaïque *ealle* «tout». Le mot est attesté par «le vieil Evangile saxon de Jean», où se lit *ealle men* pour «tout homme», *ealle thing* pour «toute chose», etc. Qu'il ait pris une terminaison latine *–nia* n'a rien d'étonnant. «Les Romains, dans ce temps-là, dominaient le pays». Quant à l'apparition d'un *h*, elle s'explique par une tendance que détaille un chapitre d'Aulu-Gelle dans les *Nuits attiques*[78].

> *La lettre* h *ou l'aspiration, s'il vaut mieux dire ainsi, les anciens, chez nous, l'inséraient pour soutenir et renforcer la sonorité de beaucoup de mots afin qu'ils s'entendissent de façon plus vigoureuse et puissante; et ils paraissent avoir fait cela par goût et imitation de la langue attique. Il est assez connu que les Attiques ont dit* hichthon, *poisson et* hippon *cheval en aspirant la première lettre, contrairement à l'habitude de tous les autres peuples grecs. C'est ainsi qu'on a dit* lachrumas, *larmes,* sepulchrum, *sépulcre,* ahenum, *de bronze,* uehemens, *violent, etc.*

Les inscriptions recueillies par Gruter confirment la tendance: on y trouve *hac* pour *ac, Hillyricum,* etc. Nehalennia est donc la «déesse de l'univers», analogue à Isis. Celle-ci est appelée dans ses temples protectrice de «tout ce qui est, a été et sera» (*al wat is, was, en worden zal*) et les écrivains latins qui parlent de nos régions témoignent qu'elle y était, avec Hercule, honorée au-dessus de tous les autres dieux. Ceux qui apparaissent avec Nehalennia sur les stèles de Domburg attestent cette supériorité, en même temps que la multiplicité de ses attributs, manifestant qu'elle domine

---

[77] GARGON 1755, p. 136.
[78] AULU-GELLE 1967, 2, 3, p. 84.

«tout ce qui est». Plus précisément, Isis était souvent flanquée d'un bâteau, de même que Nehalennia est ici accompagnée d'une étrave ou d'un gouvernail. Les paniers de pommes font penser qu'Isis se voyait attribuer l'invention de l'agriculture, de sorte qu'elle s'assimilait Cérès, à laquelle correspond chez les vieux Germains et Néerlandais la déesse *Hertha* ou *Erda,* où l'on retrouve le mot *aarde* «terre». «Tout cela ne convient-il pas entièrement avec les images de Nehalennia?» La référence à Isis fera-t-elle remonter aux Egyptiens ou aux Grecs et Latins qui l'ont adoptée? Mathieu Gargon invoque plutôt les «antiques Scythes, nos premiers parents».

François Halma se référera surtout au «célèbre M. Gargon» dans son *Théâtre des Pays-Bas unis* de 1725[79]. Mais il l'utilise – signe des temps – d'une curieuse façon. L'explication par l'hébreu *lail* est présentée et détaillée de manière qu'elle apparaît non seulement comme la réponse par excellence aux thèses hellénisantes, mais que la solution flamande se trouve tout bonnement escamotée, passée sous silence. Si le compte rendu de Halma débouche sur l'idée de totalité, c'est-à-dire de Dieu «qui est tout, *Alles»,* c'est en passant par l'*Elohim* des Hébreux et l'*Alohim* des Phéniciens, «lesquels avaient autrefois beaucoup de relation [*veel gemeenschap*] avec nos ancêtres». On ne pouvait mieux exprimer qu'après l'âge des tentatives de type humaniste ou nationaliste, le moment du retour aux certitudes de la foi ou du refuge dans le paradigme biblique était revenu.

5. LA RÉACTION PHILOSÉMITIQUE

5.1. Reinesius : un hébreu de fer

Le nom de Nehalennia, écrit Reinesius dans son *Recueil d'inscriptions antiques,* a vraiment suscité des «commentaires stupéfiants» de la part des philologues des Pays-Bas, et en particulier de Vredius et de Boxhorn[80]. La polémique lui

---

[79] HALMA 1725, 2, p. 101
[80] REINESIUS 1682, p. 190-92.

permet de régler à nouveau ses comptes avec ce dernier, qui était devenu, comme on l'a dit, une de ses bêtes noires. Ses considérations sur le sujet, qu'il espère moins sujettes à «se faner» à court terme, ne furent publiées qu'une quinzaine d'années après sa mort.

On sait que Reinesius prit une part importante à l'intégration du phénico-punique dans la famille sémitique, à côté de l'égyptien et de l'éthiopien. Ces entreprises comparatives pouvaient conduire à une certaine banalisation de l'hébreu, sapé dans sa primauté de langue élue. C'est néanmoins par celui-ci que Reinesius explique le nom de Nehalennia. Celui-ci, reconnaît-il, n'est pas facile à interpréter, même si on enlève sa flexion latine postiche. On y discerne cependant le «participe passif» du verbe hébreu signifiant «s'élargir, s'étendre», lequel produit les mots qui désignent le «fleuve»: *nahar, nehar* en chaldéen, *neharoth* «les fleuves». Le lecteur peut supposer que l'argument phonétique intervenant ensuite sert à faire passer ces termes à la forme *nachal*: «les liquides *l* et *r* permutent volontiers». La «permutation» semble permettre aussi, chemin faisant, de rattacher à l'hébreu la famille grecque des contractés *naron* «qui coule» ou «*néron* l'eau» – d'où sans doute les néréides. Pourquoi les habitants de la Zélande ont usé de ces mots pour désigner une «déeese de la mer et des fleuves» est évident. «Aucun doute chez moi».

La filiation unissant grec et hébreu, en matière de noms de dieux, est trop ignorée. On le voit aussi avec *Neptune*. Cicéron, dit-il, le rattachait à la famille du latin *nare* «nager, naviguer» et des grecs *nein* ou plutôt *nêchein*, de même sens: on serait passé à *nêthein*, transformé ensuite «par insertion du *p*», ce qui implique, constate Reinesius, «un grand déguisement et bien des détours». Scaliger n'est pas plus heureux quand il songe à *niptein* «laver». Le nom vient «peut-être d'un mot de la vieille langue égyptienne, *nephtun*, désignant les extrémités de la terre, les confins touchant à la mer».

Peut-on voir dans l'attachement de Reinesius à la langue sainte un héritage de ses études à Wittenberg? Le berceau luthérien se signale au XVIIe siècle par une mobilisation d'orthodoxie qui entend maintenir la priorité et la singularité de l'hébreu. Le ton ou plutôt la consigne sont donnés en 1646

– entre le moment symbolique où Saumaise formule l'hypothèse scythique dans le *De hellenistica* et la découverte de Walcheren – par Abraham Calov dans sa *Critique sacrée*. Ce théologien «de fer» animera de son «orthodoxie querelleuse», pendant plusieurs dizaines d'années, la vie académique locale. Ses pages sur l'idiome primitif posent une fois pour toutes le principe de la «resplendissante antiquité de l'hébreu». Les conceptions hollandaises sur la perte de la langue originelle sont qualifiées d'«interprétation incroyable», protestation rejoignant celle des professeurs d'hébreu de Tübingen ou d'Utrecht (Guillaume Schickard, Jan Leusden). Son acharnement attaque à la racine, quand Calov récuse les apparentements qui dessinent l'image d'un parler prototypique menaçant celui d'Héber: «sornettes». Ses collègues, ou les élèves de ceux-ci, font écho, avec une marge de dissonance où se faufilent quelquefois d'importantes et de riches idées (comme lorsque son collègue Meisner et l'étudiant Zobell présentent en 1664 leur dissertation *De confusione linguarum babylonica*). Pour revenir à Reinesius, il est peut-être significatif qu'on mentionne parmi ses maîtres à l'université le «très admiré» André Sennert, qui publiera en 1656 une *Dissertation sur l'origine, l'antiquité et l'évolution de la très-sainte langue hébraïque*[81].

5.2. Braun : quand l'Asie peuplait la Zélande

Jean Braun (Kaiserslautern 1628-1709) était quant à lui un produit de l'université hollandaise et il s'en souvient: «Le célèbre Boxhorn, professeur d'éloquence et d'histoire à Leyde, fut jadis mon docteur et précepteur». Ce qui ne signifie pas que celui-ci l'ait convaincu, sur le chapitre de Nehalennia. Il s'exprime à ce sujet dans des *Selecta sacra* de 1700, mais ses idées sur la question remontent à «vingt ans et plus». Certains de ses amis de Nimègue eussent pu en témoigner: le professeur Johannes Schultingh (mort en 1666), son collègue le cartésien Christoph Wittich, «le Révérend Smetius, richement pourvu en très curieuses monnaies antiques et

---

[81] WITTEN 1677-79, 2, p. 461 sv.

en toute sorte de matériel romain» (Johannes Smetius le jeune publia en 1678 des *Antiquitates Neomagenses)*[82]. Braun a aussi «dit la même chose voici treize ans» à Nicolas Blankaart. Il s'est «néanmoins réjoui vivement» de trouver chez Reinesius confirmation de son hypothèse[83].

Il veut bien convenir que l'argumentation linguistique de Boxhorn est séduisante et il y ajoute même quelques compléments. On a dit comment il invoque divers hydronymes ou toponymes en *–ach,* ainsi que des noms de lieux du type *Bergerac* (qui n'ont rien à voir ici), à l'appui de l'existence d'une racine *aa* signifiant «eau».

> *Cependant, que la* Déesse Nehalennia *ait été ainsi appelée comme si c'était* Zelandica, *personne ne m'en persuadera facilement; car, outre le fait que l'étymon se trouve assez malmené, il n'est pas prouvé que, dans ces temps anciens, chez ceux parmi lesquels la divinité fut objet de culte, ou à l'époque où les inscriptions furent faites, la région était une* île. *Elle ne l'était pas, en tout cas, du temps de César. Ni lui, ni les autres historiens et géographes les plus anciens n'en conviennent. D'autre part, même si la région était pour une grande part, dès cette époque, constituée en île, les savants ne conviennent pas davantage qu'elle était alors appelée* Zeelandia. *Le nient absolument tous ceux qui pensent que ce nom a été imposé par les Normands ou Danois.*

L'hypothèse hellénisante d'Olivier de Wree n'emporte pas non plus son adhésion. Il faut en effet distinguer le culte dont on honore éventuellement un objet de la nature et le fait de constituer celui-ci en divinité. Que les «vieux Toxandres», les Ménapiens et leurs cousins germaniques aient révéré la lune et particulièrement la nouvelle lune, c'est bien normal: tous les anciens peuples l'ont fait, à commencer par les Hébreux et les Romains. «Nulle part, pourtant, nous ne voyons mentionnée la *Déesse Nouvelle Lune».* Le *soleil*

---

[82] BRAUN 1700, p. 800-804; KEYSLER 1720, p. 252-53, § 26.
[83] Il ajoute: «voici six ans», ce qui donnerait à penser que Braun écrit ceci en 1688, alors que ses *Selecta sacra* paraissent seulement en 1700. Schulting disparaissant en 1666, l'hypothèse devait en effet remonter à «vingt ans et plus».

est dieu. Mais «j'avoue ignorer si un *Dieu du soleil levant* a jamais existé», bien que «le *soleil levant* soit l'objet d'un culte spécial, surtout chez les nations septentrionales, à l'équinoxe du printemps».

A la manière de Reinesius – mais avant lui – Braun a pensé que Nehalennia vient «de l'hébreu ou syrien *nehalin* 'fleuves'» et que le nom a été importé en Occident «par les anciens Celtes d'Asie ou de Scythie»[84]. Qu'il s'agisse d'une divinité «spécialement honorée par les marchands exerçant leur activité sur les fleuves et la mer» ressort avec évidence des inscriptions, notamment de celle où un négociant en craie s'adresse à Nehalennia *ob merces rite conservatas.* Resterait à préciser les lieux et les temps. On ne peut douter qu'il y avait autrefois vers Middelburg, là où ont été trouvées les stèles, un port d'une certaine importance. On supposerait par ailleurs qu'une telle déesse était objet de culte «en d'autres endroits où s'exerçait la navigation, sur les fleuves et autour des ports, comme à Cologne ou dans la région». D'autres divinités protectrices des marins ont laissé des traces dans de tels endroits, par exemple la «déesse nymphe Brig», qui a donné son nom aux *Brigants* d'Armorique. Ceux-ci sont évoqués par Selden dans ses *Marbres d'Oxford...*

Si l'usage du latin dans les inscriptions de Walcheren permet «de les croire faites après le temps de César», le culte lui-même doit être bien antérieur et remonter aux premiers occupants du pays. Braun reste assez discret sur la manière dont ceux-ci – «Toxandres ou autres» – auraient hérité de divinités «syriennes ou asiatiques», en vertu de l'étymologie proposée. Mais ce diffusionnisme est incontestable: comme l'appellation de Neptune (voir l'hypothèse de Reinesius cidessus), les noms de Belenus, d'Endovellicus, de «notre Jaribolo» vont montrer leur origine orientale.

---

[84] GARGON 1755, p. 135: l'appellation ne serait pas impropre, car les rivières se jetant dans la mer forment ce qu'on nomme aujourd'hui *Zeeuwsche Stroomen,* «fleuves de Zélande».

5.3. Galle: l'écho des écritures

Reinesius parlait d'hébreu et de chaldéen. Braun d'hébreu ou de syrien. Comme l'un et l'autre, Servais Galle ou Gallé, ou encore Gallaeus (1627-1709), pasteur de l'Église wallonne de Haarlem, s'en prend à l'hypothèse flamande, contre laquelle il fait valoir une origine hébraïque ou phénicienne. Tout vaut mieux que l'étymologie proposée par Boxhorn, Galle expose ses vues dans une étude *Sur l'Hercule Magusanus et la déesse Nehalennia,* jointe à ses *Dissertations sur les sybilles et leurs oracles* de 1688 (voir illustration 16)[85].

Son argument est bien d'un homme d'Église, qui connaît ses Écritures, et subsidiairement d'un disciple du «très savant Bochart», qui a établi la proximité de la langue sainte et du phénicien. On trouve dans ces langues la forme verbale *nahal* qui signifie «(il, elle) conduisit avec douceur et comme il convient». Le mot, «presque toujours reçu de bonne part», s'applique particulièrement à la manière dont les mères s'occupent des enfants ou dont le pasteur mène son troupeau. On conçoit sans peine comment le terme a dû s'appliquer à une divinité chargée d'acheminer à bon port bateaux et marchandises[86]. La Genèse, les Psaumes ont maintes formules où on sollicite, comme dans les dédicaces de Walcheren, une protection supérieure en invoquant éventuellement tel nom particulier, pour être «conduit sur les eaux tranquilles», pour être bien dirigé, etc. S'il faut plus particulièrement attacher la déesse à un fleuve, ce serait l'Escaut, dont l'embouchure avoisinait autrefois le littoral de Walcheren.

6. HALMA: VERTIGE ET SCEPTICISME

Pougens, en se référant au germanique *hall* «lieu couvert», ignorait sans doute aussi que l'hypothèse figurait

---

[85] GALLE 1688, p. 657 sv.; KEYSLER 1720, § 26, p. 252.
[86] GARGON 1755, p. 136: «congruent avec l'inscription *ob merces,* etc.».

parmi celles que livre en rafale, dans un désordre caractéristique, le Hollandais François Halma dans son *Tableau des Pays-Bas* de 1725[87]. «*Nehalennia* ne pourrait-il être dérivé de *Halle*, un *lieu où l'on rassemble et vend des choses*»?

> *Ou encore de* Helle *et* Helium, *ainsi que les Romains et nos ancêtres nommaient toutes sortes d'embouchures de cours d'eau, depuis* Katwijk [sur la côte, près de Leyde] *jusqu'à l'embouchure de l'Escaut. Le mot est aujourd'hui bien oublié dans:* Helle-voet, *ou* -vloedt [localité du Delta, à l'embouchure du Haringvliet, à l'extrémité du Hoek; de vloed «flot, cours d'eau»]; Brielle [au nord de la localité précédente]; Wielingen [canal à l'entrée de l'île de Walcheren, du côté de Flessingue]; Elle – *ou* Hellewoutsdijk [à l'extrême sud de la même île], *et d'autres noms encore. Et donc, pourrait-on en déduire,* Nehalennia *serait la déesse des rivières de Zélande, ce qui rendrait inutile le recours à l'hébreu. Mais dès que ceci apparaît vraisemblable, une difficulté survient, qui résulte des images:* Nehalennia *est-elle une divinité marine ou terrestre, comme le feraient croire le panier de pommes, le chien de chasse, le trône, la corne d'abondance?*

«Mais ce n'est pas tout». «Chêne» se dit *allon* en hébreu. N'honorerait-on pas ici «le plus grand et le plus vieux des sanctuaires»? Si on rapproche *Nehalennia* et *Belennia,* ne peut-on songer au dieu *Baal,* auquel correspond *Belenus,* divinité du soleil «chez les anciens peuples du Nord et les Gaulois». Si on pense à Diane comme représentation de la lune, pourquoi pas comme patronne de la chasse? Si on invoque, comme Huygens, le grec *nealês* «poisson frais», pourquoi pas *nephelê* «nuage»? «Les païens ont aussi déifié et adoré la tempête et l'orage». On peut également se tourner vers *nephaleos,* surnom du soleil. Ou – "encore une autre proposition» – vers *kephalê* (> *Kephalennia*) puisque le mot *hoofden* «tête» désigne aujourd'hui un canal et que le grec était connu de «nos druides».

Revenons sur le terrain des antiquités et des langues nationales. «Pommes» se dit en «vieux celtique» *nephalon,*

---

[87] HALMA 1725, 2, p. 101.

par adoucissement *nehalon*. Nehalennia serait-elle Pomone ? Faut-il y voir le néerlandais *heil* « le bien, le bonheur, le succès » (on décompose alors en *Deane Hailenniae) ? Si on passe à *Wealennia, la divinité devient la patronne des *Wealsch* ou *Walsch*, les « étrangers » dans la langue des Angles et des Saxons, d'où le nom même de l'île de Walcheren.

> *Finalement, il vient encore à l'esprit que le mot serait mis pour* Niew-Hollandia *ou* Hallandia, *comme disent les Danois* [la « Nouvelle-Hollande »]; *ou pour* Niew-Alania, *des Alains ou* Haal-annen *comme les appelle van Schrieck, le spécialiste des langues; ou pour* Neerhalemannia, *puisque l'Alemannia ou Halemannia était autrefois divisée en* Hoog- *et* Neer-Duitschlandt, *et que notre pays était appelé* Nederduitschlandt...

On voit comment la difficulté qu'offrent certaines interprétations dépend « d'un petit changement » dans la lecture des inscriptions. « Suppositions à deux sous, juste bonnes à divertir », écrivait Jacob Lydius dès 1663 : sans être éteinte, la spéculation étymologique sur Nehalennia s'exténuait, à l'aube des Lumières, dans le tournoiement des hypothèses débridées, tandis qu'une autre découverte mobilisait une dernière fois la grande érudition classique, portée à son sommet par Leibniz.

CHAPITRE IV

LE PILIER
DES NAUTES PARISIENS

On sait comment fut exhumé en mars 1711, alors qu'on travaillait au chœur de Notre-Dame, le «pilier des nautes» érigé sous Tibère par les mariniers de Paris aux frais de leur caisse de corporation (voir illustrations 20-23)[1]. Le monument était à l'origine constitué de quatre blocs portant sur chaque face des reliefs où se mêlent divinités gauloises ou romaines. Leur empilement, qui devait s'élever à environ six mètres de haut, était peut-être surmonté d'une statue de Jupiter. Le pilier parisien, écrit H. Lavagne, se présente ainsi comme «la tête de série d'une longue suite de monuments qui deviendront par la suite, en Gaule, les *colonnes de Jupiter,* érigées sur un socle représentant quatre divinités, mais qui n'auront jamais plus (sauf peut-être à Mavilly, Côte-d'Or) cet aspect de catéchisme en images qui caractérise le monument de Lutèce»[2]. Catéchisme qui est aussi une *vulgate:* un certain équilibre entre les panthéons gréco-romains et gaulois, souligné par le bilinguisme des inscriptions, donne à penser que la «coexistence pacifique» des religions, figurée sur «une sculpture à caractère officiel», était chose communément partagée. On a par ailleurs rappelé que «les religions polythéistes ne portent pas à l'intransi-

---

[1] DUVAL 1956; ADAM et al. 1985; DEYTS 1992, p. 146-49.

[2] LAVAGNE 1998. Le pilier des nautes semble à cet égard ne pas être sans analogie avec les «deux autels, dont M. le Baron de Crassier, gentilhomme de Liege, m'a envoié le dessin», constate MONTFAUCON 1722, p. 427, avec planche. On y reconnaît Minerve, Cérès, Jupiter (?), Mercure et deux représentations d'Hercule.

geance »[3]. La tolérance romaine était « le fruit d'une piété peureuse envers des divinités étrangères dont il valait mieux s'attacher les faveurs, et non l'effet de l'observance d'une éthique ».

Ces quatre « dés » furent sciés en deux à une époque lointaine. Un seul d'entre eux nous est parvenu complet. Des autres ne subsiste que la partie supérieure. Des reconstitutions de l'ensemble ont été tentées. La disposition des blocs empilés restant hypothétique, ces restitutions divergent, les pierres de l'étage supérieur se trouvant interverties (voir illustration 21). Le pilier, dont les reliefs sont particulièrement noircis par le salpêtre et donc difficiles à déchiffrer, se trouve au Musée de Cluny, où il n'attire d'ailleurs qu'une attention distraite des visiteurs.

« A peine le bruit de la découverte de ces Monumens fut répandu, que tout Paris eut la curiosité de les voir ». « Presque tous les Antiquaires se réveillèrent », écrira le comte de Caylus[4]. Au début du mois d'avril 1711, Charles-César Baudelot de Dairval en présentait l'analyse à l'Académie des Inscriptions, dans une communication que publia le libraire Cot[5]. « Peu de jours après », un autre membre de l'Académie, Philibert-Bernard Moreau de Mautour, offrait « dans une assemblée particulière » une autre explication du pilier, éditée par le même imprimeur[6]. Cette seconde dissertation bénéficia de comptes rendus dans le *Journal des savants,* au mois d'août, et l'année suivante dans les *Mémoires de Trévoux*[7].

---

[3] SCHENCK 1998, p. 57.

[4] CAYLUS 1756, 2, p. 367.

[5] Baudelot avait été élu à l'Académie des Inscriptions en 1705 ; un prix à son nom fut institué l'année suivante pour promouvoir l'étude de l'histoire antique (BARRET-KRIEGEL 1988, p. 197, 211 et 303).

[6] Moreau fut nommé à l'Académie des Inscriptions en 1701 ; comme pour Baudelot, un prix à son nom fut institué en 1737 pour encourager les travaux sur l'histoire antique.

[7] *JS,* 17 août 1711, p. 513-18 ; *MT,* janv. 1712, p. 39 sv. ; *MT,* avril 1717, p. 625 sv. On se souviendra que le *Journal* recrutait notamment ses collaborateurs parmi les membres de l'illustre Académie, tandis que les jésuites écrivant dans les *Mémoires de Trévoux* se méfiaient beaucoup de celle-ci, peuplée selon eux de jansénistes et de libertins (BARRET-KRIEGEL 1988, p. 213-14).

Leibniz ne pouvait laisser sans rivaux ces archéologues patentés. A partir de la fin décembre 1711, il fit part de ses idées sur le sujet à divers correspondants : Mathurin Veyssière de La Croze, «Conseiller, Antiquaire et premier Bibliothécaire au service de S.M. le Roi de Prusse», Antoine Magliabecchi, bibliothécaire de Cosme III de Médicis, le grammairien Grimarest, dont le *Commerce savant et curieux* de 1699-1700 montre l'intérêt pour les antiquités germaniques ou la critique biblique. Soucieux d'intéresser aussi le grand monde à ses vues, Leibniz les synthétisa dans un mémoire adressé à la duchesse d'Orléans, publié en 1717 dans ses *Collectanea etymologica* par les soins de Jean-Georges Eckhart (ou Eccard)[8]. Celui-ci, qui «a été mon Secrétaire», écrit Leibniz, et qui «est maintenant Professeur en Histoire à Helmstat», en profita pour ajouter des observations personnelles à celles du maître[9]. Le pilier occupera encore, en 1717, le P. Daniel, ramené à la question par la lecture de l'*Histoire du commerce et de la navigation des Anciens* de Huet.

Le retentissement dont bénéficia la découverte est-il étranger au regain d'intérêt que connurent l'antiquité celtique et plus généralement la recherche des antiquités nationales à partir de la fin du XVIIe siècle ? On a dit plus haut que la France, après 1600, s'était relativement détournée de ses premiers habitants. «La vague classique avait littéralement submergé les tentatives de reconstitution de la vie et de la religion des Gaulois, strictement livresques d'ailleurs, sous son admiration presque superstitieuse des Anciens»[10]. La querelle des Anciens et des Modernes a pu contribuer à remettre à l'honneur des Gaulois qui se présentaient pour ainsi dire comme les parrains des seconds : la page vide qu'offre à certains égards leur histoire n'est pas sans analogie avec le moment de régénération que constitue toute rup-

---

[8] LEIBNIZ 1717, 1, 3, p. 75 sv. ; LEIBNIZ 1768, p. 88 sv.
[9] LEIBNIZ 1768, 5, p. 69, lettre à Grimarest du 19 nov. 1712. Eckhart avait publié en 1711 son *Histoire de l'étude étymologiqe de la langue germanique*.
[10] LAMING-EMPERAIRE 1964, p. 65 sv.

ture moderniste. Le berceau vide devient, dans la logique du mythe érudit, le lieu idéal d'une entière construction de soi. Il n'y a dès lors nul paradoxe à constater que les Anciens montrèrent peu d'intérêt archéologique pour les origines nationales, alors que les partisans du progrès, considérant l'ascension d'un pays fort de « quinze siècles d'expérience », y trouvaient des raisons de célébrer ces humbles enfances et de les aborder d'un regard neuf.

A la fin du XVIIe siècle, l'exhumation des vestiges censés toucher à celles-ci réattire l'attention et remobilise les énergies[11]. La « trouvaille spectaculaire » du tombeau de Childéric à Tournai, en 1653, n'y est pas étrangère (illustration 19).

> *L'an 1685,* raconte Bernard de Montfaucon, *M. de Cocherel, gentilhomme de Normandie au diocèse d'Evreux, voiant deux pierres sur une colline, auprès du lieu de Cocherel, crut que cela marquoit quelque chose de caché en terre : il fit ôter les deux pierres et creuser au-dessous. Les ouvriers en fouillant la terre, trouvèrent un sépulcre composé de cinq pierres brutes d'énorme grandeur...*

L'examen auquel procéda « M. de Cocherel », « homme d'esprit », nous vaut la « première description détaillée d'une sépulture mégalithique », interprétée comme gauloise[12]. L'intendant de Normandie, six ans plus tard, entreprend des fouilles à Valognes. En 1689, l'Académie de Nîmes, stimulée par Colbert, s'intéresse aux vestiges gallo-romains des environs. « L'idée de fouille était dans l'air ».

1. L'OR DES DRUIDES

Les brochures de Baudelot et Moreau de Mautour comportaient des estampes qui annoncent, par leur différence

---

[11] POMIAN 1993, p. 50 ; GRELL 1995, p. 757.
[12] LAMING-EMPERAIRE 1964, p. 92-94. « Le mobilier de la sépulture, encore absolument inconnu de son temps, est interprété correctement ; ces *pierres dures taillées à la manière du fer d'une hache* sont considérées comme des haches, les os *pointus comme le fer d'une halebarde* et les pointes d'ivoire et de silex comme des armatures de lances et de flèches », etc.

d'interprétation du sujet, les grandes divergences de lecture dont les inscriptions vont faire l'objet. La gravure accompagnant l'essai de Baudelot peut être qualifiée de très libre (voir illustration 20). Elle ne montrait pas les divinités et sculptures du pilier, dira dom Martin, «telles qu'elles étoient, mais telles qu'il se figura qu'elles avoient été lorsqu'elles sortirent pour la première fois des mains de l'Ouvrier». Ceci vaut particulièrement pour la pierre portant la dédicace du monument. On y voit s'étirer une sorte de procession. Deux groupes d'hommes en armes, les uns plus jeunes, imberbes, les autres plus âgés, pourvus d'une longue moustache «à la gauloise», occupent chacun une face. Le groupe des anciens, qui pourraient être figurés à pied ou en bateau, est surmonté de l'inscription EVRISES. On tend aujourd'hui à voir dans ces personnages les marins parisiens ayant fait édifier la colonne. La dernière face du même bloc est beaucoup plus abîmée. On y distingue vaguement deux femmes éventuellement accompagnées d'un homme de profil, sous l'inscription SENANI V...IL.. I....

Baudelot a cru que ces dernières figures étaient couronnées, «on ne peut pas dire précisément de quoy», «peut-estre de chesne», de sorte qu'il y reconnut des druides emmenant le cortège. Le P. Daniel soumet à son tour les vestiges à une «inspection» qui lui fait aussi distinguer – «de ses propres yeux» – des personnages couronnés de laurier «ou de quelque autre chose». Il faudra l'objectivité d'un «Contrôlleur des rentes de l'Hotel-de-ville de Paris» pour que l'on renonce à ce qui apparaît bien comme un mirage. Ainsi est désigné ce «M. Le Roy» auquel est imputable la *Dissertation sur les restes d'un ancien monument* qui figure dans l'édition de 1725 de la grande *Histoire de Paris* des bénédictins Michel Félibien et Guy-Alexis Lobineau[13]. Il ne

---

[13] Ce Le Roy fournit une *Dissertation sur l'origine de l'hôtel-de-ville de Paris* où il écrit qu'il a recherché, «par d'autres voies que celles des titres», les «premiers vestiges d'un établissement dont la vraie origine est encore actuellement inconnue». Ainsi fut-il amené à considérer «les monumens anciens qui ont été trouvés depuis quelques années sous les fondemens du chœur de l'église de Paris». «Sans être arrêtés par les diverses manieres dont ils avoient déja été expliqués par

voit là, dit-il, « ni barbes ni couronnes ». La suggestion exercée par l'image traditionnelle des druides s'étendait même au delà. Conformément à ce qu'en avaient écrit Pline et Isidore de Séville, on crut retrouver dans le vêtement des officiants la « tunique quarrée » des cueilleurs de guy, rehaussée de « bandes de pourpre qui vont en diminuant de part et d'autre ». Le Roy n'y distingua qu'un « habillement de paix », des « habits qui marquent de la dignité ».

Baudelot accompagne sa lecture du cortège d'une explication linguistique appelée à devenir classique.

> *J'avoüe que l'*Eurises *d'un côté ne m'est pas moins obscur que le* Senani *de l'autre ; cependant comme sous le mot d'*Eurises *un des hommes tient une couronne, dans les origines Gauloises de Boxhorn* Eurdd *signifie doré; dans le Lexique Breton du P. Maunoir* Aour *qui veut dire or, n'est pas si éloigné d'*Eurises, *qui peut-estre étoit l'ancienne maniere de prononcer. Cela ne pourroit il point marquer une couronne d'or que les Senani* Nautae, *ou les Commis de la Seine offriroient au Dieu à qui l'Autel est érigé*[14].

L'hypothèse, fondée sur le lexique gallois qui figurait dans l'*Originum gallicarum liber* de Boxhorn, a conservé jusqu'aujourd'hui une certaine autorité. On peut encore reconnaître une couronne, même si l'on s'attendrait à ce qu'elle soit plus petite, dans le cercle que paraît tenir un des nautes âgés. Leibniz, qui avait tiré de Boxhorn un *Glossarii celtici specimen* imprimé dans ses *Collectanea etymologica,* ne pouvait guère qu'accéder l'explication. Eckhart prétend quant à lui la moduler quelque peu en faisant retour au dictionnaire de Davies qui était à l'origine de l'information[15]. On y trouve en effet la forme *eurych* avec le sens d'« or-

---

quelques-uns de nos savans, nous mîmes alors sur le papier les observations que nous jugeâmes nécessaires à notre dessein » (1, p. iii). GRELL 1995, p. 759 note la position « centraliste » occupée par dom Lobineau, dont l'*Histoire de Bretagne* de 1707, commande de Versailles, est exempte de toute exaltation régionaliste et gauloise.

[14] Le P. Julien Maunoir avait publié en 1659 un *Sacré collège* comportant un dictionnaire *en langue armorique*.

[15] ECKHART dans LEIBNIZ 1717, p. 18-19.

fèvre»: c'était là, sans doute, la fonction de certains personnages représentés sur le pilier. «Le celtique *ch* aura produit *s*», «comme notre *sch*» dans la prononciation courante. Eckhart avance aussi l'idée selon laquelle l'objet rond que tient un des processionnaires serait un cercle de tonneau, voire un «bassin contenant l'eau lustrale», éventuellement en bois, auquel cas ceux-ci seraient des «vanniers».

«Quelle imagination!» commente Le Roy, qui préfère exploiter des témoignages bibliques justifiant la taille du cercle censé représenter une couronne. Ce type d'objet votif, nous apprennent les anciens textes, n'était pas toujours fait pour mettre sur la tête. La couronne qu'emporte David lors du sac de la capitale des Ammonites pesait un talent et devait donc être de grandes dimensions. Les couronnes payées par les juifs aux rois de Syrie ornaient «la face du temple dans les solemnitez».

La référence à la langue des Gaulois et les raffinements auxquels le savoir linguistique va donner lieu, dans l'interprétation des autres scènes du monument, suscitent la réaction de certains commentateurs. Le P. Daniel, surtout, prend ses distances avec ceux qui font «un trop grand fond sur les dictionnaires celtiques». Plus d'une fois, le recours «n'est point nécessaire». La recherche d'un «système» logique doit prévaloir sur tout cet appareil érudit. L'interprétation est plutôt requise de prendre pour modèle les déchiffrements du P. Ménestrier et de traiter ces scènes comme des *aenigmata argentea,* suffisamment expliquées à partir du moment où «le dessein qu'on attribuë à ceux qui ont érigé le monument, quadre parfaitement et naturellement avec toutes les parties qui le composent». Comme d'autres, le P. Daniel travaille l'inscription SENANI V...IL.. I.... en la décomposant et en restituant NIEWIEILOM, dans lequel il voit l'ancien nom de Neuilly, de même qu'EVRISES désignerait Évry ou Ivry. Les mariniers de ces «differents ports de la Seine» se seraient affrontés au cours d'une «naumachie» commémorée par le monument. Le cercle en question serait un élément de tonneau caractérisant les nautes, puisque le commerce du vin occupait une part importante de leur activité. Les dieux gravés sur le pilier reprendraient «ceux-là mêmes dont les figures étoient sur la poupe de leurs vaisseaux». La divinité désignée par l'inscription CERNVNNOS, porte des anneaux : allusion à ceux « où les vaisseaux étoient attachez ». Une autre pierre montre un taureau et trois grues : le latin *grus* étant apparenté au verbe *congruere,* les oiseaux forment un « hierogliphe » qui exprime la « bonne intelligence » qui unit les trois ports...

La réticence à l'égard de la technicité celtique ne sera pas réservée aux supputations raisonneuses mais quelque peu improvisées du P. Daniel. Le positif Le Roy, moins rebuté sans doute par une argumentation technique que soupçonneux à l'égard des prétentions celtiques grandissantes, en cette première moitié du XVIIIe siècle – écrira aussi : « Pourquoi faire parade d'une vaste érudition, en fouillant dans les langues barbares, pour y trouver des mots semblables aux Grecs que nous connoissons ? ». Ce privilège méditerranéen va s'afficher particulièrement chez Moreau de Mautour.

2. PERSISTANCE DU CELTHELLÉNISME

On pourrait se contenter de distinguer dans le mot *Senani* une référence à la Seine. La transparence ne satisfait pas l'étymologiste, ni d'hier ni d'aujourd'hui. La critique moderne a proposé une interprétation ayant apparemment échappé, de manière étonnante, aux antiquaires qui s'affrontent ici. On a vu que la *Cosmographie* de Pomponius Mela, évoquant « la mer Britannique », avait mentionné l'île appelée *Sena,* « célèbre par l'oracle d'une divinité gauloise dont les prêtresses, consacrées par une divinité perpétuelle, sont, dit-on, au nombre de neuf ». Les figures féminines de la procession représenteraient ces vierges de l'île de Sein, dont le nom de « Zenas ou Senas » rappelle l'irlandais *sen* « vieille femme », et qui seraient invoquées en protectrices de la navigation[16].

Moreau de Mautour proposera plusieurs interprétations pour *Senani*. Celle qui a le plus frappé les rapproche du

---

[16] DUVAL 1956, p. 70-71.

légendaire Senanus, roi des Gaulois de Ligurie, qui aurait accueilli les Grecs asiatiques allant fonder Marseille. Le pilier conserverait le souvenir de l'alliance ainsi conclue et *Eurises* ne désignerait ni les porteurs d'une couronne d'or ou d'un vase sacré, ni les artisans qui les fabriquèrent, mais renverrait à des noms de localités: soit le port d'Erix, c'est-à-dire Léricée sur la côte de Gênes, où les Grecs abordèrent en Ligurie, soit la ville d'Hyères, dont on attribue la fondation aux colonisateurs phocéens.

Une autre explication avancée par Moreau s'inscrit dans le même cadre de rapports culturels entre monde classique et civilisation gauloise. Les processionnaires pourraient être «d'anciens Curetes» célébrant le culte de Jupiter, lesquels, conformément à la vieille théorie de Picard et autres, tiendraient leur nom du gaulois. En effet, résume Pezron, c'est du celtique *cur*, «qui est la méme chose que *pulsatio*», que les Sabins ont fait le latin *curis* «lance», «parce qu'on en frappoit le bouclier dans les danses mystérieuses». L'interprétation peut faire valoir que les *curetes* portaient «de longues robes semblables à celles des femmes», comme en montrent les bas-reliefs. Quant au rapport entre termes gaulois et latins, il ne peut surprendre. Le P. Pezron a établi que «la langue des Latins, ainsi que des Grecs, étoit venuë de celle des anciens Celtes». Au lecteur peu satisfait de ces hypothèses, Moreau de Mautour soumet une dernière explication non moins flatteuse. Les dédicants barbus du piliers seraient des compagnons de Brennus. Tacite l'avait assuré: «de tous les peuples qui habitent l'Asie, il n'y en a point qui soient plus en réputation que les Gaulois». Voilà qui peut aussi «faire honneur à l'ancienne Nation des Parisiens».

La référence au monde classique va, chez Moreau, se donner libre cours dans l'interprétation d'un autre élément de la colonne, particulièrement discuté. Celle-ci ne compte qu'un seul ensemble de représentations complètes, c'est-à-dire un «dé» formé de deux blocs complémentaires. On y voit les figures de Jupiter et de Vulcain, avec leur nom latin, ainsi que deux scènes que la critique moderne tend à lier. La première montre le dieu ESVS empoignant d'une main, comme dit Le Roy, «une branche feuillüe» qu'il semble occupé à couper, de l'autre main, au moyen de «quelque chose que nous avons descouvert estre une espece de doloire». C'est là, souligne P.-M. Duval, le seul document qui nous restitue de façon certaine l'image de l'effroyable Hesus mentionné par Lucain[17]. La scène contiguë représente un grand taureau qui paraît caché dans le feuillage d'un arbre identique et qui porte sur le dos et la tête trois oiseaux de type «échassier». Elle est caractérisée par l'inscription TARVOS TRIGARANVS. L'importance accordée au taureau suggère la référence à une légende ou à un mythe particuliers. Ceci est confirmé par un célèbre autel découvert en 1895 au port antique de Trèves, capitale des Gaules. Un personnage également vêtu en travailleur à la tunique courte y attaque de même un arbre associé à une tête de taureau accompagnée de trois oiseaux au long bec. On a mis ces éléments en rapport avec un récit rapporté dans les sagas irlandaises, où un héros poursuit à travers la forêt un animal divin qu'alertent des déesses métamorphosées en grues. Le fameux chaudron de Gundestrup semble aussi avoir illustré la légende. Sur la lancée, on a pu supposer que «le hideux Hesus» de Lucain était ici occupé à ébrancher l'arbre auquel seront suspendus des suppliciés que réclame le culte du dieu, selon un rite rapporté par la littérature de l'Antiquité tardive.

La formule *Tarvos trigaranus* fut rapidement éclaircie. L'*Antiquité de la nation et de la langue des Celtes* du P. Pezron avait mentionné en 1703 les termes *taru* «taureau» et *garan* «grue». «*Tarvos*», précise aujourd'hui P.-M. Duval, «est le mot gaulois correspondant au latin *taurus* (irl. *tarb* 'taureau', breton *tarv*, gallois *tarw)*, et *garan* est le correspondant celtique du grec *geranos* et du latin *grus* (gallois *garan* 'grue')». Derechef, l'inscription reçut de Moreau de Mautour le traitement «celthellénique» requis. Les gaulois *tarvos, tri* et *garanus* sont les termes «d'où les Grecs ont formé leurs mots de *tauros*, de *tris* et de *geranos*». Le Roy traduit la filiation génétique suggérée par une question quand il demande, sur un mode qu'on peut supposer ironique, si «les mots grecs *tauros* et *geranos* viennent de la langue des Celtes, ou de celles des Germains?». Le sens de cette filia-

---

[17] V. aussi LAVAGNE 1998.

tion n'empêche pas Moreau de prêter au rejeton grec supposé une sorte d'action à rebours sur son origine, puisqu'il suppose maintenant que la signification du celtique *tarvos* a été contaminée par la ressemblance avec le grec *tarbos* «crainte» et que *trigaranus* se ressent du sens des grecs *trugê* «blé, culture» et *rhainô* «je détruis». L'interférence fonde dès lors une autre interprétation du pilier:

> *ne pourroit-on pas juger que cet Autel est un vœu fait à ces trois Divinitez, Jupiter, Mars et Vulcain, pour détourner des dégâts considerables arrivez sur la riviere et dans la campagne des environs, causez par une troupe de gruës ou autres oiseaux de passage designez par ces plantes aquatiques, et par le bœuf qui est le symbole du labourage?*[18]

Un même type de contamination rétroactive s'observe chez dom Martin quand la théorie de la «celtopédie», adoptée avec enthousiasme, lui fait rapprocher *Eurises* de l'*eurreitês* des Grecs, la chance du marin «qui a les vagues et les flots à souhait». Si l'on s'étonnait que *reitês* produise le gaulois *rises*, Martin répondrait doctement que «les Grecs, surtout les Attiques employoient presque par tout le T à la place de l'S». Lucien, dans son *Jugement des voyelles,* atteste que la lettre *s* a lieu de se plaindre «que le T la chassoit de tous les mots dont elle étoit en possession». La lecture grécisante n'empêche du reste pas Martin de supposer par ailleurs qu'*Eurises* se décompose en «*eur* bonheur» et «*Reiser* ou *Treiser* Batelier». Qu'un terme d'allure pour le moins germanique se combine avec un autre suggérant de si près l'ancien français ne gêne pas.

---

[18] Le *Journal des savants* reproduit l'argument. Les *Mémoires de Trévoux* préféreront considérer ces images animales, dans la ligne de la première «idée» de Moreau de Mautour, comme des «symboles choisis pour désigner les noms des chefs de la Compagnie des Navigateurs de Paris». La celtologie moderne a maintenu à propos du *Tarvos trigaranus* l'hypothèse d'une certaine référence au grec, puisqu'on a imaginé que le second terme comportait la réinterprétation fautive d'un *tricaranus* «à trois têtes», formé à partir de la langue classique et employé par Varron pour désigner un triumvirat.

Le P. Daniel formule pour ainsi dire l'aboutissement de la confusion des plans et des temps. Qu'est-ce que *trigaranus*, sinon «un mot grec latinisé»? *Tarvus* n'est-il pas suffisamment glosé quand on a dit qu'il s'agit du latin *taurus* adapté «selon la prononciation des Gaulois, qui transposoient l'V dans ce nom, et lui donnoient la terminaison Grecque»? En d'autres termes: «Je crois qu'il n'est point nécessaire non plus de recourir aux Dictionnaires Celtiques pour l'expliquer». Le celtique, obéré d'une descendance parasite quand il engendre les langues classiques, vidé de son identité quand il les «transpose», disparaît en tant qu'objet propre d'investigation.

3. SUR HESUS

Féroce et avide de sang, Hesus fut généralement interprété par la tradition de l'âge classique comme l'homologue guerrier de Mars. La place importante qu'étaient censées lui acorder la religion et la culture celtes accréditait l'assimilation. Dans les *Nuits attiques,* Aulu-Gelle rappelle un vœu de sacrifice prononcé en l'honneur de Mars, qui devait recevoir «un sanglier à deux dents» en cas d'heureuse issue[19]. On pouvait même, à lire le vieux Pithou, se demander si Mars ne fut pas en réalité la figure dominante du panthéon gaulois. C'est en tout cas, d'après les *Histoires* de Tacite, «le plus grand des dieux» chez les voisins Tenctères, qui demeurent vers Cologne[20]. Parmi les *Règles* d'Ulpien qu'édite Pithou, lorsque celui-ci s'occupe du jurisconsulte qui eut en charge au début du IIIe siècle la lutte contre les chrétiens, il en est une stipulant qu'il «n'est permis d'instituer comme héritiers d'autres dieux que ceux désignés par un décret du sénat ou les constitutions des empereurs: tels sont Jupiter Tarpéien, Apollon Didyme, Mars de la Gaule, Minerve de Milet», etc.[21] L'espèce de rivalité qu'établissent les textes entre le «Mercure gaulois» et Mars se traduit pour ainsi dire de

---

[19] AULU-GELLE 1978-84, 2, p. 148-49.
[20] TACITE 1992, 4, 64, 1, p. 54; PITHOU 1574, p. 10 sv.
[21] ULPIEN 1586, p. 92, titre 22, 6.

manière symbolique, ou du moins très imagée, dans les *Livres des miracles* de Grégoire de Tours. Celui-ci situe à Brioude, près de Vienne, le tombeau censé conserver le corps du martyre Julien, «non loin d'un grand temple dans lequel on adorait les statues de Mars et de Mercure, placées sur une haute colonne»[22].

La question posée par l'interprétation d'Hesus offre à Le Roy, toujours critique, l'occasion de dénoncer l'attraction fallacieuse à laquelle nous ont habitués les écrivains latins, prompts à imputer aux Gaulois «le culte de tous les autres dieux des Romains». Ainsi procédait César à l'égard des divinités celtiques, par syncrétisme politique. «Il n'a jugé que de leurs attributs, et par analogie». Celle-ci a permis une lecture proprement gallo-romaine d'un des personnages du pilier, qui montre, à côté de Castor et Pollux, une divinité brandissant une massue pour combattre un serpent qu'il tient de l'autre main. Les maîtres romains y reconnaissaient leur Hercule, et les colonisés pouvaient y retrouver un dieu indigène offrant avec le héros classique quelque ressemblance qui nous échappe[23]. La figure gauloise est ici désignée par l'indication SMERT..., qui est demeurée opaque aux érudits de l'âge classique et que le savoir moderne, rétablissant *Smertrios,* a interprété comme le nom du «Pourvoyeur» ou du «Redoutable», en fonction de la racine du mot.

Camden, on l'a vu, avait proposé une première étymolgie de *Hesus*. Les «Britanniques» héritiers des anciens Celtes ont *huath* pour «chien». Le dieu gaulois correspondrait à Anubis. L'idée a dû faire son chemin chez Jean Isaac Pontanus, qui allègue le témoignage du continent dans son *Itinéraire de la Gaule narbonnaise* de 1606. Parents des Gaulois, les Flamands, Bataves et Germains d'aujourd'hui disent *hissen* pour «exciter un chien» (néerlandais moderne *ophitsen*)[24]. A la même famille appartient le mot de *hesselick* pour

---

[22] GRÉGOIRE DE TOURS 1982, 2. *De passione, virtutibus, et gloria sancti Juliani martyris,* 5, p. 805; GRÉGOIRE DE TOURS 1857, p. 315.

[23] LAVAGNE 1998.

[24] VERDAM 1994 donne en effet le moyen néerlandais *hissen*.

caractériser «quelque chose d'horrible et de difforme»: terme bien conforme à l'image sanglante du dieu.

Le P. Lescalopier infléchit dans une sens favorable à l'ancienne nation une relation étymologique engageant l'idée de violence. Sa *Théologie des vieux Gaulois* de 1660 invoque un ancien *vesus* ou *vessus* signifiant «solide, vigoureux, courageux», mot attesté par le grammairien Honorat Servius au Ve siècle[25]. La forme *Hesus* constituerait une variante de ce terme, de même que «Hesperus se dit pour Vesperus», en latin populaire. Il doit s'agir d'un héritage lexical des Gaulois. Rien « ne convient mieux que ce nom donné à celui qu'ils tenaient pour le dieu Mars, puisqu'il était conduit par la puissance physique, la vaillance». «De là vient le mot français *vassaux»,* car «ceux qui étaient les plus opulents distribuaient les terres aux hommes vigoureux, comme à des clients». Le bon Père, soucieux de stricte orthodoxie linguistique, n'hésite pas à confirmer l'argument par l'hébreu, où «fort» se dit *izzuz.* Les ancêtres gaulois ont légué à leurs descendants, pas moins que les Germains qui se réclament de *man* «homme» ou de *werra* «guerre», cet emblème de l'exaltation atavique de la virilité. Faut-il souligner que l'on ressent ici quelque chose de la pression idéologique du règne louis-quatorzien, au moment où la France retrouve un destin de conquête? Le jésuite rejette l'interprétation, «totalement futile», qui voit dans le culte rendu à *Esus* une annonce prophétique de celui dû à *Iesus,* explication qui invoque vainement le caractère indifférent des lettres «aspirées» en phonétique étymologique. L'hypothèse la plus honorable pour la nation dissipe le mirage évangélique.

4. LEIBNIZ: L'ALLEMAGNE AVANT TOUT

Certains commentateurs du pilier ont vu dans les personnages emmenant la procession des druides ou des bardes. Baudelot ajoute que ce dernier terme désigne, «selon Festus,

---

[25] LESCALOPIER 1660, p. 717-18; 1744, p. 92.

un chanteur en Gaulois» et que Bodin a noté leur caractère sacré: «en Alleman, dit-il, le nom de *Bard* signifie un Prestre; ce qui ne peut avoir passé dans ce pays que par le canal de nos ancestres, au langage de qui il est certain qu'il appartient». Le mot et la chose sont typiquement, originairement celtes. C'est ce que le patriotisme de Leibniz, entant en polémique avec le Français, ne peut admettre.

> *Le mot n'appartenoit pas moins aux Germains qu'aux Gaulois, et je ne say, pourquoy l'auteur veut, qu'il soit venu de la langue Gauloise dans la langue Germanique. Il y a plus d'apparence, que la langue et la nation Gauloise soient venues des Germains; si nous admettons que les peuples d'Europe sont venus de l'Orient, et si nous considerons, que les plus anciennes migrations ont été faites par terre, les hommes ayant sû marcher, avant qu'ils ont appris à naviger*[26].

Trouve-t-on dans le lexique des deux langues de quoi imaginer un noyau commun de sens, une racine primitive? Dans les *Meister Sänger*, qui remontent à «environ deux cents ans», le terme *bard* signifie «chanson», avant de désigner le «poète», le «prophète». On aperçoit un rapport entre l'idée de chant et les gaulois *bardae, bardula* «alouette», que fournit «un vieux glossaire» mis au jour par Turnèbe, professeur au Collège royal de Paris, au XVIe siècle. Du côté des Germains, Tacite et Ammien Marcellin usent d'un terme *bardicus* pour désigner leur «clameur militaire».

Une observation relative aux boucliers que portent les processionnaires du pilier va confirmer la priorité des Germains sur les Gaulois. Baudelot avait observé que leur forme évoque une porte et avait dès lors rapproché leur nom grec, *thureôs*, de l'allemand *Tür* «porte», l'un et l'autre renvoyant à une même racine celtique. On peut ajouter, dit Leibniz, «que *dauri, duri, duere* en signifie autant dans des langues Esclavonnes». Ceci accrédite l'idée d'une source commune située vers l'est et confirme, sur le plan de la généalogie des langues, la position relative des parlers occidentaux en pré-

---

[26] LEIBNIZ 1717, p. 76 et 93.

sence. Il y a « plus d'apparence » qu'un élément primordial, apparu chez les Scythes, « est venu aux Germains et aux Grecs, et des Germains aux Gaulois, comme la situation des pays le demande ». La filiation affecte la nature même de « la Langue gauloise », qui « étoit Germanique à demi, comme on peut dire, *que la Latine était semigrecque*»[27]. Tite-Live « n'appelle-t-il les peuples des Alpes *semigermaniques* » ? « Et apparemment les deux langues s'approchoient encor davantage dans les vieux tems ». L'analogie ne se limite pas à « peu de mots », comme entre allemand et arménien, mais s'étend au « fond de la langue ». Leibniz conclut : « Ainsi, par rapport au Gaulois et à l'Allemand, je tiens le milieu entre *Cluverius* qui en fait la même langue, et ceux qui les font toutes différentes... ».

Le gallois peut ici servir de paradigme pour la famille celtique. Il apparaît aussi à moitié « teutonique ». N'est-il pas du reste parlé par les *Cambriens,* « qui pourraient bien être des Cimbres », ancêtres des Bas-Allemands ? Par contre, les Irlandais, qui ont dû comme les Gallois venir « de la Germanie et des Gaules », sont sans doute « les restes d'une migration plus ancienne de Bretons plus anciens ». « Ainsi le Hibernois marqueroit un Celtique encor plus ancien ». Les langues qui conservent celui-ci prennent ainsi leur revanche au regard de l'étymologiste, puisque, comme le breton d'Armorique, elles ont préservé « çà et là des racines ou des termes celtiques qui se sont perdus ou obscurcis chez les peuples teutoniques ».

A la communauté des mots répond celle des divinités. « La religion des Gaulois différoit de celle des Germains en ce que la premiére étoit plus raffinée : mais les Dieux en bonne partie étoient les mêmes ». *Teutates* – aujourd'hui considéré comme « le dieu chef de la tribu » – correspond providentiellement à ce *Thuiscou* ou *Tuisco* dont les Germains ont fait le père des Teutons. Et le Jupiter des Celtes, *Taranis,* n'est pas moins reconnaissable, formellement par-

---

[27] LEIBNIZ 1768, 5, p. 479, lettre à La Croze du 24 juin 1705 (Leibniz y mentionne la réception du dictionnaire de Davies de 1632) et p. 502-3, lettre au même du 30 mai 1712.

lant, dans le *Thor* des peuples du Nord. Les Celtes connaissaient un autre « chef des dieux » : *Penn,* qui « avoit aussi ce nom chez les Allemands », lesquels disaient *pfinsdag* pour « jeudi », jour de Jupiter. De là vient également la dénomination d'*Alpes Penninae* chez les Anciens.

5. CERNUNNOS : LA FABRIQUE DE LA LANGUE

L'harmonie celto-germanique fonde par ailleurs cette découverte que Leibniz annonce avec grande satisfaction à la duchesse d'Orléans, La Croze, Magliabecchi ou Grimarest. Une autre pierre du pilier, incomplète, montre la tête grimaçante de Cernunnos, que Le Roy décrit comme suit :

> *un homme barbu, à larges espaules, à front chauve et sourcis abattus, de la teste duquel sortent deux oreilles de chat ou de renard, placées au-devant et au-dessus de deux cornes de cerf qui naissent aussi de la mesme teste, en chacune desquelles est passé une espece de couronne, autour de laquelle il paroist quelque chose d'entortillé.*

Baudelot interprète *Cernunnos* par la racine gauloise *ker* « ville, région » qui, associée au latin ecclésiastique *nonnus* (d'où le français *nonne),* terme de respect, fait du barbu « le maître de la ville ». Conformément à son hypothèse générale, le P. Daniel violente l'inscription et déchiffre CEPO...NUNNOS, altération de PORTUNNOS, qui renvoie à un dieu *Portunnus,* protecteur des ports desquels relèvent les nautes s'affrontant sur l'eau. On a vu que les « couronnes » ou anneaux accrochés aux cornes du dieu, pour l'imaginatif jésuite, symboliseraient des amarres. Autre interprétation encore chez l'hellénisant Moreau de Mautour, qui songe à un faune, à Pan ou à Bacchus, ainsi qu'à une représentation de la Seine – idée perpétuée par Camille Jullian, pour qui *Cernunnos* déguise *Cernuni,* ancien nom d'un affluent de la Meurthe[28].

---

[28] DUVAL 1956, p. 78-79.

Leibniz reprend quant à lui une des suppositions de Moreau, dans une lettre à La Croze du 28 décembre 1711[29] :

> *le nom même signifie un cornu : car* Kern *est* Cornu *ou* Horn *en Aremorique ou vieux Celtique : or je crois avoir trouvé là dedans l'origine jusqu'ici inconnue du mot Allemand* Hornung, *qui signifie le mois de Fevrier. La question est de savoir ce que c'étoit que ce Dieu, et pourquoi on lui avait affecté ce mois. L'on sçait que les anciens donnoient quelquefois des cornes à* Bacchus, *et on pourroit conjecturer, que les anciens Gaulois et Germains, se reposant durant ce mois, où il n'est pas encor permis de travailler à la culture de la terre, se divertissoient à boire.*

La partie étymologique de l'argument est restée valide. On rapproche aujourd'hui *Cernunnos* de « l'irlandais *cern* – qui désigne le front des jeunes quadrupèdes gonflé par l'amorce de cornes ou de bois »[30]. A partir de là, l'éventail des interprétations modernes est largement ouvert. Pour les uns, dans la ligne de Salomon Reinach, Cernunnos, qui se présentait probablement, sur le pilier, dans une « pose bouddhique » caractéristique (cette partie de l'image manque), serait d'abord le cerf-totem des chasseurs celtes. Certains « naturistes » y reconnaissent l'époux mythique de la « Terremère », celui qui « l'engrosse ». D'autres y voient la divinité ou le principe présidant à la fécondité des animaux à cornes, l'ancêtre païen de saint Cornély, « protecteur de tous les animaux cornus, domestiques ou sauvages ». La représentation du personnage sur le bassin de Gundestrup invite aussi à regarder Cernunnos comme « un maître des fauves et un protecteur du cheptel ». Plus largement, certains le considèrent comme le « dieu de toute fécondité et de richesse », voire comme président au « renouveau », à la « force vitale »[31].

---

[29] LEIBNIZ 1768, 5, p. 499-500, lettre XIX.
[30] DUVAL 1993, p. 38. Voir aussi KERVERZHIOU 1951 ; DEYTS 1992, p. 44-45 ; LAVAGNE 1998.
[31] On possède aujourd'hui une vingtaine de représentations de Cernunnos. Parmi les plus remarquables figurent l'autel de Cernunnos de Reims (au Musée Saint-Rémi) et la statuette d'Etang-sur-Arroux (au

Leibniz entend étoffer son hypothèse bacchique. Il « supplie » La Croze de lui « marquer quelques passages d'*Hérodote*, et d'autres anciens sur la maniére de se servir de cornes comme de vases propres pour boire »[32]. La mythologie comparative de l'évêque Huet n'a-t-elle pas montré dans celles-ci un attribut commun au dieu du vin et à Moïse ? L'hypothèse est répétée à l'intention de Johann Albert Fabricius (à ne pas confondre avec Georges Fabricius, auteur d'une *Saxonie illustrée* de 1606 mentionnée plus haut). Celui-ci adresse en 1712 au philosophe son *Menologium,* qui traite des noms des mois chez les différents peuples[33]. Il est vrai, convient Leibniz, qu'un « savant homme » – Moreau de Mautour – « qui approuve ma dérivation du *Hornung* » croit que l'hypothèse convient mieux à Pan ou à Faune, dont les *Faunalia* se

---

Musée des antiquités nationales, à Saint-Germain-en-Laye). Ces deux pièces furent découvertes vers 1840. Le dieu y est assis en tailleur, portant le torque au cou (et un bracelet au bras dans le cas du Cernunnos de Reims). Il tient sur ses genoux soit « un gros sac duquel il fait s'écouler, de la main droite, un flot de graines », soit un « récipient auquel semblent s'abreuver ou se nourrir deux animaux, à tête de bélier, mais dont le corps évoque celui du poisson ». Les graines que dispense le Cernunnos de Reims se répandent aussi entre deux animaux : « un petit taureau et un petit cerf ». Les ramures de cerf du dieu sont ici réduites à l'état de traces ; la statuette d'Etang-sur-Arroux montre sur le dessus du crâne deux trous qui recevaient ces ramures. On distingue en outre, de chaque côté de la tête, au-dessus de l'oreille, « un minuscule visage humain », qu'accompagnait peut-être un troisième visage, à l'arrière : triplement des visages ou des personnages que montre souvent la mythologie celtique, pour exprimer la puissance de la divinité (*A la découverte...* 1998, p. 89 et 120).

[32] LEIBNIZ 1768, 5, p. 500-502, lettre XX. On sait qu'elle doit dater du début de 1712. Leibniz remercie son correspondant le 30 mai de ses remarques sur la question : « Ceux qui ont écrit de *cornu Oldenburgico, et vase Tunderensi,* apportent aussi des autorités, mais les vôtres sont bien choisies, et peu vulgaires » (p. 502-3, lettre XXI).

[33] LEIBNIZ 1768, 5, p. 426, lettre IX du 18 octobre. Pour les communications à Grimarest et Magliabecchi : *ibid.,* p. 68-70, lettre IV et p. 137-141, lettres XXXVIII et XLII. La date du « 29 décembre 1707 », proposée pour la première lettre à Magliabecchi, est impossible. On comprendrait mal que Leibniz reprenne tout l'argument si ce courrier datait de 1712, c'est-à-dire était antérieur d'une quinzaine de jours au second.

célébraient aussi en février. Leibniz serait près de se ranger à son interprétation s'il s'avérait que des peuples celto-germaniques ont honoré ces dieux méditerranéens. Du côté français, Baudelot le chicane davantage en soutenant que les bacchanales avaient lieu en mars et non en février. Le philosophe, dit-on, coupa court et refusa désormais de débattre avec un homme si misérablement instruit de l'histoire des langues...

Jean Georges Keysler apporte à l'hypothèse de Leibniz la confirmation des sagas scandinaves. On y voit les anciens peuples du Nord se livrer à la fin de janvier et au début de février à des libations rituelles sous le signe de la corne[34]. Keysler reproduit ainsi, à côté du Cernunnos de Paris, un « hiéroglyphe » tiré de la *Saga de Hervarar,* dans l'édition fournie par Olaus Verelius[35]. Les jours de festivités y sont notés par des cornes (illustration 23). Cette manière de désigner les époques de l'année se fonde typiquement sur les « cultes de la nation », qui servent aussi à nommer d'autres mois, comme celui de novembre, *Blotmonat,* temps du sang et « des sacrifices ».

Eckhart accepte quant à lui l'objection de Baudelot. On pourrait expliquer le lien entre la corne et février par le fait que « les cerfs perdent leurs bois dans ce mois ». Mais le rapport avec Bacchus est trop séduisant pour qu'on l'abandonne. Eckhart choisit de refonder linguistiquement l'hypothèse. A la place de *kern* « corne », il invoque un autre terme celtique, *cwrw* « cervoise », en s'inspirant vraisemblablement de Boxhorn. Mais surtout, il déniche une excitante épigramme de Julien l'Apostat *Sur le vin qu'on fait avec de l'orge*[36].

> *Qui es-tu? d'où es-tu, Bacchus? De par le vrai Bacchus je ne te connois point; et je ne sache pas qu'il y ait au monde d'autre Bacchus que celui qui est le fils de Jupiter. Pour lui*

---

[34] KEYSLER 1720, p. 366-68 : *Disquisitiones historicae, 2. De compotationibus,* § 14. *Etymologia vocis Hornung, qua Germani mensem Februarium adpellant.*

[35] VERELIUS 1672, ch. 56.

[36] Traduction de LE ROY 1725, p. *96 sv.

> *vraiment, il exhale une odeur de Nectar, et tu sens le bouc. Seroit-ce point que les Gaulois faute de grappes de raisins t'auroient fait d'épis? He bien! il te faut donc appeller fromentée, ou plutôt tisane d'orge, ou aveinat, et jamais liqueur Bacchique.*

Comment ne pas reconnaître dans Cernunnos, le «dieu de la cervoise»? On peut imaginer que Julien l'Apostat n'a pas seulement en vue la figure du Bacchus gaulois, telle que la révèle le pilier des nautes, vaguement grimaçante, quand il évoque son odeur.

> *Peut-être même fait-il allusion au celtique* bvvch, *chez nous* bock ' *bouc', parce que ce mot consonne avec le nom de Bacchus. Et qui sait si les hommes primitifs ne sacrifiaient pas cet animal à Bacchus en raison de cette consonance.*

La tradition vulgaire, poursuit Eckhart, explique ce genre de sacrifice par le fait que «le bouc broute la vigne». Argument bien futile, juge le critique, et qui montre une méconnaissance du pouvoir des sons sur l'imagination humaine. Celui-ci est peut-être à l'œuvre dans un rapport unissant le *tarvos* du pilier et le *Taranis* des Gaulois. Eckhart trouve dans le lexique gallois de Boxhorn le «britannique» *tawr* «taureau», qui évoque bien sûr *taurus,* mais aussi l'allemand *Stier.* Ces mots semblent se rattacher à un celtique *taraw* «frapper»: le propre de l'animal n'est-il pas «de frapper avec la corne»? Et n'est-ce pas la même racine qui figure dans *Taranis,* le maître du ciel qui frappe avec la foudre, le taureau devenant une autre image du Jupiter gaulois? L'étymologie restitue un réseau de choses liées par la «proximité du son». L'analogie, ou la logique verbale, participe à la constitution de la mythologie, par quoi elle relève d'un véritable discours.

6. TRIOMPHE DE L'HARMONIE

Dans un des courriers reprenant la «dérivation du *Hornung*», Leibniz ajoute que «*cern, horn, cornu, kéras*» sont «la même chose en Celtique, Allemand, Bas-Breton, Latin,

Grec, pour ne rien dire du *keren* des Hébreux». Ceci est de nature à confirmer l'opinion selon laquelle le comparatisme du philosophe s'inscrirait encore très largement dans un «paradigme adamique» post-Renaissant. H. Aarsleff a souligné chez lui la persistance du rêve monogénétique et on ne peut nier que l'ambition harmonisatrice s'étende parfois dangereusement du côté de la famille finno-ougrienne ou des langues de l'Orient, chez l'auteur du *Bref essai sur l'origine des peuples principalement déduite des langues*[37].

Encore faut-il préciser que l'ancien projet de déchiffrement ontologique avait changé de nature. Sapé par l'instrumentalité cartésienne du signe de convention, il devient avec le sensualisme restitution des «éléments primitifs de la pensée» et prend plus ou moins la forme d'une anthropologie des systèmes symboliques, dont Vico offre aussi le modèle[38]. Le *Bref essai* montre avec force l'histoire des langues éclairant le temps préhistorique. A la place de la vérité originelle des choses, l'étymologie délivrera des constructions mythiques. Mais cette ressaisie d'une histoire perdue s'accompagne aussi, chez le philosophe, d'une singulière actualisation de l'origine, et là est peut-être l'héritage le plus trouble d'une pensée de l'archaïque. L'*Ausführliche Arbeit von der Teutschen Haubt-Sprache* de Schottel, de 1663, avait exalté l'idée de la «primordialité», de la «justesse foncière» *(Grundrichtigkeit)* des éléments qui constituent le lexique allemand. Leibniz écrit dans les *Nouveaux essais sur l'entendement humain* que la «langue germanique» a «quelque chose de primitif» dans le sens où elle a développé ou retrouvé des «racines primordiales» dictées par «l'instinct naturel». Comme il l'exprimait déjà dans le *De linguarum origine naturali,* dont on situe la rédaction entre 1677 et 1685, une certaine «convenance des sons avec les affections de l'âme» n'a pas opéré qu'au commencement de la parole:

---

[37] DROIXHE 1990a et 1996.
[38] AARSLEFF 1982; GOSSIAUX 1993, p.311 et 333 sv. Sur le cartésianisme linguistique, cf. à présent DESCARTES 2000, avec une abondante bibliographie critique, p. 35-74.

> *cette origine ne trouve pas seulement lieu dans la langue primitive, à mon avis, mais aussi dans les langues sorties ultérieurement, pour partie, de cette langue première, ou dans ce qu'elles tiennent du nouvel usage établi par les hommes qui se dispersèrent sur la surface de la terre*[39].

L'allégeance au mirage des « essences verbales » affecte plus encore Eckhart, quand ses manipulations étymologiques paraissent faire écho à la lecture cabbalistique qui lisait dans les noms hébreux de la cigogne et de la colombe la « bienfaisance » ou « l'oiseau exposé à la violence ». Son interprétation d'Esus, le « bûcheron divin » lancé à la poursuite du taureau protégé par les grues, illustre de même la « réduction au primitif » qu'on a vue à l'œuvre à propos de *tarvos* et *Taranis*. La tradition, on le sait, assimilait le dieu gaulois et Mars. Leibniz rapproche d'abord Esus de l'*Eric* des Germains : « Les lettres R. et S. se changeoient aisément, comme dans Papisius et Papirius, Fusius et Furius »[40]. Il lie ensuite, selon le même principe phonétique, *Eric* et l'*Ares* des Grecs : « *Eric-Dag* est Mardi », le jour de Mars-Ares, « dans l'Allemagne supérieure ».

Eckhart cherchera dans une tout autre direction l'ultime *ratio nominis* du dieu. Le dictionnaire celtique fournit le terme *iach* « santé », d'où vient *iaesch* « gui », symbole de vigueur. Sans doute Esus renferme-t-il la même racine. « Il est notoire que *a* se change chez certains en *ae* ou *e* ». D'autre part, « les anciens Gaulois » – par pure hypothèse – « prononçoient *ch* comme le schin pointé à droite des Hebreux, et comme le *sh* des Anglois », d'où le passage à *s*. Une terminaison « à la romaine » fera le reste. Que de « transmutations » juge Le Roy. Ainsi, la scène que Leibniz interprétait comme représentant un supposé dieu de la guerre montrerait plutôt, pour son disciple, l'image apaisée du druide à la cueillette du *iaesch*[41].

---

[39] GENSINI 1991, *passim;* GENSINI 1993; LEIBNIZ 1995, p. 20-21.
[40] LEIBNIZ 1717, p. 78; LEIBNIZ 1768, p. 89.
[41] Discussion de la question chez KEYSLER 1720, p. 36-38: I. *Monumentum Salisburiense* [Stone-Henge], 1, 2, 5.

L'étymologie de *druide* complète le tableau. «Pline ne devait pas recourir au grec *drus*» pour expliquer ce terme, même si «l'on ne peut nier que *drus* ait rapport au mot celtique». L'harmonie ultime des langues européennes, qui se dessine ici allusivement, consonne avec la conciliation de quelques hypothèses majeures. Eckhart s'appuie d'abord sur Boxhorn le mal-aimé pour rattacher *druide* à la racine celtique *derw* «chêne», qui signifie «fort, audacieux, puissant»[42]. A celle-ci s'apparente le germanique *treu* «sage», invoqué par l'inavouée mais réelle tradition qui unit Goropius Becanus (1580), Spelman (1626) et Grotius (1655), ainsi qu'on l'a vu plus haut. Un lien se noue entre les druides et les *Trutten etweisse Frauen* du folklore germanique contemporain, femmes sages «vêtues de blanc», chargées par le peuple d'écarter les esprits maléfiques. De l'expérience quotidienne aux plus lointaines origines, la langue établit une chaîne continue en quoi se donne à lire l'objet d'une véritable science historique.

7. DRUIDISME ET DÉISME

Ce qui pouvait être chez Eckhart inflexion naturaliste et mise en évidence d'un culte spontané des forces élémentaires devient chez dom Martin pure récupération apologétique et pour ainsi dire patriotisme religieux. L'auteur de la *Religion des Gaulois* assume aussi, sur ce plan, sa fonction d'«inlassable artisan» de leur réhabilitation[43]. Mirage de l'absolue filiation: «Ce que j'admire le plus et qu'on doit aussi admirer avec moi, c'est qu'on retrouve dans les Gaulois de tous les tems les François, ou pour mieux dire les Gaulois d'aujourd'hui». Le stéréotype que développera le XIXe siècle se constitue cette fois durablement: blond aux yeux bleus, le regard fier, l'ancêtre dicte à son peuple un «amour de la frugalité et de la liberté» qui sont pour une part empruntés, note amusée Ch. Grell, au portrait du Germain selon César.

---

[42] BOXHORN 1654, *Antiquae linguae britanicae lexicon,* p. 24.
[43] GRELL 1995, p. 1126-28.

Dom Martin rapprochera Hesus de l'étrusque *aesar* «dieu», mentionné par Suétone dans un passage concernant la fin du règne d'Auguste. La foudre ayant frappé le cartouche qui ornait une des statues de l'empereur, le *C* de *Caesar* fut enlevé, faisant augurer qu'il n'avait plus que cent jours à vivre[44]. Serait-il plus disert, l'historien du culte national, s'il entendait rivaliser avec Eckhart au sujet du passage phonétique d'*æsar* à *hesus*? Un lecteur critique pourrait juger peu vraisemblable ou naturelle la transformation de la diphtongue. Mais ce type d'articulation, argumente dom Martin, n'était «guère» en usage chez les Gaulois, et «il ne sera jamais surprenant que de deux peuples éloignez qui parlent la même langue, l'un place une diphtongue, où l'autre ne met que la voyelle qui domine dans la diphtongue». En outre, on concevra sans peine que l'«*E* aspiré» de *Hesus* soit «équivalant au son de la diphtongue». Rien n'appuie ces considérations, où l'exemple commande la règle. Sans doute espère-t-on emporter la conviction par le recours à une notion qui fait alors son chemin. L'absence de diphtongues chez les Gaulois appartient au «génie de leur langue», qui «a passé jusqu'à nous, qui ne les souffrons gueres dans la langue françoise».

«Il y avoit donc, selon la Theologie Gauloise, un être distingué des autres, qui portoit par excellence le nom de *Dieu*». À Hesus ne correspondent «ni Jupiter, ni Mars, ni Mercure, ni Apollon, ni Neptune, ni aucun autre *Dieu* du Paganisme».

> *D'abord c'étoit celui-même qui avoit apparu à Abraham auprès de ce Chêne, et qui n'eut jamais d'autre nom que celui de* Dieu; *parce qu'il n'y a que lui seul de* Dieu.

Dom Martin rouvre la galerie des divinités anonymes: tel est l'être suprême des juifs, qu'ils disent *invisible, ineffable,*

---

[44] MARTIN 1727, 1, p. 252 sv. Les informations sur *æsar* proviennent de KEYSLER 1720, I. *Monumentum Salisburiense*, sect. II, chap. ii, § 8, p. 139, qui trouve le mot dans les *Ethruscarum antiquitatum fragmenta* de Curzio Inghirami (1637), cependant considéré comme peu fiable. Keysler identifie Hesus et Odin.

très-haut, caché, éternel; celui de Samarie et d'Egypte, où il s'appelle *Amoun,* «qui signifie *caché*»; celui que célèbrent les autels *Au dieu inconnnu.* La transcendance attribuée à Hesus n'était pas, linguistiquement parlant, trop mal venue, puisqu'on le rapproche aujourd'hui encore de l'étrusque *aisu* «divin», ce qui permet d'interpréter son nom par «le dieu» ou «le bon maître»[45].

Mais les Celtes n'ont pas seulement conservé, comme d'autres peuples, le souvenir obscur de la Révélation monothéiste. Leur religion les rapproche plus que d'autres de l'origine du christianisme. Leur culte de l'arbre sacré garde l'image de la forêt de chênes où Dieu apparut à Abraham, à Mambré[46]. La pureté de l'origine s'exprime aussi dans une religion que dom Martin dépeint comme la «plus spiritualisée». R. Mas souligne cet aspect de sa réflexion. «Le culte des arbres, des lacs, des marais était dû, selon lui, à *la délicatesse qu'ils avaient de ne vouloir pas avilir la majesté des dieux par la grossièreté des idées que les statues artificielles et faites de main d'homme présentaient à l'esprit*». Le comte de Caylus, quelques années plus tard, invoquera cet aspect de leur doctrine pour refuser d'attribuer aux Gaulois l'«espèce de superstition» que constituent les mégalithes de Carnac[47]. Quand les nécessités de l'enseignement au peuple, poursuit dom Martin, déterminaient les druides à figurer matériellement les facettes du divin, l'élévation spirituelle des prêtres privait ces représentations de sexe, ou exaltait la force morale de l'éloquence, à travers l'image d'un Hercule qui enchaînait littéralement ses auditeurs par la langue.

Les conceptions de dom Martin illustrent exactement une des images du druidisme qui traversent le XVIIIe siècle. C. Volpilhac a décrit la construction intellectuelle d'un «Gaulois éclairé», «chrétien avant le Christ» et «presque philo-

---

[45] DUVAL 1956, p. 85; 1993, p. 34.
[46] MAS 1982, p. 45.
[47] Cité par POMIAN 1992, p. 51. Caylus n'en adhère pas pour autant aux vues de ceux qui reconnaissaient dans les pierres levées une manifestation géologique des «révolutions de la terre» ou des vestiges de camps romains

sophe avant les Lumières»[48]. L'abbé Anselme donne le ton en 1718 par un mémoire «qui présente les druides comme des prêtres fort estimables, organisés en compagnies vouées à l'enseignement». Dans *l'Encyclopédie*, l'article *Histoire ancienne des Celtes* les montre au service d'une croyance épurée tendant vers le déisme, tandis que la *Philosophie des Celtes* de l'abbé Yvon l'incline plutôt vers le panthéisme. «Des dogmes réduits, semble-t-il, à l'essentiel – immortalité de l'âme, sanctions surnaturelles – n'est-ce pas tout ce que demandent la raison et l'ordre social?» (J. Ehrard).

En Angleterre, la célébration de l'ancienne religion du pays fut assurée par William Stukeley, qui s'était donné le surnom celtique de Chyndonax d'après la mention prétendue d'un druide sur une inscription trouvée près de Dijon. Son *Histoire de la religion et des temples des druides* de 1740 consacra Stonehenge comme modèle des lieux de culte dont les ensembles de «pierres levées» gardaient le souvenir. Stukeley croyait avoir découvert chez les Celtes, «à propos de la doctrine de la Trinité, des notions qui ne sont pas communes» et qui pouvaient faire obstacle au «déluge d'esprit profane et d'égarement» marquant le siècle. L'Église et l'archevêque de Canterbury l'accueillirent dès lors à bras ouverts. Cependant, le druidisme, s'il annonçait en quelque sorte le christianisme par l'inscription de la loi divine dans toute créature raisonnable, serait demeuré une ébauche grossière sans la transmisssion plus particulière de certaines conceptions d'Abraham, dont «la connaissance de la pluralité des personnes en Dieu», grâce à l'arrivée en Grande-Bretagne de disciples du patriarche «peu après le Déluge». En somme, le druidisme, réduit au déisme, ne valait pas grand-chose sans la Révélation.

John Toland mina d'une autre manière la légende dorée des prêtres de la Raison, chez lesquels il ne retrouva pas le culte abstrait dont son *Christianity not mysterious* de 1696 avait fait l'apologie[49]. Son ami John Aubrey avait ébauché à propos de Stonehenge et des «pierres levées», dans un *Monumenta britannica,* une théorie du temple archaïque.

---

[48] VOLPILHAC 1982.

Ceci incita Toland à entreprendre une *History of the druids* qui ne vit pas le jour mais dont on connaît les grandes lignes. Si «aucun clergé païen n'approche de la perfection du druidisme», si celui-ci «fut de loin plus délicat que tout autre système similaire», c'est, conclut-il, en ce qu'il apparaît «beaucoup mieux calculé pour produire l'ignorance» et «pour procurer aux prêtres pouvoir et profit».

> *Arriver à la perfection dans le sophisme requiert une longue habitude, de même qu'en matière de tours de passe-passe, dans lesquels les druides devinrent des experts finis: mais atteindre la maîtrise sur l'un et l'autre plan, et apprendre avec tout cela l'art de gouverner la masse – ce qu'on appelle vulgairement* mener le peuple par le nez *– voilà qui réclame abondante étude et exercice.*

Fréret creusa le trait. Ch. Grell a montré comment il oppose à la complaisance patriotique de Duclos pour les pères de la nation l'image d'une «religion polythéiste (bien que non idolâtre) et cruelle, où les sacrifices humains étaient chose courante et les pratiques superstitieuses, légion»[50]. En somme, sa critique déclinait ce qu'évoquaient les reliefs du pilier des nautes: la barbarie proverbiale d'Hesus, la sauvagerie d'un peuple qui n'écrivait que sous la férule romaine et qui ne sut léguer aux historiens que quelques énigmatiques et fragmentaires figures de pierre – sans doute par incapacité, diront les plus acerbes, à les sculpter correctement. Comme le double rapport du druidisme au déisme, les avatars subis par l'image du monde celtique et les courants contradictoires qu'il suscita rendent délicate une appréciation globale des progrès ou des piétinements qui accompagnèrent, en linguistique ou en archéologie, sur une période de près de trois siècles, la découverte des dieux gaulois. Il convient pourtant de s'y risquer.

---

[49] PIGGOTT 1989, p. 140-42.
[50] GRELL 1995, p. 760.

CONCLUSION

LINGUISTIQUE ET ARCHÉOLOGIE EN PERSPECTIVE

Que l'étymologie, à la fin du XVIIe siècle, ait acquis ou soit en voie d'acquérir le statut d'une véritable archéologie, c'est ce que constate le P. Louis Thomassin dans sa *Méthode d'étudier et d'enseigner chrétiennement et utilement la grammaire ou les langues* de 1690[1].

> *Si on admire et si on conserve chèrement les médailles anciennes, ou les pièces de monnaie, qui gardent après tant de siècles l'image des anciens Princes, il y a encore certainement plus de sujet d'estimer ces termes antiques, mais d'une antiquité tout autre que celle des médailles. Quoiqu'ils soient d'une matière incomparablement plus fragile, ils conservent néanmoins jusqu'à présent, les traces d'une langue, qui n'est guère moins ancienne que le monde.*

Les livres brûlent ou se perdent «par cent autres événements funestes». «Les monuments de marbre et de bronze périssent». Mais les mots, «et en particulier les anthroponymes», «par la transfusion qui s'en est fait des uns aux autres, et de siècle en siècle, subsistent et subsisteront jusqu'à la fin du monde».

Vingt ans plus tard, Edward Lhuyd ou Llwyd publiera sa *Glossography,* premier volume, seul paru, de la grande *Archaeologia Britannica* qu'avait conçu d'écrire celui que les spécialistes considèrent comme l'un des plus remar-

---

[1] THOMASSIN 1693, p. 55; cité par VANWELKENHUYZEN 2000, p. 105.

quables antiquaires de l'âge «pré-scientifique»[2]. On cite comme un modèle son examen de la tombe mégalithique de New Grange, découverte en 1699 au nord de Dublin. Quant à l'œuvre linguistique de Lhuyd, que V. Tourneur qualifiait déjà de «fondateur de la philologie celtique comparée», elle a été caractérisée comme suit par S. Piggott:

> *Ce premier volume, fournissant les vocabulaires et grammaires de l'irlandais, du gallois, du cornique et du breton, accompagnés d'une pénétrante analyse de leurs relations, constituait une œuvre de philologie comparée d'un si étonnant éclat qu'elle plaça d'un coup ce type d'études sur des fondations qui ne devaient s'établir qu'à partir des années 1850, avec la linguistique moderne...*

Si ces deux exemples paraissent symboliser de manière particulièrement nette la convergence des disciplines en question, leur mise en contexte jette une ombre sur leur valeur significative et révèle une certaine ambiguïté. On a vu que Thomassin, affrontant le problème du nom de Belenus, ne pouvait remonter à l'hébreu *halal* qu'au prix d'acrobaties phonétiques dignes des débuts de la Renaissance, *halal* et *helios* se changeant en *selenê* et en *luna* avant d'aboutir à l'Apollon gaulois. Quant à la *Glossography,* rapporte le *Dictionary of national biography,* elle déçut pas mal de souscripteurs qui ne s'attendaient pas à tant d'austère science des langues. Le moment n'était pas trop bien choisi, en effet, pour s'attacher des lecteurs qu'intéressaient plus largement et directement les révélations de Hobbes et de Locke sur le pouvoir des mots à «calculer» le réel et sur les illusions induites par une utilisation naïve de la parole quotidienne[3]. Si les distances chronologiques sont égales, l'ouvrage de Thomassin semble bien plus proche du monogénétisme totalisant de Georges Cruciger (1616) ou Christophe Crinesius (1629), partisans de l'hébreu langue-mère, que de l'*archéologue universel* ou de la *métaphysique étymologique* dont rêvent les contemporains du président de Brosses et de Turgot. Au

---

[2] DANIEL 1981, p. 27; PIGGOTT 1989, p. 30-31 et 116.
[3] HASSLER 1992, 119-21.

reste, le passage de l'ancien adamisme au primitivisme reconstructeur de racines expressives, éventuellement teinté de celto-germanisme, ne s'étend pas nécessairement sur une si longue durée. Il se concentre tout entier, comme on l'a vu, chez Leibniz et son disciple Eckhart, au moment même où écrivent Thomassin et Lhuyd.

La tension reste entière, chez Leibniz, entre la fidélité au «dogme» – bien que celui de l'antiquité suprême de l'hébreu n'est soit pas un, strictement parlant – et l'exigence, imposée par Locke, d'un retour inductif et rationnel à la construction des premiers mots. Pour y répondre, le philosophe allemand échaufaudera la plus harmonique conception du signe, nœud multiple du *consensus* qui fixe le sens commun, la signification établie par la *communication*, et l'*habitus* qui fixe la culture particulière d'une communauté donnée dans son langage[4]. Toute langue est à la fois témoignage de vérité chrétienne et reflet d'histoire, souvenir des temps bibliques et chronique de l'évolution de l'humanité. Quand Thomassin définit les mots comme des «médailles» nous permettant de rejoindre Adam et d'imaginer l'état originel du monde, il se situe aussi à égale distance de Hobbes, pour qui toute humanité naît avec la conquête du système symbolique (*De la nature humaine*, 1650), et de Vico, qui déchiffre dans les vocabulaires et noms des dieux les systèmes mentaux et sociaux des anciennes civilisations.

1. UNE CONTRUCTION LINGUISTIQUE EUROPÉENNE

L'œuvre même de Thomassin illustre parfaitement, on l'a montré ailleurs, le glissement qui s'opère, pendant tout l'âge classique, du paradigme mono-hébraïque à une généalogie linguistique laïcisée et largement dominée par les prétentions celto-germaniques. Le bon Père réussit assez bien à concilier les modèles concurrents. Le plus souvent, la compétition est rude et obstinée. Comme l'a montré M. Olender, elle culmine

---

[4] DROIXHE 1996 et 1998.

au XIXᵉ siècle avec la grammaire comparée indo-germanique, où elle prend la forme de l'affrontement moderne entre Sémites et Aryens. En France, les ambitions patriotiques des celtomaniaques, depuis Jacques Le Brigant, La Tour d'Auvergne et Bacon-Tacon, invitent plutôt à rire.

> *En 1715, relate Dom Martin, un sieur Héribel exhuma aux environs de Bayeux, plusieurs vases d'argile, pleins d'ossements – et conclut (d'après la tradition et des autorités évanouies) que cet endroit, une nécropole, était le mont Faunus, où l'on a enterré le Veau d'or.*

Ainsi Flaubert plaisante-t-il dans *Bouvard et Pécuchet* ce qu'A. Schnapp a appelé un « impossible mariage » entre l'héritage judéo-chrétien et l'archéologie nationale[5]. Ce déchirement a produit en termes linguistiques une nouvelle image de l'Occident dont on a longuement montré l'affranchissement à l'égard de la tutelle hébraïque. On illustrerait sans peine la poursuite de cette émancipation au XVIIIᵉ siècle, sur le double plan des croyances religieuses et de la comparaison des langues.

> *Comptons parmi les folies de l'esprit humain, l'idée qu'on a eu de nos jours de faire descendre les Celtes des Hébreux. Ils sacrifiaient des hommes, dit-on, parce que* Jephté *avait immolé sa fille. Les druïdes étaient vêtus de blanc pour imiter les prêtres des Juifs; ils avaient comme eux un grand pontife. Leurs druïdesses sont des images de la sœur de* Moïse *et de* Débora. *Le pauvre qu'on nourrissait à Marseille, et qu'on immolait couronné de fleurs, et chargé de malédictions, avait pour origine le* bouc émissaire. *On va jusqu'à trouver de la ressemblance entre trois ou quatre mots celtiques et hébraïques qu'on prononce également mal; et on en conclut que les Juifs, et les nations des Celtes sont la même famille.*

On aura reconnu le ton voltairien de la diatribe[6]. L'arche d'alliance du celtique et des langues d'Orient venait d'être

---

[5] SCHNAPP 1993, p. 121 sv.; SCHNAPP 1998, p. 143 sv.
[6] VOLTAIRE 1771 sv., 8, p. 185-86: *Essais sur les mœurs, Avant-propos, Gaule barbare;* VOLTAIRE 1990, 1, p. 199.

« scientifiquement » consacrée par la parution, en 1752, du *Dictionnaire de la langue bretonne* de dom Louis Le Pelletier. En préface, dom Taillandier s'était fait l'écho des doctes travaux menés à l'Académie de Berlin par Johann Peter Süssmilch, auteur de *Réflexions sur la convenance de la langue celtique avec celles de l'Orient* (1745). Le principe d'une secrète parenté ne séduisit pas moins les encyclopédistes Beauzée et Douchet, dans l'article *Langue* du dictionnaire. Jacques Le Brigant pouvait donc s'autoriser des décrets de la Raison pour désigner dans le « hanscrit » une voie d'accès à la *Langue primitive retrouvée*, ouvrage dont il donne en 1767 le prospectus, avant que celle-ci ne soit clairement nommée dans ses *Elémens de la langue des Celtes Gomérites ou Bretons,* sous-titré *Introduction à cette langue et par elles à celles de tous les peuples connus* (1779). Ce type de rapprochement fleurira aux XIXe et XXe siècles dans la « linguistique fantastique » et la « myth(étym)ologie » chère au Queneau des *Enfants du limon*. Adrien Timmermans trouve la même « logique enjouée » dans « le français familier au fond toujours gaulois » et la « langue sacrée des Indes » (*L'argot parisien, études d'étymologie comparée,* 1892; *Etymologies comparées,* 1896)[7].

Les conjectures sur Nehalennia ont remis en évidence une étape importante de la préfiguration du « mythe indo-européen ». L'essai de Marc Zuer Boxhorn de 1647 dessine en pointillé le chemin persan de la découverte du sanskrit, qu'empruntera encore William Jones, et trouve un écho iranien jusque dans l'appellation zélandaise du portefaix. Mais son exaltation de la racine primitive *a* pour signifier « l'eau » et l'examen d'autres termes bataves ont fait apparaître beaucoup plus confuse la notion de prototype européen. Celui-ci se déplace vers l'horizon hybride des « Illyriens, Croates, Dalmates, Hongrois » et surtout « Tartares », anéantissant la promesse comparative de l'hypothèse. Leibniz suivra le même parcours, de la définition progressive et méthodique d'un prototype occidental spécifique à sa dispersion dans un songe d'unité planétaire. Le projet de la « caractéristique uni-

---

[7] Cf. NICOLAS 1977, p. 250; DROIXHE 1990b.

verselle» à inventer se réfugie en partie dans la quête des caractères manifestant l'origine commune.

La construction d'une Europe linguistique fut constamment sollicitée par la tentation d'un élargissement vers les sources de l'histoire humaine. Teutates-Mercure se trouve d'emblée rapproché de l'égyptien Thot chez Giraldi, fondateur de l'archive sur les dieux gaulois. Relativement dégagé du cadre biblique, Vossius, virtuose de la phonétique historique, associe Belenus et l'assyrien Baal, en cédant à l'influence de Selden et de ses *Dieux syriens,* qui marqueront aussi Bochart et Pierre Borel. Dans le monde germanique, la rengaine de l'origine orientale va permettre à Reinesius, Braun et Galle d'apporter une sorte de «restauration d'orthodoxie», face à la montée de l'hypothèse scythique.

Celle-ci exerce-t-elle une influence plus large sur la pensée classique et particulièrement sur la conception de l'histoire humaine? On sait que le dogme de la création, associé à la théorie des idées innées, empêchait d'envisager sur un temps très long une formation progressive de l'esprit et des caractères propres à l'homme. La fameuse chronologie de l'évêque Ussher, qui faisait remonter à 4004 avant notre ère la création de la terre, hypothéquait la notion même de «préhistoire»[8]. Que Vossius ait porté ce chiffre à 5400, en se fondant sur les Septante plutôt que sur le texte hébreu, n'est peut-être pas ici indifférent. On a souvent montré comment ces chronologies furent remises en cause, à partir du milieu du XVIIe siècle, par le pré-adamisme d'Isaac de La Peyrère, pour qui le récit de la Genèse ne concerne que le Proche-Orient et les Hébreux, d'autres Adam ayant peuplé auparavant le reste de la terre. La recherche d'une origine européenne commune et spécifique tendait aussi à détacher l'Occident de l'Orient sacré. Elle spécifiait pour ainsi dire

---

[8] DANIEL / RENFREW 1988, p. 9 sv., 1. «The Fog and the Flood». On sait que la datation était même précisée, notamment par John Lightfoot (*Quelques observations nouvelles sur le livre de la Genèse,* 1642): «l'homme aurait été créé par la Trinité le 23 octobre 4004, à neuf heures du matin» (reconstitution où se fait peut-être, ajoute G. Daniel, sentir l'influence du calendrier académique familier à ce vice-chancelier de Cambridge).

l'éclatement géographique dû à La Peyrère: ce n'est peut-être pas un hasard si Georges Horn, le disciple préféré de Boxhorn, est dit avoir sombré dans les délires d'une secte acquise à la théorie pré-adamitique. Comment une multiplication indéfinie des centres «d'invention de l'humanité», au départ liée à la désacralisation épicurienne de l'origine des langues, se muera en polygénisme raciste constitue un autre chapitre de l'histoire des rapports entre linguistique et anthropologie. Il est en tout cas remarquable, ainsi que l'a montré P. Gossiaux, que le modèle adamique chrétien ait entretenu longtemps le principe égalitaire de l'origine commune, de Benjamin Constant à von Humboldt et de Blumenbach à Prichard[9].

Boxhorn, en dépit des égarements où versa son hypothèse générale, donne le ton des progrès techniques accomplis par les philologues du siècle, en matière d'étymologie des noms de dieux. Il puise ses arguments dans de «vieux *Règlements de droit maritime*» ou «d'anciennes histoires manuscrites des évêques d'Utrecht». Chez d'autres, la documentation linguistique s'alimente aux lois barbares et aux chroniques du haut moyen âge. On exhume toute une littérature en «latin barbare» dont les formes archaïques sont cataloguées par Spelman, Vossius, Ménage, Du Cange, Adrien de Valois, fondateur de la toponymie moderne, et bien d'autres. Le XVIIIe siècle pourra donner l'impression que le savoir ainsi accumulé s'est perdu ou dévoyé avec les Lumières. Mais une philologie plus discrète, qui sera occultée par l'éclat de la grammaire comparée de l'âge romantique, constitue des relais d'information, surtout en Allemagne et en Scandinavie. Tels sont le *Glossaire germanique* de Jean Georges Wachter (1737) ou le *Glossaire suiogothique* c'est-à-dire «suédois-gothique» de Jean Ihre (1769). Des synthèses aujourd'hui totalement oubliées, comme le *Synopsis de philologie universelle* de Godefroid Hensel de 1741, entretiennent utilement la recherche sur *l'harmonie occultée des langues de toute la terre*[10]. Le président de Brosses lui-même

---

[9] GOSSIAUX 1993, p. 366.
[10] DROIXHE 1989b.

n'est pas réductible au fameux *Traité de la formation méchanique des langues* de 1765 : il faut y joindre, sur un versant plus proprement historique, l'*Essai de géographie étymologique sur les noms donnés aux peuples scythes anciens et modernes* de 1773.

2. MÉMOIRES DU TERRAIN

Le P. Thomassin exaltait en 1690 la mémoire du passé que conservent les mots, quand ils sont correctement reconduits à l'hébreu, « et en particulier les anthroponymes ». Il désignait ainsi sur le mode fantastique le progrès bien réel accompli de son temps par un type d'étude qui n'est pas souvent pris en compte par l'histoire des sciences du langage. La conquête de l'intelligibilité onomastique se prête mal à la théorisation ou à l'inscription épistémologique. Faite de continuité plus que de rupture, d'additions et de corrections ponctuelles, voire pointillistes, plus que profonds changements d'angle, la toponymie mérite spécialement qu'on récapitule ici quelques-uns de ses acquis.

Notre parcours a fourni maints exemples de la manière dont connaissance des antiquités, travail de terrain et interrogation sur les noms de lieu s'épaulent dans l'explication, plus ou moins de réussie ou sérieuse, des noms d'*Arles, Chartres, Evry, Metz, Montmartre* ou *Fraise, Velia* et *Vérone* en Italie, *Maldon* en Angleterre ou *Roompoot* en Hollande. Le légendaire et le religieux y gouvernent pour une large part l'interprétation. On a vu comment le périple côtier d'Ulysse fut restitué à partir des toponymes qui perpétuent son nom ou lui sont associés : les localités andalouses d'*Ulisi* et *Oducia,* les zélandaises *Vlissingen* (Flessingue) et *Zierickzee* « Circé », les flamandes *Lissewege* et *Vlissegem,* qui rappellent son « chemin » et son « temple ». *Asburg, Ascelburg, Essenberg,* etc. se disputent l'honneur de conserver le souvenir de l'*Asciburgius* mentionné par Tacite, ainsi que de l'outre, *askos,* donnée à Eole. Entre Alsace et Lorraine, *Framont,* où furent exhumées plusieurs représentations d'un Mercure sans sexe, typique de la

Gaule, prétend remonter à Pharamond[11]. Mais l'interprétation laisse sceptique un Montfaucon, quand il est plus raisonnable de supposer un *ferratus mons,* abondant en fer. «Ces sortes d'étymologies sont ordinairement fort incertaines».

Le rapport entre religion et toponymie devient plus étroit encore, voire circulaire, dans le cas où sont allégués des divinités ou des surnoms «topiques». Le nom du dieu renvoie au lieu et en atteste la forme et l'existence anciennes dans le type représenté par les matrones *Vacallinées, Rumanées, Aufanées*. On dérivera de même, plus tard, la Marne de *Matrona*, la «déesse-mère», Divonne de *Deva* « la divine», l'Eure de *Ura,* etc.[12] La toponymie moderne ambitionnera quelquefois de dépasser ce stade d'identification par une référence à la nature du terrain, de sorte qu'il devient incertain si le nom du lieu vient du dieu ou l'inverse. L'âge classique connaît l'épithète de *Vintius* appliquée à Pollux ou à Mars. Dans son traité sur *Les autels de quelques dieux inconnus et obscurs* de 1676, Jacob Spon y discerne le nom de Vence, l'ancienne et importante *Vintium* des Gallo-Romains, dans les Alpes-maritimes[13]. L'hypothèse d'une désignation de la ville à partir d'une «divinité locale» est encore considérée aujourd'hui. Mais d'autres spécialistes lui préfèrent l'explication par un pré-celtique **ven-, *vin-, *vin-t* signifiant «hauteur, montagne», *Vence* pouvant s'inscrire dans une série qui comprend *Vénasque, Venanson, Venterol, Ventabren, Ventavon,* etc. Une considération plus systématique du thème et l'enrichissement de la documentation interviennent essentiellement dans le choix. Le même «progrès» rend compte de la différence d'interprétation concernant les *nymphes Griselicae*. Jacob Spon rapporte leur nom à celui de Gréoux-les-Bains, dans la vallée du Verdon. Il est bien naturel qu'on honore de telles divinités dans une cité thermale. L'érudit peut-il s'avancer davantage? Les philologues ultérieurs s'appuieront à nouveau sur d'autres toponymes –

---

[11] BEAUNE 1985, p. 265-66, 276-77, etc.
[12] DUVAL 1993, p. 59 sv.
[13] SPON 1676, p. 31, n° 15. Cf. DUVAL 1993, p. 72.

Grès, Grèzes, etc. – pour repousser l'origine du mot vers le fameux pré-latin **car, *gar* désignant la «roche»[14].

Ce «comparatisme toponymique» se manifeste ici et là chez nos auteurs. Un des surnoms de Jupiter en fournit un exemple. Le monastère savoyard de Mont-Joux, dans le Grand-Saint-Bernard, conservait depuis longtemps une statue du dieu. Lui faisait pendant, à Colonne-Joux, dans le Petit-Saint-Bernard, un pilier portant une sorte d'escarboucle que les anciens «croyoient estre l'œil de Jupiter», comme dit Roland Viot dans son *Miroir de toute saincteté, en la vie du sainct merveilleux Bernard de Menton* (1627, voir reproductions)[15]. Il ne fallut pas beaucoup d'imagination pour dériver la forme *Joux* de Jupiter. Celui-ci, note Jacob Spon était également honoré sous le surnom de *Poeninus* dans les Alpes, qui se disent «en germanique *Alpen*», appelées d'*Alpes Penninae* par les Anciens. Comme les *Apennins,* ces mots, conclut Spon, renvoient à une même racine *pen* signifiant «sommet, tête»[16]. L'intérêt de la conjecture réside peut-être, plus encore que dans ces rapprochements généraux, dans une investigation tendant à se diriger vers des lieux-dits particuliers, vers des sites locaux investis par l'archéologie. On envisagera ici

> *le bourg appelé* Penna*, situé sur une haute colline des environs de Die, et le village de* Penes *non loin de Marseille, également placé sur une éminence où ont été trouvés des monuments antiques.*

La toponymie moderne y ajoutera divers *Penne(s), La Penne,* etc., ainsi que les «nombreux hameaux et lieux-dits, surtout en Provence», que l'on fait aujourd'hui remonter au pré-latin et peut-être ligure *penna* «hauteur rocheuse»[17]. On a vu comment Leibniz revendiquera aussi pour l'allemand cette racine puisqu'on la reconnaît dans *Pfinsdag* ancien nom du «jeudi», jour de Jupiter.

---

[14] SPON 1676, p. 24, n° 11. Cf. DAUZAT / ROSTAING 1963, s. v° *Graix.*
[15] VIOT 1627, p. 149 sv. et 157-58.
[16] SPON 1676, p. 22-24, n° 10.
[17] DAUZAT / ROSTAING 1963, s v° *Pannes.*

La toponymie apprend ainsi de l'archéologie le souci d'une exploration de plus en plus détaillée du terrain, dans une vivante synthèse de ce que la philologie allemande appellera « les mots et les choses ». Il faut connaître la rue du Fresne à Autun, et les caractères attribués à l'arbre, pour accréditer l'hypothèse d'une référence à Apollon. Il faut aller voir ce que les vieux textes disent de la « Guillotiere » de Lyon pour récuser la vaine hypothèse d'une allusion à la cueillette druidique du gui. La critique des formes toponymiques anciennes ramène souvent à la banalité du quotidien, loin des mythes distingués. Le Père Ménestrier montre qu'*Ainay,* dont l'église porte un bas-relief si évocateur des déesses mères, ne doit rien à l'antique *Athénée* que se plaisent à évoquer les pédants de collège. Si l'on ajoute à cette critique la patiente lecture des premiers monuments de la monarchie française, qu'entreprend Adrien de Valois en vue de son *Gesta Francorum* de 1646-58, on peut espérer qu'apparaisse un grand traité toponymique parachevant l'immense travail de la Renaissance et de l'âge classique – et ouvrant en quelque sorte l'ère d'une science moderne des noms de lieux en France. N'hésitons pas à qualifier ainsi la *Notitia Galliarum* qu'Adrien de Valois, historiographe de Louis XIV, donne à Paris en 1675, en un in-folio de plus de six cents pages. Cet ouvrage pionnier en matière de « géographie historique »[18] occupe – ou plutôt devrait occuper – avec le *Glossaire* de Du Cange, paru trois ans plus tard, une place éminente dans les histoires de la linguistique romane.

3. PENSÉE SAUVAGE ET PENSÉE DE LA LANGUE

L'érudition classique fait aussi l'expérience, dans le même mouvement, de la richesse des réalités de la campagne. Elle exalte durablement le pittoresque du périphérique et du rural, le conservatisme du dialectal, dont Ménage souligne la capacité explicative en matière d'origines du français. Les

---

[18] POMIAN 1992, p. 67. Avant les travaux de d'Anville au siècle suivant.

recherches sur l'harmonie des langues et l'étymologie proposeront un utile contrepoint à la grammaire *générale et raisonnée,* qui traite d'abord et parfois exclusivement des caractères communs consacrés par la norme citadine. Leur approche inductive du général, voire de l'universel, annonce et conditionne la méthode de Leibniz, quand elles identifient des « racines primitives » liées à des réalités élémentaires, comme le son *a* évoquant l'eau : mimesis qui se dévoile notamment dans les toponymes et leurs suffixes en *-ach, -ac.*

En un sens, qui n'est pas sans paradoxe apparent, ces recherches mettent en œuvre, par rapport au XVIIIe siècle, une autre conception du *commun.* La grammaire générale issue de Port-Royal et de la révolution lockienne traite d'un matériau forgé par la centralisation politique et courtisane. Son modèle de référence est d'abord le français classique des classes supérieures : un appareil symbolique qui se donne comme héritage à conserver et à reproduire, mais aussi, à partir de la mutation sensualiste, comme outil accessible à tous puisqu'il se construit sur la table rase de l'esprit. Telle est la formidable refondation du pouvoir expressif accomplie par Locke et Condillac. Elle crédite chacun d'une capacité de participation au « progrès de l'esprit humain » par le mirage d'une acquisition égalitaire des signes. Mais l'âge classique, qui accorde la priorité aux choses sur les mots, met une distance nette entre le pouvoir qu'on peut exercer sur celles-ci et la maîtrise de leurs simulacres instrumentaux. Quand Malebranche pousse vers sa limite la théorie cartésienne de la parole et réduit celle-ci à un « signal en Dieu » dépourvu de signification propre, autonome, il réagit d'avance à la fabrique de la conception sensualiste telle qu'elle s'élabore notamment chez Hobbes. L'homme peut s'imaginer qu'il converse et que « dire, c'est faire », mais l'autorité qui active ces paroles est ailleurs. L'homme ordinaire, en particulier, doit savoir que son pouvoir d'expression n'est rien sans la référence à une instance supérieure – qui revêt dans la société la forme concrète de la norme parisienne. Cette capacité d'expression avait pris à la Renaissance un caractère jubilatoire d'invention et de liberté : créativité constitutive d'une culture populaire bien présente dans l'investigation étymologique de l'âge classique.

Ceci est notamment apparu dans la manière dont l'étymologie utilise, chez Leibniz et Eckhart, les noms des mois et des jours ainsi que la désignation des fêtes calendaires, selon les cultures. Juste Lipse en fournit une autre illustration, exemplaire de justesse philologique. Sa grande édition des œuvres de Tacite mentionne le témoignage de Paul Diacre concernant le culte de *Wotan*, «le Mercure des Romains»[19]. Lipse «lirait plutôt, quant à lui, *Wondam*, ou *Wonstam*». En effet, le jour consacré à ce dieu germanique, correspondant au *mercredi* latin, «jour de Mercure», «se disait chez nos ancêtres *Wonstdach*» – néerlandais moderne *woensdag*, anglais *Wednesday*.

Ce qu'apporteront Leibniz et Eckhart par rapport à l'humanisme traditionnel réside dans le déchiffrement d'une logique des cultures tenant compte de la dynamique même des mots qui les expriment. Le lexique ne devient empreinte ou miroir d'un état mental collectif que parce qu'il participe à la constitution de celui-ci. Le paradigme cartésien ne conçoit les formes archaïques de la religion que comme des altérations passives de l'archétype judéo-chrétien, ou des brouillons subordonnés à la Révélation[20]. Que ces formes constituent un système discursif relativement spécifique ou autonome, fondé sur des «universaux fantastiques» éventuellement convergents, sera réservé à la pensée de Vico et à celle des Lumières[21]. L'émergence de cette idée de «discours du mythe» est aussi apparue chez Eckhart, à propos de l'étymologie des dieux Cernunnos et Taranis. Le premier, Bacchus gaulois, tiendrait son nom de la cervoise, qui se disait *bvvch*, si proche du celtique *bock* «bouc» qu'on a choisi cet animal comme victime à lui sacrifier, et non parce qu'il broute la vigne. A côté de la logique de la contiguïté, celle de

---

[19] TACITE 1585, *Ad libros historiarum notae*, p. 34.. L'éd. plantinienne de 1581 (J 13574) n'a pas de notes.

[20] GRELL 1992.

[21] Sur les trois règles primordiales définissant le «monde civil» de Vico – religion (pour réfréner les pulsions de la nature), mariage (avec prohibition de l'inceste) et ensevelissement des morts (avec abandon du nomadisme, pour «garder» ceux-ci, d'où l'apparition de l'élevage et de l'agriculture) – cf. GOSSIAUX 1993, p. 334.

la conformité assimile *Taranis,* qui frappe avec le tonnerre, au *taurus* qui frappe du sabot. Ce que l'abbé Pluche appellera « l'histoire du ciel » réduit les figures du panthéon barbare à un lexique de l'environnement familier.

A. Laming-Emperaire a marqué la consécration que cette naissante « ethno-linguistique du quotidien » trouvera dans l'*Encyclopédie*[22]. L'intérêt pour les arts et métiers « est symptomatique d'une nouvelle attitude d'esprit qui ne tend rien moins qu'à détrôner la Raison, l'Art, le Texte, au profit de réalités jusqu'ici négligées ».

> *Cette nouvelle tendance est l'amorce d'une science de l'homme qui ne sera plus fondée sur les activités nobles et raisonnables de l'être humain, préoccupation essentielle de l'historien, mais sur ces activités « inférieures » qui forment une grande part des préoccupations de l'ethnologue. Sur le plan de l'archéologie, c'est une première invitation à ramasser et à étudier des vestiges dont jusqu'ici on avait totalement négligé l'existence, et à s'intéresser aux techniques des temps passés.*

4. TEXTE, OBJET, ORALITÉ

Tout ceci suggère un rapprochement avec la question de l'émergence de l'archéologie. On a dit que sous sa forme ancienne déjà, lorsqu'il n'était encore question que d'*antiquairianisme,* la discipline comportait « une difficulté de compréhension pour une culture érudite qui basait seulement sur des sources littéraires sa connaissance de l'Antiquité »[23]. Il s'agira d'affranchir l'objet du texte, d'affirmer l'indépendance de l'étude du premier, de poser la nécessité de méthodes propres au déchiffrement du « document sur pierre ».

A. Schnapp a montré comment ce mouvement intellectuel de libération traverse par exemple l'archéologie suédoise des XVIe et XVIIe siècles[24]. La relation de l'écrit et de l'objet s'y

---

[22] LAMING-EMPERAIRE 1964, p. 76.
[23] PIGGOTT 1989, p. 25.
[24] SCHNAPP 1998, p. 188 sv., que l'on suit ici.

inverse progressivement. «Faire de l'histoire ne consiste plus à interpréter des textes antiques, mais à partir des monuments pour utiliser ensuite, et seulement ensuite, la tradition». «L'exploration du sol est un voyage dans le temps. Pour l'entreprendre, nul besoin de sources latines ou grecques, mais il faut disposer d'une inclination d'esprit curieuse, d'un œil aux aguets, d'un goût certain pour le paysage et le dessin». Si pareille exploration constitue un exercice historique en soi, elle ne prend véritablement son sens que dans le cadre d'une «mémoire globale» associant de façon exemplaire mots et choses. Linguistique et archéologie apparaissent «indissolublement unies» dès les premiers travaux sur les runes, chez Olaus et Johan Magnus, à partir du milieu du XVIe siècle. Johan Bure, qui conduit «la première des entreprises d'archéologie professionnelle» de l'histoire et enregistre – résultat «stupéfiant» – «un quart des inscriptions actuellement connues sur le territoire de la Suède» (Schnapp), donne à l'enquête son prolongement philologique naturel en publiant en 1636 un *Spécimen de l'ancienne langue scandinave* qui constituerait la première description grammaticale et syntaxique d'une vieille langue germanique. Au Danemark, qui dispute à la Suède l'héritage des Goths, Olaus Worm, grand humaniste européen en contact avec tout ce qui compte dans la Renaissance finissante, de Peiresc à Gassendi et La Peyrère, établit le programme d'une reconstruction totale du passé national. Textes et objets ne s'y présentent plus, ainsi que le note aussi A. Schnapp, comme fragments épars d'un monde disparu mais forment «un système intelligible» restituant «des pratiques, des comportements qui nous transportent au cœur des sociétés du passé». On y admire l'achèvement d'une «étude fonctionnelle qui tire parti de la tradition orale (saga, toponymie) tout autant que des techniques du relevé».

Soulignons l'ampleur institutionnelle prise ici par l'enquête linguistique, à côté du travail archéologique. Ayant évalué les ressources de l'islandais pour le comparatisme germanique, Worm tint sur les fonts baptismaux la *Société des savants danois et islandais*. S'y distinguèrent une pléiade de grammairiens dont on retiendra pour notre propos Runolfus Jonas – un des auteurs ayant permis à Jean Georges Keysler de rattacher le nom de Nehalennia au monstre marin *nikur*. « Tradition orale », folklore et étymologie collaboraient, là encore, de manière décisive à la reconstitution d'une mentalité.

La France montre-t-elle une évolution analogue ? On peut partir de la situation telle qu'elle se présente chez Claude Fauchet, à la fin du XVIe siècle[25]. Les *Antiquitez et histoires gauloises et françoises* de 1611, note A. Laming-Emperaire, montrent un « important travail d'érudition » mais qui « reste entièrement fondé sur les textes des auteurs anciens », de sorte qu'on « ne peut encore à son sujet parler d'archéologie ». Elle observe par ailleurs de façon tout à fait appropriée que Fauchet, « le premier à chercher, à retrouver et à analyser les origines de notre langue », « refuse d'ailleurs de s'occuper de la première langue des hommes, dont le temps a fait disparaître toute trace ». L'historicisme est d'emblée lié à la « forclusion » positiviste de la question génétique. Peiresc, « fondateur de la science archéologique en France », offre une seconde étape. Mais pour lui, « comme pour ses prédécesseurs, les vestiges antiques se présentent essentiellement comme un commentaire des textes anciens », même si l'antiquaire provençal tranche sur ses confrères français par l'intérêt qu'il porte à la fouille et au relevé des monuments sur site[26]. Aux collectionneurs n'ayant en vue que « la garniture de leurs armoires », il oppose « ceux qui recherchent les antiquités, les étudient et les publient pour éclairer par elles la lecture des bons auteurs, pour illustrer les circonstances de l'histoire et pour mieux graver dans les esprits les personnages, leurs faits et les grands événements ». Par ailleurs, Peiresc effectue sur le versant linguistique un travail remarquable, même s'il est quelque peu exagéré d'écrire qu'il a cherché « à discerner les racines communes, comme s'il pressentait les découvertes magnifiques que feront plus tard les Bopp, les Bréal, les Meillet »[27]. Une lettre à Saumaise de 1634 le montre vivement intéressé par cette « langue scy-

---

[25] LAMING-EMPERAIRE 1964, p. 60 sv.
[26] SCHNAPP 1998, p. 156 sv. et 188.
[27] GAIGNEBET 1981, p. 24.

tique » où se dévoilent de « belles et anciennes origines », des racines « communes à tant de grandes nations »[28]. Les parlers européens les plus archaïques – le basque, le bas-breton, le gallois, le wallon ! – fournissent « des témoins du temps des siècles antérieurs à toute l'Histoire qui en peut avoir été écrite ». L'étude de ces vestiges oraux se présente en somme comme une archéologie du préhistorique plus ou moins libérée de la référence textuelle.

Les Français, conclut Schnapp, « sont plus des hommes de cabinets attachés à cataloguer les pierres de foudre, les monnaies et les inscriptions qu'à parcourir les campagnes ». L'histoire y « reste dominée par le modèle de l'écrit qui apparaît clairement dans toute la littérature concernant les Gaulois ». Quand il s'agit de trouver en eux des préfigurations du type et de l'Etat nationaux, quand on leur demande de dire « s'ils sont Germains ou Romains, catholiques ou protestants, royalistes ou républicains, les antiquités sont moins suggestives que les textes ».

L'irréfutable authenticité du vestige de pierre ou de métal, contrastant avec la fragilité du témoignage sur papier, prend une importance nouvelle chez Jacob Spon, maintes fois rencontré ici, Un « demy sçavant », dit-il, demandera : « pourquoy tant de peine à rechercher l'Histoire ancienne sur des Marbres rompus, ou des pierres à demy effacées, si nous pouvons l'apprendre par le moyen des livres » ? L'antiquaire montrerait facilement que les grands philologues du passé « n'avoient pas acquis le fonds de leur sciences par le secours des livres seulement », mais qu'ils « y ont joint les Inscriptions, les Médailles, les Manuscripts, les Gravures antiques, et enfin tous les Moyens dont l'Antiquité s'est servy pour faire connaître son Histoire à la Postérité ». L'épigraphie ne se présente pas encore explicitement comme le paradigme de ces divers « Moyens », mais sa capacité démonstrative, sa matérielle solidité sont exemplaires.

> *De plus, il n'est pas si aisé de supposer une Inscription antique, que de falsifier un Livre ou de luy donner un autre*

---

[28] DROIXHE 1988.

> *Autheur, que le véritable : et il faut une grande délicatesse d'esprit, pour reconnoître qu'une piece n'est pas d'un tel Autheur. Mais pour prononcer qu'une Inscription n'est pas antique, je ne croy pas qu'il y ait tant de Peine, pourveu qu'on s'y soit un peu étudié. La pierre que les Anciens choisissoient, la forme dont on les tailloit, et la figure exacte des lettres jointe à la profondeur qu'on leur donnoit, ne sont pas des choses faciles à imiter par des ouvriers ignorans*[29].

Malgré la manière plutôt critique dont A. Laming-Emperaire apprécie ce passage[30], comment ne pas y remarquer la potentialité que recèle l'appareil technique du plaidoyer ? Et comment ne pas imaginer son extension à un champ plus large, mais tout à fait connexe, que celui délimité par une archéologie de l'écrit ? La lecture de l'inscription, pour devenir témoignage véridique, requiert l'examen de la pierre utilisée, de sa « forme », de la « figure exacte des lettres », de leur « profondeur » et d'autres caractéristiques simplement esquissées. Outre « la manière de s'exprimer » et « l'orthographe », qui relèvent de la philologie,

> *les points eux-mêmes si vous voulez qui sont pour l'ordinaire plutôt triangulaires que ronds, peuvent découvrir les fourberies qu'on feroit en cette matiere, plus aisément qu'on ne fera celles d'un Livre ancien, dont tant de copies qui en ont été faites auront changé le sens, en copiant les fautes des autres, et en y ajoutant de nouvelles...*

---

[29] Reproduit par LAMING-EMPERAIRE 1964, p. 61-62, à qui l'on reprend également, ci-dessous, les citations de Montfaucon, p. 77-80.

[30] Elle juge que Spon continue de se concentrer sur les vestiges « qui représentent un témoignage conscient, volontaire de l'Antiquité, à ceux qui se rapprochent le plus des textes parce qu'ils nous transmettent directement une date comme les médailles, une pensée ou un nom comme les épitaphes ». Le travail antiquaire ainsi défini resterait prisonnier d'une histoire qui, selon la définition de Claude Lévi-Strauss, « organise ses données par rapport aux expressions conscientes », à la différence de l'ethnologie qui considère le même objet « par rapport aux conditions inconscientes de la vue sociale ». Cette archéologie ne s'intéresse « pas encore, ou à peine, à tout ce que les hommes ne songent pas habituellement à fixer sur la pierre ou le papier ».

CONCLUSION 233

On sent bien, ici, comment l'expérience de la philologie et de l'édition de textes stimule la critique du « texte sur pierre » – en projetant cette critique vers un autre type d'objet, dont sens et fonction peuvent être délivrés par une observation exacte de la « profondeur » ou de la « forme », « ronde » ou « triangulaire », des entailles. Dans son *Recueil d'antiquités* publié à partir de 1752, le comte de Caylus, chez qui l'on s'accorde à reconnaître une émancipation décisive du travail archéologique, expose la manière dont celui-ci peut établir des règles « aussi sûres que celles qui nous apprennent l'âge d'un manuscrit » : l'archéologie avoue allusivement son modèle philologique. Procédant à « l'inspection de plusieurs monumens rapprochés avec soin », on s'attachera « à étudier fidèlement l'esprit et la main de l'Artiste », « à le suivre dans l'exécution », à mettre sa production en rapport avec le « goût » du pays et du moment, jusqu'à reconnaître les subtiles différences de ce « goût », qui « peuvent être regardées comme des nuances très fines d'une même couleur ». Il advient en général, à ce prix, que « des yeux éclairés par le dessein, remarquent des différences considérables, où le commun des yeux ne voient qu'une ressemblance parfaite »[31].

De même que l'archéologie, passant du stade ancillaire de l'antiquairisme à l'indépendance, devra envisager avec une attention critique inédite la matière préhistorique et pour ainsi dire pré-textuelle, la linguistique, pour s'émanciper de la philologie, devra franchir le « mur du texte » et considérer d'un tout autre œil la matière du langage oral. On trouve par exemple cette nouvelle approche, purement théorique, chez Diderot, pour qui la langue opère d'abord en façonnant une matière sonore continue au sein de laquelle elle découpe des unités que l'on qualifiera plus tard de fonctionnelles[32]. De

---

[31] Sur Caylus et son traitement des antiquités gauloises (« pierre couverte » des environs de Saumur, « pierre levée » de Poitiers, alignements de Carnac), qui méritent autant d'attention que « les ouvrages des Aborigènes, des premiers Etrusques et des Sardes » malgré leur insigne « mauvais goût », cf. GRELL 1995, p. 759. et POMIAN 1992, p. 50-53.

[32] DROIXHE 1978, p. 187-88 ; HASSLER 1992, 125.

même que l'archéologue et surtout le préhistorien saura distinguer « des différences considérables » entre des artefacts « où le commun des yeux ne voient qu'une ressemblance parfaite », le philosophe du langage, écrit Diderot dans l'article *Encyclopédie* de l'*Encyclopédie,* prendra conscience des « nuances insensibles », des « différences surprenantes » qui séparent les manières d'articuler. Car « à parler avec la dernière exactitude, il n'y a peut-être pas dans toute la France deux hommes qui ayent absolument une même prononciation ; nous avons chacun la nôtre ».

L'intérêt pour le langage parlé et la matière orale s'est manifestée de manière désordonnée, voir contradictoire, dans les exercices d'étymologie considérés. Boxhorn, par exemple, va chercher dans le parler des soldats ou les dialectes non-écrits ce qui lui permettra de confirmer l'enseignement « d'anciennes histoires manuscrites ». Mais comme comparatiste, il paraît répugner à la reconstruction de formes prototypiques échappant au domaine du texte, malgré tout ce que suggère le brassage des analogies irano-européennes. Seul Saumaise, d'allure philologique plus libre, en tirera parti pour proposer les premières formes avec astérisque. Cluvier fut sans doute aussi un des premiers à prendre conscience, dans le domaine phonétique, de la valeur des « nuances insensibles » dont parlera Diderot. Il inaugure en tout cas, d'après ce qu'on a vu, l'enregistrement des variations phonétiques des noms du « tonnerre » et du « jeudi », de la Saxe à l'embouchure du Rhin et de la Flandre à la Suède. Au pays de Galles, le maître d'école John Greenhalgh pratiquera l'enquête sur le terrain pour aider Humphrey Prideaux à éclairer une inscription « presque effacée » déguisant le Taranis gaulois. Plus significatif encore : on sait comment Vossius corrige une cacographie en décelant dans un témoignage oral une erreur d'audition, une illusion phonique, à propos d'un nom du diable en saxon. Pithou avait soupçonné la faute, sur le plan textuel. Vossius fait en quelque sorte triompher celui de la parole vivante.

Ces références mettent en évidence les pays de langues germaniques. Que celles-ci n'aient pas produit une littérature équivalente à celle des Latins a pu ici jouer un rôle important. La situation n'a-t-elle pas poussé, presque mécaniquement, à promouvoir la face fugitive et la réalisation quotidienne du langage ? Les langues romanes étaient d'abord des héritières. Relativement coupés de leurs plus lointaines racines, allemand et flamand invitaient à exploiter plus librement et à explorer pleinement leur forme actuelle, sans la pression d'un modèle antique ou d'Etat. Ils ne connaissent ni Acte d'Union, ni Edit de Villers-Cotterêts. Le combat linguistique se concentre sur la reconnaissance du passé mythique. Van Gorp élève la bannière, avant que le déchiffrement de la Bible d'Ulphilas ne fournisse un aliment plus substantiel à la célébration des parlers «suéo-gothiques». Dans un climat de rupture avec Rome et son lourd passé, le modernisme protestant justifiait aussi que l'on s'intéresse activement à la réalité présente de la langue.

La philologie historique elle-même prenait ainsi un autre sens. On a vu comment le thème de la *Germania domitrix gentium* se reformule, de Cluvier à Schottel et Leibniz, en *Germania genitrix linguarum* par la vertu primitive et perpétuellement renaissante des racines «naturelles» de l'allemand. Cette philologie des origines n'apparaît plus comme travail de bénédictin sur une matière morte, comme peut l'être le rétablissement de la filiation entre français et latin, mais reconstruction d'un passé identitaire à partir du présent. Comme celui-ci doit souvent combler les lacunes de la documentation historique, l'imagination se donne libre cours, mais se dote aussi – contrepartie positive – de tous les moyens techniques de briser le silence germanique des temps anciens. D'une manière qui n'est pas sans recouper ce qui vient d'être dit, A. Schnapp a même pu postuler une différence, du côté de l'archéologie, entre une approche anglaise, immobilisée par le pittoresque de monuments «qu'on a du mal à dater et à interpréter», et une méthode scandinave liant davantage l'analyse archéologique et épigraphique au donné moderne d'un paysage susceptible de délivrer en partie le sens du vestige. «Si les antiquaires scandinaves sont allés plus vite et plus loin que leurs collègues européens, c'est qu'ils pouvaient appliquer leur savoir à un passé plus proche, dont ils ressentaient la continuité avec le présent»[33].

---

[33] SCHNAPP 1998, p. 182-83.

5. UN NOUVEL ÉTYMOLOGISME

Un autre élément, en France, a incontestablement conféré à la recherche philologique sur le panthéon des ancêtres un caractère particulier. Le P. Thomassin l'évoque quand il fait état du «mépris de quelques personnes pour les étymologies» (art. 12). Au même moment, le P. Besnier écrit assez cavalièrement, au début de son *Discours sur la science des étymologies* de 1694, que si Ménage l'a mis «de son autorité», et «sans son aveu», «au nombre des Etymologistes», c'est apparemment «pour ne pas se trouver le seul partisan d'une Science presque abandonnée parmi nous». Considérant le premier grand *Dictionnaire étymologique* du français, Madame Du Deffand invite à refermer illico «ce livre qui ennuie». Voltaire, qui fait rimer «Saumaise» avec «fadaises» dans le *Temple du goût,* imposa un bon ton accablant ceux qui, «le teint jauni, les yeux rouges et secs», «restituaient des passages» dans les vieux textes et «compilaient de gros volumes à propos d'un mot qu'ils n'entendaient pas»[34]. L'archéologie souffrit pareillement du mépris mondain. Au salon parisien de 1740 fut accrochée la peinture de Jean-Baptiste Chardin représentant le *Singe antiquaire*. L'animal, marionnette imitative dépourvue d'esprit et ébauche d'humanité, y considère à la loupe une monnaie, entouré de collections et de publications numismatiques. S. Piggott y a vu un symbole du discrédit qui frappe au XVIIIe siècle un travail historique essentiellement occupé à entasser de «petits faits», quand l'étude du passé, et particulièrement celle des «origines», doit servir à éclairer philosophiquement la nature humaine, pour l'améliorer[35].

L'historien anglais de l'archéologie ne dissimule du reste pas la crise analogue que traverse l'antiquairisme dans son pays. Le ridicule visant le *Dr. Fossile,* dans une pièce de John Gay de 1717, aurait attaché le mépris des gens d'esprit, des *Wits,* à ce type d'activité, abandonnée au *Virtuosi* occupés de

---

[34] VOLTAIRE 1961, p. 136-37.
[35] PIGGOTT 1989, p. 14-20, 136 sv., 151, etc.

« sèches et déplaisantes recherches »[36]. Géologie et paléontologie se seraient assoupies, à partir de là, jusqu'à la fin du siècle, les fameux travaux de Stukeley sur Stonehenge constituant un phénomène d'arrière-garde, décidément *old-fashioned and out-of-date* – ce qui vaut en Angleterre avis de décès.

Un certain scepticisme s'impose donc dans l'*Encyclopédie* à propos de l'étymologie des divinités celtiques – scepticisme modéré, il est vrai, par l'esprit de tolérance du chevalier de Jaucourt. La matière même, note d'emblée celui-ci à l'article *Gaulois,* est peu distincte: «On ignore jusqu'aux noms des dieux que se forgerent les *Gaulois...*»[37]. L'article qu'il consacre à *Nehalennia* se contente de laisser pendantes les hypothèses des différents auteurs: «les uns la prennent pour la lune ou la nouvelle lune»; d'autres, comme «M. Keysler dans ses antiquités septentrionales», «pour une des déesses meres»[38]. L'article *Belenus* fournit un exemple des manipulations cabbalistiques auxquelles a parfois donné lieu l'investigation[39].

> *Elias Schedius persuadé que le nom de* Belenus *étoit mystérieux, jusque dans les lettres qui le composent, les a considérées selon leur valeur dans les nombres (à la maniere des anciens Grecs, dont les caracteres étoient, dit-on, en usage parmi les Druides), et a trouvé qu'elles faisoient trois cens soixante-cinq jours; tems de la révolution du soleil autour de la terre.*

De Jaucourt se fait plus tranché quand il traite de dénomination même de *Gaulois.* Celle-ci vient-elle, comme le voulait Cluvier, du du celtique *gallen* ou *wallen* «qu'on dit encore en allemand» et «qui signifie *voyager*», parce que les Gaulois «sortirent de leur pays» et «s'emparerent d'une partie de la Germanie, de l'Italie et de la Grece»? Tel auteur

---

[36] Alexandre Gordon doit prendre la défense de celles-ci dans son *Itinerarium septentrionale* de 1726.
[37] *Encyclopédie* 1757, 7, p. 528-29.
[38] *Encyclopédie* 1765, 9, p. 85.
[39] *Encyclopédie* 1751, 2, p. 195.

plaidera plutôt pour le «cimbrique», un autre pour le «bas-breton», un autre pour une origine grecque. Bref: «Ceux qui ont cherché curieusement l'étymologie du mot, ont commencé par perdre leur tems et leurs peines».

L'*Encyclopédie* et la philosophie nouvelle, cependant, n'ont pas l'apanage de la méfiance pour l'étymologisme. On fait mine d'endosser celle-ci dans le sein même de l'institution perpétuant l'érudition à l'ancienne. Dans ses *Observations sur la religion des Gaulois,* soumises en 1747 à l'Académie des Inscriptions, Fréret rappelle que les «critiques modernes» en sont réduits à des suppositions fondées sur le langage en ce qui concerne certains dieux gaulois, et particulièrement «les trois principaux, *Taranis, Hésus* et *Teutates*»[40].

> *Plusieurs de ces conjectures peuvent, à la vérité, être confirmées par l'étymologie des noms gaulois de ces divinités, tirées des racines en usage dans les différentes dialectes de la langue celtique, qui se parlent encore aujourd'hui dans quelques cantons de la France et de l'Angleterre.*

Il n'en conclut pas moins: «quelque goût que j'aie pour ces sortes de spéculations, j'ai toujours été persuadé que les étymologies les plus heureuses et les plus naturelles ne pouvoient jamais rien établir». Ceci ne l'empêchera pas d'en proposer plusieurs, dans la discrétion d'une note de bas de page, à propos de Belenus, Taranis ou Teutates. On invoque ici *«Belyn* et *Melyn:* blond», d'où «le nom du roi *Cunobelinus* sur un médaille, *Rex flavus»*. Là, c'est l'idée d'Eckhart rattachant Taranis à une ultime «racine *Taro, Taraou* et *Torry,* frapper, briser», d'où *«Taran,* tonnerre, foudre», qui est reprise. C'est l'ombre de Camden qu'on aperçoit plutôt dans la laconique rattachement de Teutates à *«Teu, Taith»,* qui fait de lui le «dieu des chemins». Le recours obligé à l'histoire des mots se déploiera de manière plus frappante encore dans la dissertation de Fréret *Sur l'étymologie du nom des druides,* dont on retrouve les idées dans les *Observations*

---

[40] FRÉRET 1996, p. 253-54. Cf. BARRET-KRIEGEL 1988; VANWEL-KENHUYZEN 1995; GRELL 1995, passim.

sur la religion des Gaulois[41]. L'interprétation par le grec *drus* «chêne» doit évidemment être abandonnée. Les celtiques *dar, derou, derouen, dair,* etc., de même sens, n'expliquent pas le mot de façon plus satisfaisante. Fréret engage dès lors une hypothèse celtisante argumentée.

> *Il me semble qu'il doit avoir une origine qui ait plus de rapport à la principale fonction des druides, qui étoient regardés comme les seuls interprètes des dieux, comme les seuls dont ceux-ci écoutassent la voix et à qui ils déclarassent leur volonté, ainsi que Diodore le dit formellement. (...) Dans les monumens gaulois du cinquième et du sixième siècle, cités par Davies, le nom des druides est* Derouyd *au singulier, et* Derouyden *au pluriel. Ce nom est formé sur deux racines celtiques,* Dé *ou* Di, Deus, *et* Rhoud *ou* Rhouid, loquens: *participe du verbe* Raiddim *ou* Rhouiddim, *parler, converser.* Derouyd *signifiera celui qui parle avec les dieux, qui est leur interprète, et* théologos *en sera la traduction littérale.*

Fréret devra également invoquer un minimum de règles phonétiques dans ses *Recherches sur le dieu Endovellicus,* quand il s'agira de rattacher l'élément *–vellicus* aux *Belli* celtibères, en raison de la confusion entre *b* et *v* dans les inscriptions espagnoles[42].

L'*Encyclopédie* elle-même sauvera en quelque sorte l'honneur de l'ancien étymologisme par l'article *Freya, ou Frigga,* qu'A. Laming-Emperaire donne comme exemplaire d'un appel conjoint à la convergence entre histoire comparée des religions et recherche sur la «préhistoire» de l'homme[43]. La Vénus germanique, épouse d'Odin ou Wodan, «étoit représentée sous la forme d'une femme nue, couronnée de

---

[41] FRÉRET 1799, 18, p. 280 sv.; FRÉRET 1996, p. 262-63. Communication N. Vanwelkenhuyzen.

[42] Le premier élément représente le nom propre de la divinité, que l'on retrouve dans les toponymes *Endomendia* «montagne d'Endo» ou *Indaganeta* «hauteurs d'Endo». *Endovellicus* signifierait donc «Endo des Velli», mais il reste possible que ceux-ci aient été ainsi nommés parce qu'ils honoraient particulièrement Endovellicus.

[43] *Encyclopédie,* 7, 1767.

myrte, une flamme allumée sur le sein, un globe dans la main droite, trois pommes d'or dans sa gauche, et les grâces à la suite, sur un char attelé de cygnes». Pour en savoir plus sur cette «conservatrice de la liberté publique», il faut se pencher sur son nom.

> *On prétend que c'est de* Freya *que vient le* Freytag *des Allemands, le* dies Veneris *des Latins, notre vendredi : d'où l'on a conclu que la* Freya *des Germains étoit aussi la Vénus des Latins. Mais comment arrive-t-il que des peuples tels que les Germains, les Latins, les Syriens, les Grecs, ayent, antérieurement à toute liaison connue par l'histoire, adoré des dieux communs? (...) Ces vestiges de ressemblance dans les mœurs, les idiomes, les opinions, les préjugés, les superstitions des peuples, doivent déterminer les Savans à étudier l'histoire des siecles anciens, d'après ces monumens, les seuls que le tems ne peut entierement abolir.*

A côté de l'étymologisme que Voltaire couvre d'ironie, n'en est-il pas un autre qui s'accorde à la philosophie et participe à sa manière au crépuscule des dieux? Voltaire en conviendrait peut-être à regret, si on en reconnaît le modèle chez le président de Brosses. Dans la ligne de Fontenelle, de Locke et de Vico, le *Traité de la formation méchanique des langues* de 1765 scrute l'histoire de certains mots-clefs pour éclairer l'histoire de l'illusion religieuse. De Brosses lui-même, dans sa correspondance, évoque la charge critique de son livre, sans doute «pas si crue que celle d'Helvétius» mais suffisante pour que l'ouvrage risque de se voir refuser le privilège du roi[44]. N'y dit-on pas qu'un *ange,* au départ, n'est jamais qu'un *aggelos,* c'est-à-dire un messager, avant que la religion n'en fasse une «substance incorporelle miraculeusement envoyée du ciel»? Un *miracle* se réduit, comme terme et comme phénomène, à un oriental *mihr* désignant un mélange d'éblouissement et de «surprise» respectueuse. L'article 211 du *Traité* montre ainsi comment des termes

---

[44] De Brosses dira ensuite de son ouvrage: «A bon compte, je suis bien aise que celui-ci ait passé. Bien d'autres, qui n'ont pas la tête si grosse, passeront après lui».

« physiques » engendrent par métaphore des « êtres métaphysiques » n'ayant aucune « existence réelle hors de l'homme ».

Le président invite ainsi à ramener à la même « méchanique » matérialiste naissance du langage et genèse du sacré. On peut même dire, comme l'a fortement indiqué P.-P. Gossiaux, que la théorie développée dans le *Culte des dieux fétiches* (1760) montre le même renversement de perspective que la théorie linguistique[45]. Le *figurisme* traditionnel considérait les animaux, plantes ou objets adorés par certaines nations comme « les emblèmes des attributs de l'Etre suprême », comme des « types visibles » ou des substituts de l'immatériel. Mais « cette façon de raisonner », dit de Brosses, ne correspond pas à « l'ordre naturel des choses qui est de passer des objets sensibles aux connoissances abstraites ». Le *fétichisme,* souligne Gossiaux,

> *postule au contraire que les animaux, les plantes et les êtres inanimés sont adorés pour eux-mêmes, et que loin d'être les symboles conventionnels de dieux indépendants, ils sont pris* comme tels *pour dieux. La lecture s'inverse donc: ce ne sont plus les animaux qui sont les emblèmes des dieux mais les dieux qui sont les métaphores des bêtes.*

De même, les mots ne se présentent plus comme les « emblèmes » platoniciens d'une réalité supérieure, imposés par une instance supérieure qui décide de leur sens par convention. Ils deviennent l'émanation spontanée, onomatopéique, mécanique, des choses mêmes, « comme le produit du monde ». Fétichisme et parole ne sont à l'origine que les premières formes prises aux yeux de l'homme par son environnement: un discours matériel mais déjà métaphorique de l'inconnu ou de l'étrange, que l'exercice et l'expérience transforment en métaphores de plus en plus diversifiées et abstraites, de même que la religion élabore en le sophistiquant le culte des fétiches. On voit comment la conception d'un langage primitif moulé sur la perception confuse des choses complète exactement l'idée, qui se répand par ailleurs

---

[45] Cf. GOSSIAUX 1981. Voir aussi MANUEL 1959; FELDMAN/ RICHARDSON 1972, p. 168-76.

au XVIIIe siècle, selon laquelle les anciennes langues constituent les archives de la pensée. Une image courante veut que les plus archaïques de ces langues conservent, dans leur lexique ou leur syntaxe, « les premiers pas de l'esprit humain ». De Brosses imagine le moment où l'homme foule la plage indistincte et vierge du monde qui l'entoure. Turgot et d'autres considèrent rétrospectivement l'empreinte produite, inscrivent les « racines » identifiées par l'étymologie parmi les « vestiges » et fossiles permettant de reconstituer une culture et remontent vers ceux-ci par une chaîne continue d'altérations régulières mais spécifiques. Les deux approches, que l'on a pris l'habitude d'opposer, comme des modèles respectifs de spéculation gratuite et d'empirisme positif, se font face en réalité.

6. LE GAULOIS ET L'ANTHROPOLOGUE

La crise française de l'étymologie traditionnelle, et plus généralement de la recherche sur l'histoire des langues, fut bien sûr alourdie par la celtomanie des Lumières[46]. Citons encore Voltaire à l'article *Alouette* des *Questions sur l'Encyclopédie*[47].

> *N'est-il pas plaisant de prétendre que le mot* habitation *vient du mot* beth *hébreu? que* kir *en bas-breton signifiait autrefois* ville? *que le même* kir *en hébreu voulait dire* mur; *et que par conséquent les Hébreux ont donné le nom de* ville *aux premiers hameaux des Bas-Bretons? Ce serait un plaisir de voir les étymologistes aller fouiller dans les ruines de la Tour de Babel, pour y trouver l'ancien langage celtique,*

---

[46] BRAUSSE s.d.; GRELL 1995, p. 756 sv.
[47] VOLTAIRE 1771, 21, p. 22. On a plus souvent cité l'art. *Abc ou alphabet* « Plusieurs rabbins prétendent que la langue mère était le samaritain; quelques autres ont assuré que c'était le bas-breton: dans cette incertitude, on peut fort bien, sans offenser les habitans de Kimper et de Samarie, n'admettre aucune langue mère » (VOLTAIRE 1771, 21, p. 15).

> *gaulois et toscan, si la perte d'un tems consumé si misérablement n'inspirait pas la pitié.*

Le dédain croissait quand la critique voltairienne ou encyclopédique considérait les pratiques religieuses des ancêtres des «Bas-Bretons». La querelle des Anciens et des Modernes avait dressé le procès global des vieilles mythologies, dont les variétés ne montraient jamais, selon Saint-Evremond, qu'une «espèce de théologie fabuleuse et ridicule contraire à tout bon sens»[48]. Jaucourt, dans l'*Encyclopédie,* emprunte à l'*Essai sur les mœurs* de Voltaire le tableau de la religion gauloise. Druides qui «brûloient des hommes dans de grandes et hideuses statues d'osier», druidesses qui «plongeoient des couteaux dans le cœur des prisonniers, et jugeoient de l'avenir à la maniere dont le sang couloit»: tels sont les ministres d'un culte qui a laissé, en matière de vestiges, ces «grandes pierres un peu creuses qu'on a trouvées sur les confins de la Germanie et de la Gaule» et qui «sont, à ce qu'on prétend, les autels où l'on faisoit ces sacrifices». «Si cela est, voilà tous les monumens qui nous restent des *Gaulois*»[49]. L'article sur *Esus* incline dans le sens de la barbarie la lecture de la figuration du dieu sur le pilier des nautes. Ce maître de la guerre, dont les autels étaient arrosés par les Gaulois «du sang de leurs femmes et de leurs enfans», y est «représenté à demi-nud, avec une hache à la main, qu'il laissoit tomber»[50]. Hesus était «la grande divinité de ces peuples», après laquelle seulement venait Taranis, équivalent de Jupiter auquel on immolait aussi des «victimes humaines»[51]. Teutates et Ogmios trouvent davantage grâce parce que le premier est dénommé d'après le «mot *theutat* dans la langue des Celtes», où il «signifioit *pere du peuple»,* et parce que le second sorte représente «la force de l'éloquence, qui attire

---

[48] Cité par MAGNE 1981, p. 49.
[49] *Encyclopédie,* 1757, 7, p. 528-29; VOLTAIRE 1771 sv., 8, p. 185-86: *Avant-propos, Gaule barbare;* VOLTAIRE 1990, 1, p. 199.
[50] *Encyclopédie* 1755, 5, p. 1011.
[51] *Encyclopédie* 1765, 5, p. 902.

tous les cœurs »[52]. Mais ce « père du peuple » garde les traits d'un ogre chez Voltaire. Les civilisations chinoise, assyrienne, ou « indienne » revendiquent, comme dans le souper de *Zadig*, la paternité de grandes inventions. Michel-Ange-André Leroux Deshauterayes en discute dans ses *Doutes sur la dissertation de M. de Guignes, qui a pour titre : Mémoire, dans lequel on prouve que les Chinois sont une colonie égyptienne*, de 1759. Voltaire demande à l'auteur : « et nous autres qu'étions-nous il y a 20 siècles ? ». « Des barbares qui ne savions pas écrire, mais qui égorgions des filles et des petits garçons à l'honneur de Teutatès, comme nous en avons égorgé en 1572 à l'honneur de saint Barthélemy »[53].

De Jaucourt reprend aussi à l'*Essai sur les mœurs*, de manière littérale, l'appréciation voltairienne sur le gaulois. « Les dialectes du langage celtique étoient affreux ; l'empereur Julien sous qui ce langage se parloit encore, dit qu'il ressembloit au croassement des corbeaux ». Bref, écrit Voltaire, « les mœurs, du temps de César, étaient aussi barbares que le langage », et il vaut mieux – conclusion commune à l'*Essai* et à l'*Encyclopédie* – « détourner les yeux de ces temps sauvages, qui sont la honte de la nature ».

Ceux-ci n'en continuèrent pas moins à mobiliser un important appareil érudit, stimulé par le raidissement du sentiment national dans la seconde moitié du siècle. Si les Gaulois, convient Ch. Grell, ne furent « en général guère appréciés » des Lumières, la documentation les concernant ne cessa de croître au XVIIIe siècle. « En 1738, dom Bouquet, dans le premier volume du *Recueil des historiens de la Gaule et de la France*, réunit quelque huit cents pages de témoignages ; Lelong et Fevret de Fontenette proposèrent, d'autre part, dans leur *Bibliothèque historique de la France*, un catalogue des études sur les Gaulois ». Simon Pelloutier publia en 1750 le troisième livre de son *Histoire des Celtes*, consacré à « tout ce qu'il y avoit de Dogmatique » dans leur religion. « L'extérieur » de celle-ci, comme il dit, fera l'objet d'un quatrième livre qui ne parut qu'en 1771 (« sacrifices », « cérémo-

---

[52] *Encyclopédie* 1765, 16, p. 278 et 11, p. 429.
[53] VOLTAIRE 1980, p. 151, n° 6385, lettre du 21 déc. 1760.

nies », « superstitions »). La partie roulant sur les dieux propose, contre dom Martin, un glissement général des fonctions qui peut aller dans le sens du mythologisme moderne, soit ponctuellement, soit par une distribution moins tranchée des rôles[54]. Ainsi, Teutates perd son analogie avec Mercure mais se confond avec *hesus* – qualification donnée « indifféremment aux Héros et aux Dieux » – pour présider à la guerre, ce qui le rapproche de l'interprétation aujourd'hui courante. Taranis, comme homologue de Jupiter, demeure le « dieu suprême » mais se voit déchargé de sa fonction de « dieu du tonnerre », laquelle est assignée à ce « Dieu *Cernunus,* dont l'Idole a été trouvée à Paris, et que M. de Leibnitz prend pour *Bacchus* »... La référence improvisée au breton *curum,* prise au le *Dictionnaire françois-celtique* de Grégoire de Rostrenen (1732) pour étayer cette dernière hypothèse, montre surtout la légèreté avec laquelle est traitée toute la tradition antérieure à ce sujet. La grande époque de l'étymologisme religieux est décidément close.

C'est que les Lumières, conclut J. Ehrard, interrogent moins le monde gaulois pour y trouver une « référence historique » qu'un « modèle anthropologique », ce qui explique que l'*Encyclopédie* montre tout compte fait, par rapport à ce qu'on attendrait, une « rafraîchissante absence de tout parti pris nationaliste ». La voie, dans ce sens, avait été tracée par Lafitau, en qui on se plaît aujourd'hui à reconnaître un des fondateurs de l'anthropologie moderne. Ses *Mœurs des sauvages américains comparées aux mœurs des premiers temps* de 1724 rapproche par exemple les *lays* de « notre vieux gaulois » de la lamentation funèbre des Romains, le *lessus,* au chapitre traitant des « Nénies ou manière de pleurer les morts »[55]. Un examen comparatif des Celtes et des Américains sera également recommandé par Fréret[56].

---

[54] PELLOUTIER 1771, 2, p. 67 sv.
[55] LAFITAU 1983, 2, p. 136-37.
[56] Ce genre d'idée exigerait évidemment une remontée beaucoup plus systématique vers la Renaissance et les histoires de la découverte du Nouveau Monde. « La plus ancienne image 'moderne' de Stonehenge est une aquarelle de Lucas de Heere, un Hollandais, qui est aussi l'au-

Mais l'essentiel, pour apprécier correctement l'apport général des Lumières à l'histoire conjointe de l'anthropologie et de l'archéologie, n'est pas là, selon Laming-Emperaire, qui distingue deux âges de la seconde discipline[57].

> *Plus qu'à des conceptions réellement nouvelles, les XVIe et XVIIe siècles travaillent à l'accumulation de connaissances de détail et à leur mise en place à l'intérieur du cadre historique traditionnel qui reste intangible; la conception d'un homme créé en possession de toutes ses facultés et d'une raison universelle reste générale, sous-jacente à toute étude historique. Les bouleversements de la Renaissance sont longs à prendre leur pleine signification. Les XVIe et XVIIe siècles ne marquent, du point de vue qui nous intéresse, que des conquêtes modestes qui se manifestent surtout par la critique des naïvetés du passé et par une connaissance beaucoup plus précise de l'histoire grecque et romaine. Ce n'est qu'à partir du début du XVIIIe siècle que s'achève la longue maturation de tout ce qu'impliquait la nouvelle attitude d'esprit née de la Renaissance, et que découvertes et hypothèses fécondes vont se multiplier.*

« L'invention de la préhistoire » relève de cette « longue maturation »[58]. Posant le principe d'une « histoire de la rai-

---

teur de dessins présentant les anciens Bretons comparés aux Indiens d'Amérique » (SCHNAPP 1998, p. 181.). « Après l'expédition de Raleigh en Virginie, en 1585, et la publication subséquente des dessins de John White dans l'*Amérique* par de Bry, en 1590, nombreux étaient ceux qui pouvaient établir le parallèle » (PIGGOTT 1989, p. 74).

[57] LAMING-EMPERAIRE 1964, p. 55 et 69 sv. Tandis que BARRET-KRIEGEL 1988, 3, p. 244, ayant mentionné les travaux pionniers de Peiresc, considère que « l'archéologie et l'épigraphie, à l'Académie des Inscriptions, sont demeurées à un stade qui est encore celui de l'antiquaire amateur », malgré Montfaucon et Caylus.

[58] L'« invention de la préhistoire » ne fut scellée dans le vocabulaire qu'au XIXe siècle. Le mot *antéhistorique* apparut en France dès 1828 mais l'occurrence de *préhistorique* suit de quelques années celle du correspondant anglais, forgé en 1851 par Daniel Wilson pour ses *Prehistoric annals of Scotland*. L'étude des mégalithes de Bretagne a joué un rôle dans cette « invention ». « On est parti à la recherche des Celtes et on a trouvé l'homme fossile; l'archéologie, qui se croyait gauloise, était

son », individuelle ou collective, ontogénétique ou phylogénétique, la « révolution sensualiste » ouvre « les spéculations sur les origines et le développement de l'homme, du langage et de la société », dans lesquelles se retrouveront à parts égales l'archéologue et le linguiste. Et Lord Monboddo, par exemple, pourra être revendiqué par l'une et l'autre discipline (*Sur l'origine et le progrès du langage,* 1773 sv.). Chez lui comme chez Rousseau, « la thèse voulant que l'orangoutan soit une classe de l'espèce humaine » repousse par définition le « temps de l'homme » au delà de l'histoire, même si ce temps primitif de la parole se définit lui-même tout entier par son historicité, par son *innaturalité* foncière[59]. Comment, en effet, atteindre cette primitivité qui s'étend, dira Rousseau, sur des « milliers de siècles »[60]?

Il restait à concevoir celle-ci sur un mode moins naïf que celui des « enfances de l'humanité », comme un état inférieur mettant en jeu des capacités sommaires productives d'objets et de conceptions frustes. Des pionniers entrevirent dès le XVIIIe siècle la complexité de la « pensée sauvage », avant celle des fabricats primitifs: on commence seulement à mesurer l'importance de certains de ces auteurs[61]. Du côté de

---

devenue préhistoire » (POMIAN 1992, p. 55). Les *Antiquités celtiques et antédiluviennes* de Boucher de Perthes (1847-64) gardent trace de la transition.

[59] DERRIDA 1967; FORMIGARI 1972 et 1973; HASSLER 1992, 123-24 et 138-39. Sur le darwinisme, cf CLARK 1972, p. 32.

[60] PIGGOTT, 1989, p. 43 et 53: « Pour un esprit moderne, habitué à penser en millénaires et à considérer l'homme comme une espèce dont les ancêtres se formèrent il y a deux millions et demi d'années, ceci peut sembler un laps de temps ridiculement inapproprié, mais il apparaissait très long aux XVIe et XVIIe siècles. Avec une espérance de vie de seulement trente ans, même parmi la noblesse, un siècle constituait une longue période; les derniers deux millénaires avaient vu un changement du monde de l'antiquité classique au christianisme et au moyen âge, et de là à la Renaissance, avec ses importantes inventions (...), et un égal espace de temps, auparavant, avait certainement pu embrasser les développements premiers de l'homme, depuis le temps où ses ancêtres mettaient le pied hors de l'arche ».

[61] Cf. DUCHET 1971; GLIOZZI 1977; LEMAY dans LAFITAU 1983; RUPP-EISENREICH 1983; GOSSIAUX 1983; LESTRINGANT 1990; GOSSIAUX 1993, p. 245-373.

l'archéologie, conclut G. Daniel, il y avait surtout, pour que s'affirme pleinement la discipline scientifique que l'on connaît, à se libérer des convictions religieuses fondamentalistes enveloppant «si désespérément dans le brouillard les commencements préhistoriques de l'homme». Cette autre «révolution» s'accomplit «entre 1810 et 1859» quand s'imposèrent «géologie stratigraphique et archéologie systématique». On a vu que la volonté de rupture avec le schéma biblique s'exerçait depuis bien plus longtemps sur le plan de l'histoire des langues. Mais le rationalisme des Lumières ne suffit pas à provoquer la naissance d'une vraie linguistique historique. On sait que l'article *Etymologie* de Turgot, qui consacre dans l'*Encyclopédie* le principe des lois phonétiques régulières et spécifiques, ne produira pour ainsi dire ses fruits que chez Rask en 1814. De leur côté, les *Elementos etimológicos según el método de Euclides* du Frère Martin Sarmiento demeurent une illustration isolée, sans écho et sans lendemain, des promesses virtuelles de l'article *Etymologie*, dont ils sont contemporains[62].

Si linguistique et archéologie accédèrent vers la même époque à la modernité, on n'en déduira pas qu'elles s'affirmèrent comme le produit univoque d'un siècle de Raison. Le jésuite Hervás est censé avoir fait progresser de manière décisive la méthode comparative, vers 1800, par la mise en évidence du critère grammatical[63]. On n'oubliera pas que celle-ci participe d'une croyance quasi mystique en la permanence et l'universalité de la «structure adamique» du langage! Ne poussons pas trop loin, cependant, la morale de cet exemple, à savoir qu'il n'est pas facile, ni même toujours avantageux, de sortir de ce que G. Daniel appelle le paradigme «du Déluge et du Brouillard».

---

[62] DROIXHE 1999.
[63] COSERIU 1978.

ILLUSTRATIONS

1 – La Vénus saxonne dans *Les images des dieux des anciens,* traduction des *Imagini* de Vincenzo Cartari par A. Du Verdier (Lyon: B. Honorat, 1581).

ELIÆ SCHEDII
De
DIS GERMANIS,
Sive
Veteri GERMANORVM, GALLO-
RVM, BRITANNORVM, VAN-
DALORVM Religione
Syngrammata Quatuor.

Amſterodami,
Apud Ludovicum Elzevirium. Anno 1648.

2 – Page de titre du *De dis germanis* d'Elias Schede (1648), premier ouvrage entièrement consacré aux « divinités du Nord ». Face au druide armé de la faucille d'or, une femme battant le tambour avec des ossements humains incarne la barbarie des cultes septentrionaux. Dans la *Pharsale*, Lucain évoque *ceux qui apaisent par un sang horrible le féroce Teutates, le hideux Esus dans ses sauvages sanctuaires et Taranis aux autels non moins cruels que ceux de la Diane scythique.*

3 – Frontispice des *Antiquitates selectae septentrionales et celticae* de Johann Georg Keysler (Hanovre : N. Foerster, 1720). La corne aux pieds du druide se réfère peut-être à la place qu'occupent les libations rituelles dans la vie et le calendrier des populations celto-germaniques. Leibniz interprétera par le mot celtique désignant la corne l'allemand *Hornung* «février» ainsi que le nom du dieu *Cernunnos,* qui figure pour le première fois sur le pilier des nautes parisiens. La religion druidique est ici rapprochée du culte du soleil. Des écrivains chrétiens y verront un sentiment confus du vrai Dieu.

4 – L'un des plus célèbres documents relatifs aux déesses-mères ou *Mairae :* le bas-relief du « vicus de la paix » de Metz, inséré au XVIIIe siècle dans le cloître du monastère des Carmélites. D'après les *Antiquités* de J. G. Keysler, p. 394.

> *de la ville de Lyon.* Chap. I. 17
>
> Pro salvte Dom.
> N. imp. L. sept. Severi
> Avg. totivsqve domvs
> eivs avfanis ma-
> tronis et matribvs
> pannoniorvm et
> delmatarvm
> ti. cl. pompeianvs
> trib. mil. leg. i. min.
> loco excvlto cvm
> discvb†one et tabvla
> V. S.
>
> *Tribunus Militum legionis prima Minervia.*
>
> Il est clair que ce vœu, qui est fait pour la santé de l'Empereur Seuere, & de toute sa maison aux Nymphes, & Deités de la Pannonie, & de la Dalmatie, n'est pas de ceux de Lyon, mais d'un de ses Mestres de Camp, appellé *Claudius Pompejanus*, Tribun ou commandant de la premiere legion Mineruienne, lequel auoit apparemment voüé quelqu'Autel, ou quelque Chapelle

5 – Invocation aux « mères et matrones Aufaniae ». On voyait cette inscription, au XVIe siècle, « au siège de l'Officialité », à Lyon. Elle se trouvait cent ans plus tard « à Roy, à une lieu et demie d'icy sur Saône », « où elle sert de base à un pilier de bois qui soutient un toit dans la basse cour », d'où cette représentation particulière. D'après Jacob Spon, *Recherche des antiquités et curiosités de la ville de Lyon,* Lyon : J. Faeton, 1673, p. 17.

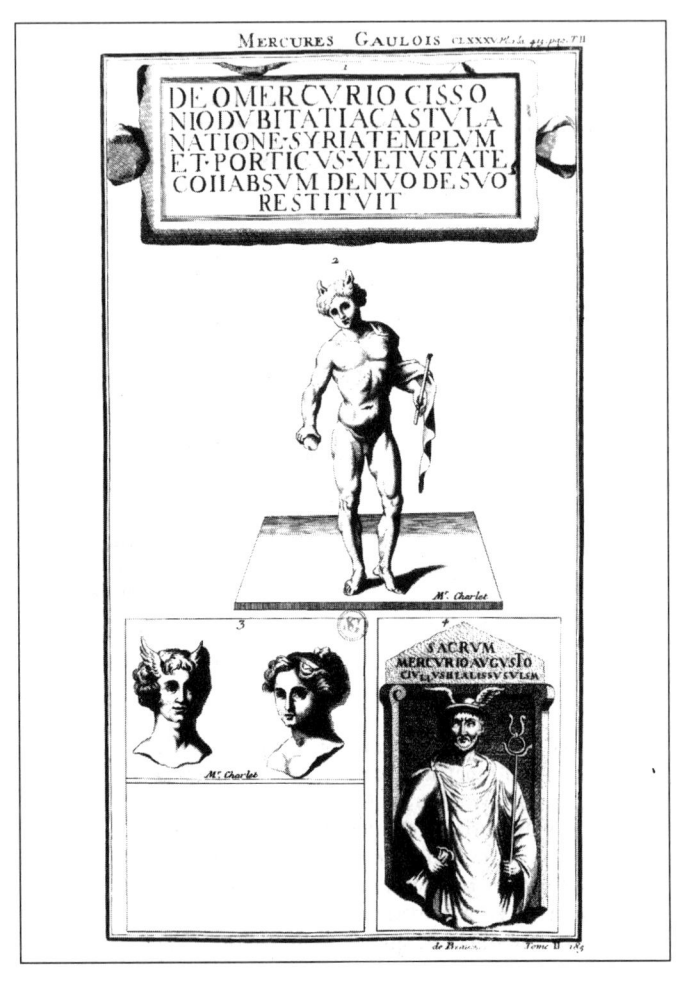

6 – Pour l'âge classique, Teutates correspond à Mercure, « le grand dieu des Gaulois ». Bernard de Montfaucon en offre diverses représentations dans l'*Antiquité expliquée* (Paris: Delaulne, 1722, II/2). Le cartouche supérieur fournit l'un des surnoms de Mercure: *Cissonius,* notamment interprété par le grec *kissa* « pie, babillard », en rapport avec la loquacité du patron des marchands. Le n° 3 reproduit peu fidèlement un fameux autel trouvé à Langres. Montfaucon croyait reconnaître la Fortune dans la figure féminine accompagnant Mercure.

ILLUSTRATIONS

7 – Autre représentation de l'autel de Langres dans la *Religion des Gaulois* de dom Jacques Martin (Paris: Saugrain, 1727, I). Dom Martin identifie la figure féminine à Postverte, déesse romaine présidant aux accouchements heureux. Mais on lit clairement le nom de *Rosmerte*, une des compagnes gauloises de Mercure, comme lui protectrice du commerce et du gain. L'attraction du modèle latin occulte l'identité celtique.

8 – Inscription de Sion (Lorraine) mentionnant Rosmerta. On doutait encore de l'exactitude du nom de la déesse lors de la découverte de la pierre, en 1821, celle-ci étant brisée en deux. D'après L. Beaulieu, *Archéologie de la Lorraine,* Paris: Le Normant, 1840, I, p. 196.

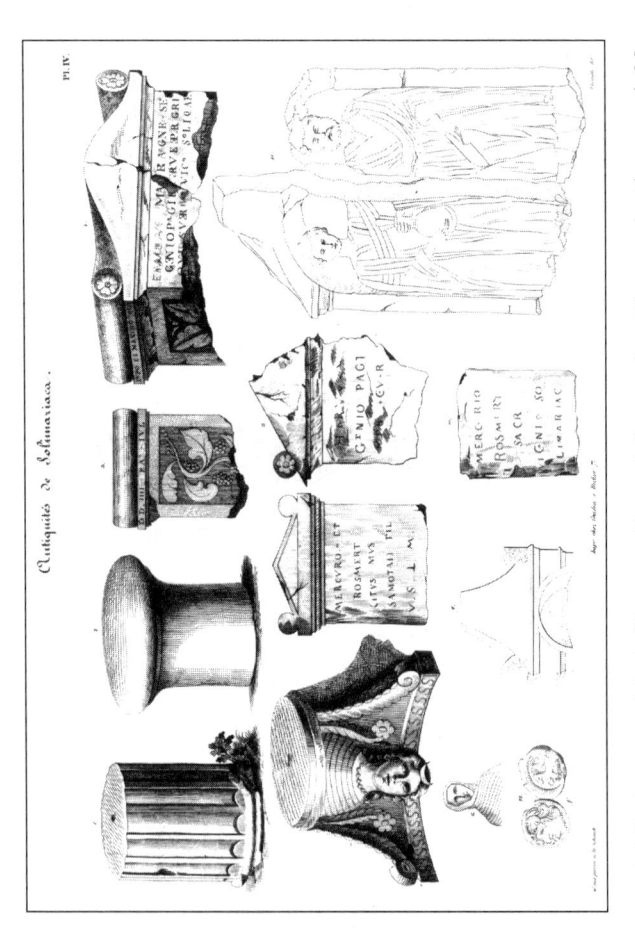

9 – Monuments trouvés à Soulosse, non loin de Sion, parmi lesquels figurent des stèles associant les noms de Mercure et de Rosmerta. D'après L. Beaulieu, *Archéologie de la Lorraine*, I, planche IV.

10 – Monnaies saxonnes mentionnant le roi Cunobelinus, dont le nom fut rapproché de celui du dieu Belenus, l'Apollon celtique. Dans William Camden, *Britannia,* Londres : G. Bishop et J. Norton, 1607, p. 62.

130   ILLVSTRATIONE

viaggio, dico che vedendo di non hauere piu che fare à Parigi (però che mal volentieri io perdo tempo intorno alle vane promesse & lunghe speranze de gli huomini, & massime di quelli che non si curano se non dell'vtile loro particulare, ne sanno con pocha cosa obligarsi vn huomo virtuoso, che di loro lascierebbe sempiterna memoria) me ne tornai à Lione tra i miei libri, & passando per Ouernia volli anchora vna volta vedere l'antica sipoltura, che è nella casa publica della Città di Chiaramonte (terra tanto nobile, antica, & piaceuole, & doue sono cosi buone & belle compagnie d'huomini & di donne, come in altra Città del mondo) nella quale sipoltura è fatta mentione di quel Labieno, che del tempo di Cesare fu suo Luogotenente in piu luoghi di Francia, quantunque di poi durando le guerre Ciuili, ei rinegò la parte di Cesare, & s'accostò à quella di Pompeo, fino à tãto che ei perse la roba, la riputatione, & nell'vltimo la vita.

Chiaramonte.

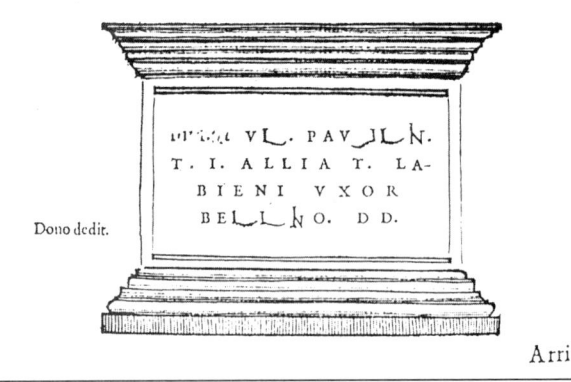

```
          V L . P A V   L  N.
    T. I. ALLIA  T.  LA-
    BIENI   VXOR
    BEL   L  N O.   D D.
```

Dono dedit.

Arri

11 – Peu après qu'on eut trouvé à Aquilée, dans le Frioul, vers 1550, plusieurs inscriptions mentionnant Belenus, Gabriele Simeoni reproduit celle figurant, à Clermont-Ferrand, sur le tombeau d'Allia, épouse de Titus Labienus, principal lieutenant de César pendant la guerre des Gaules. Une première représentation du monument, qui comporte une dédicace à « Bellinus », figure dans son *Illustratione de gli epitaffi e medaglie antiche* (Lyon : J. de Tournes, 1558, p. 130).

DIALOGVE.   113

> ...VL. PAVLIN
> T·I·ALLIA·T·LA
> BIENI·VXOR
> BELLNO·DD

DIP. *Ie la voy.* VR. *I'ay plusieurs fois consideré cõme ceste femme de Labien, tresfauory de Cesar, & son Lieutenant, ainsi que vous auez ouy tantost, qu'il allast à Paris auec IIII. legions, laissast le mary, & demeurast en Auuergne auec Cesar, & à la fin ie me suis resolu qu'elle y demeura pour ostage auec quelque fils, pouuant Cesar, qui estoit homme fort accort, auoir congnu en Labien quelque doubtance de sa foy, laquelle se manifesta apres quand Cesar se declara ennemy de Pompee, d'autant que Labien l'abandonna, & se fit Pompeian iusques à tant qu'à la fin il luy en prit mal.* DIP. *Cecy encores me semble vn fort argument que Gergoye fust prochaine de Clairmont, & que là à l'entour Cesar fust campé, n'estant point vraysemblable qu'vne telle sepulture y ait esté transportee de Saint Fleur.* VR. *C'est bien iugé. Or voyez cest'autre memoire d'Hadrian en vne Colone haute de x. pieds, & grosse de deux, & demy, trouuee en vn Bourg appellé Peri-*

P

12 – La gravure fournit une représentation plus fruste du vestige précédent, mais plus soucieuse de vérité archéologique, dans une réédition de l'*Illustratione* de Simeoni, sous le titre *Description de la Limagne d'Auvergne* (Lyon: G. Rouillé, 1561, p. 113).

262   L'ÉTYMON DES DIEUX

13 – Stèle de Nehalennia trouvée en Zélande en 1647. Dans *Hendrick Danckerts, Affbeeldinge vande overoude rarieteyten aende strandt ontrent Domburch inden eylande van Walcheren (...) gevonden den 5en january 1647*, s.l., 1647. Pêchant dans l'Escaut oriental le 14 avril 1970, le capitaine Bout ramena dans ses filets d'autres autels en l'honneur de la déesse.

ILLUSTRATIONS

14 – Représentation d'une autre stèle de Nehalennia dans le recueil de Hendrick Danckerts.

15 – Fragment d'une autre stèle de Nehalennia, d'après le recueil de Hendrick Danckerts de 1647. En 1663, Nicolas Blankaart interprète le nom de Nehalennia par le grec *nea helênê,* mis pour *nea selênê,* c'est-à-dire la « nouvelle lune ». La déesse correspondrait en outre à Diane en tant que protectrice de la chasse, évoquée par le personnage qui porte ici un lièvre au bout d'un bâton. De là, également, le chien qui accompagne volontiers Nehalennia dans ses représentations. La déesse de la lune était censée assurer des marées favorables aux riverains de l'embouchure l'Escaut, voisins du *Romanorum portus* dont le toponyme *Roompoot* conserverait le souvenir.

16 – Le personnage au lièvre réapparaît, parmi les fidèles apportant leur offrande, dans cet essai de reconstitution des cultes rendus à Nehalennia et à l'«Hercule magusain», liés aux activités maritimes comme l'indiquent les dauphins qui ornent leur autel. Gravure figurant dans le *De deo Hercules Magusano et de dea Nehalennia in littore Maris Zelandicis effossi* de Servaes Galle (*Dissertationes,* Amsterdam: H. et Veuve T. Boom, 1688). L'auteur considère aussi Nehalennia comme divinité protectrice de la navigation, mais interprète son nom par l'hébreu *nahal,* «qui mène avec douceur».

HISTORIÆ COMITVM FLANDRIÆ

LIBER PRODROMVS ALTER.

FLANDRIA VETVS
SIVE ETHNICA
DICTA

PRIMA FRANCIA.

AD CONSVLES ET SENATORES PERPETVOS
TERRÆ FRANCÆ in Flandria.

BRVGIS, Apud Lucam Kerchovium viâ Breydeliâ fub Cygno.
ANNO M. DC. L.
Cum gratia & Privilegio.

17 – Frontispice du second livre de l'*Histoire des comtes de Flandre* d'Olivier de Wree, ou Vredius (Bruges : L. Kerckhove, 1650). Le quartier de lune que comporte le sceau des échevins de Bruges évoque peut-être l'étymologie de Nehalennia proposée plus haut, que l'auteur semble être un des tout premiers à défendre.

18 – Cette représentation peu fidèle d'un autel de Nehalennia, parue en 1720 dans les *Antiquités septentrionales et celtiques* de Keysler, contraste avec la précision des gravures de Hendrick Danckerts. L'époque prenait alors des libertés avec le matériau archéologique et l'inscrira bientôt dans une interrogation philosophique : éloignement de la rigueur descriptive que traduirait cette gravure d'imagination, tandis que le temps des « antiquaires » cède la place à celui des raisonneurs et, déjà, des romantiques.

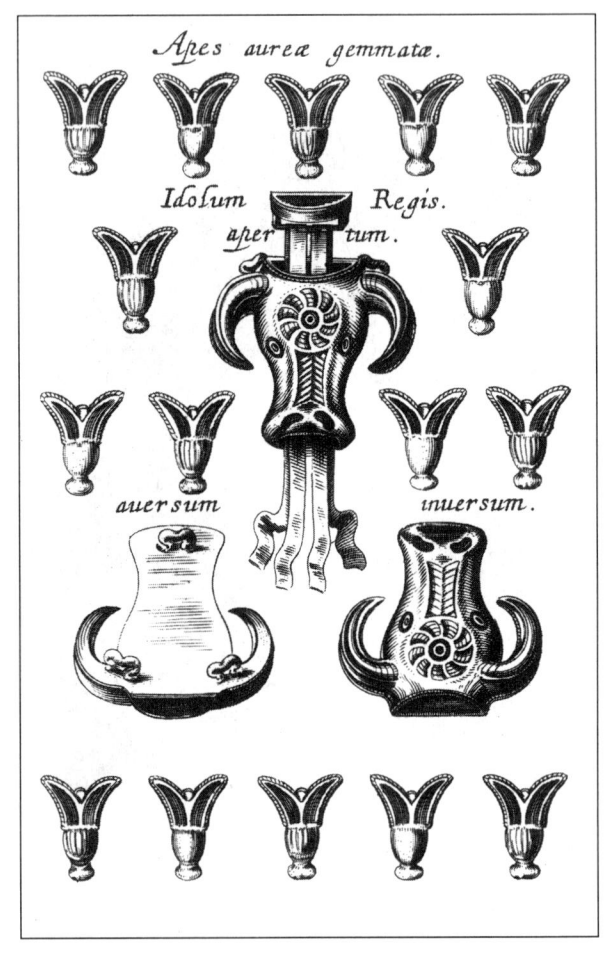

19 – Si le classicisme tend à rejeter dans l'ombre les origines gauloises exaltées par la Renaissance, quelques découvertes entretiennent l'intérêt pour celles-ci. Telle est l'exhumation du tombeau de Childéric à Tournai en 1653. La tête de taureau en or que montre cette gravure extraite d'un ouvrage de Jean-Jacques Chiflet fut rattachée au culte égyptien d'Apis (*Anastasis Childeric I,* Anvers: Plantin, 1655, p. 141). Ces antiquités intéressent les Modernes, soucieux d'affranchir l'histoire nationale de la tutelle romaine. D'autres découvertes, en Normandie (1685-91), à Nîmes (1689), préparent le public à celle du pilier des nautes.

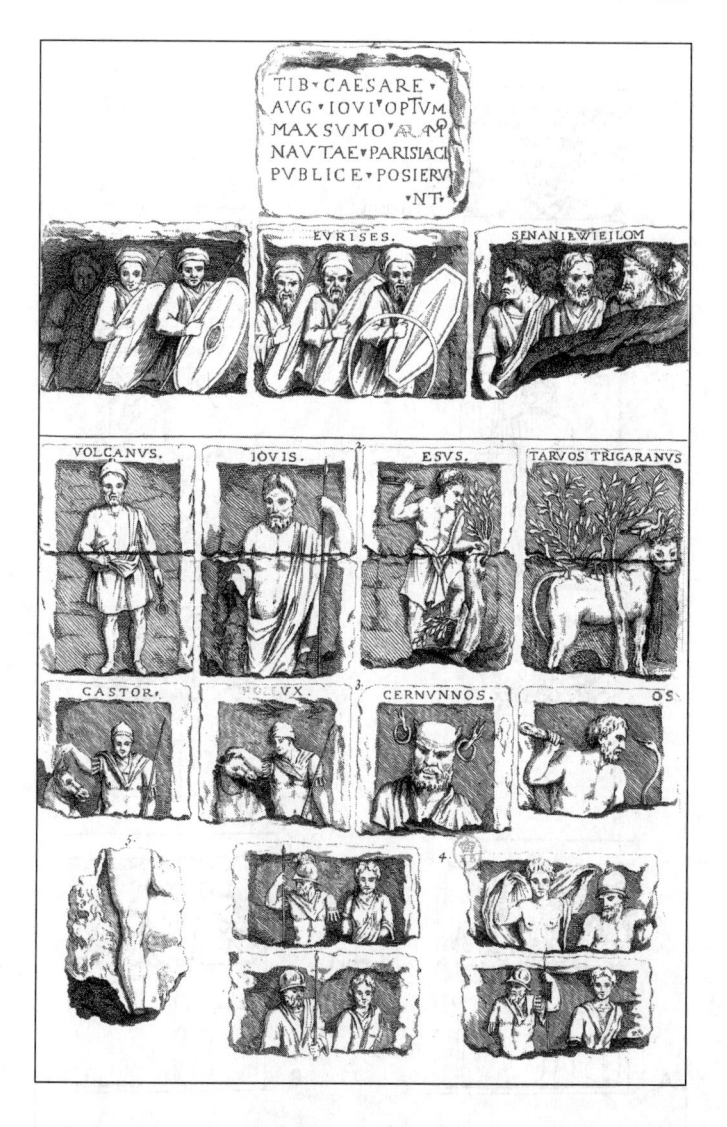

20 – Le pilier des nautes parisiens selon Charles-César Baudelot de Dairval, *Description des bas-reliefs anciens trouvez depuis peu dans l'Église Cathédrale de Paris,* Paris: P. Cot, 1711.

270   L'ÉTYMON DES DIEUX

21 – Reconstitution du pilier des nautes par Jean-Pierre Adam, d'après *Lutèce : Paris de César à Clovis,* Paris : Musée Carnavalet, 1985.

ILLUSTRATIONS   271

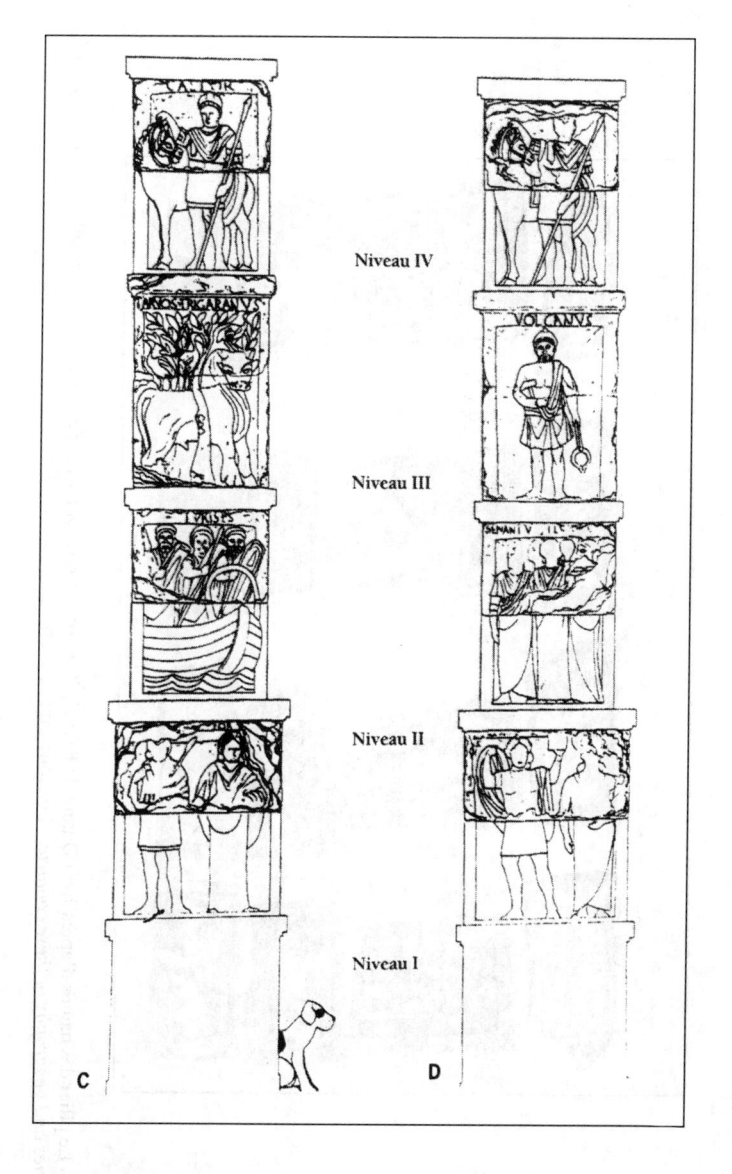

Niveau IV

Niveau III

Niveau II

Niveau I

C   D

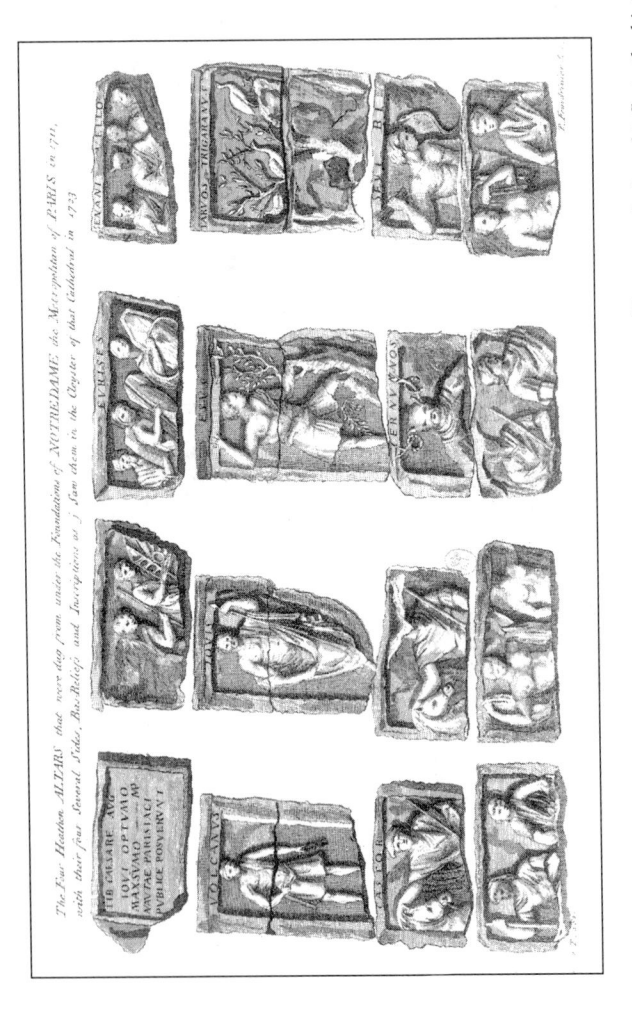

22 – Le pilier des nautes d'après John Durant de Bréval, *Remarks on several parts of Europe, relating chiefly to the history, antiquities and geography of these countries*, London: Lintot, 1726.

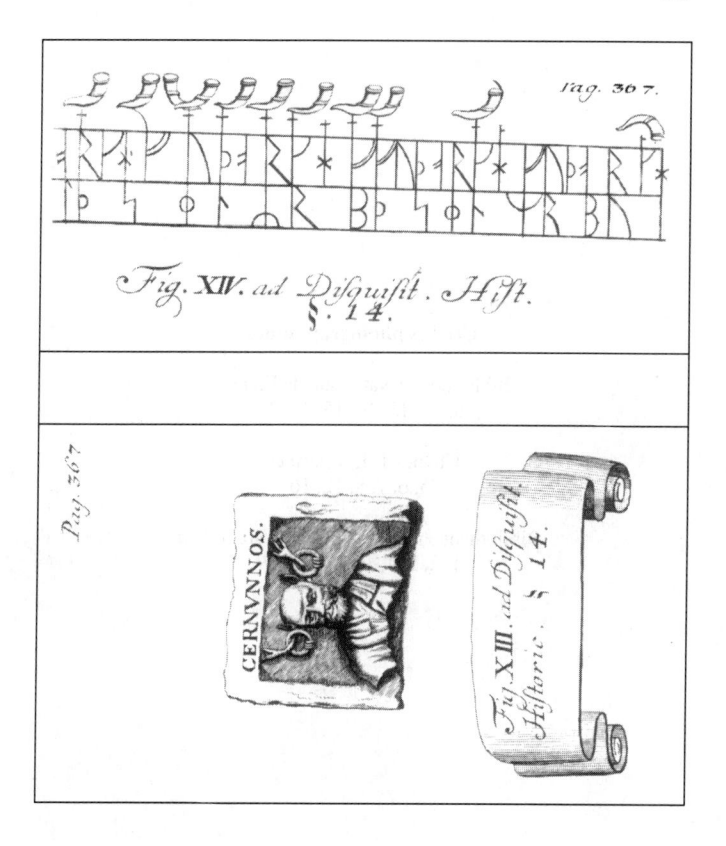

23 – Planche des *Antiquités* de Keysler illustrant le rapport entre le *Cernunnos* du pilier des nautes, assimilé par Leibniz à Bacchus, et les cornes ou vases à boire qui marquent les jours de bacchanale chez les peuples du Nord, dans la *Saga de Hervarar*. Leibniz se fonde sur le mot *Cern* qui équivaut à «*Cornu* ou *Horn* en Aremorique ou vieux Celtique». De là, par ailleurs, l'allemand *Hornung* «février», époque de ces festivités.

Crédits photographiques

Bibliothèque Nationale de France :
9, 12, 13, 14, 15, 22, 23

Clichés J.-L. Charmet :
5, 6, 7, 8, 12, 16

Bibliothèque royale Albert Ier, Bruxelles :
1, 2, 3, 4, 10, 17, 18, 19

BIBLIOGRAPHIE

À la rencontre des dieux gaulois. Un défi à César. Catalogue de l'exposition. Lattes / Saint-Germain-en-Laye: Musée archéologique Henri Prades / Musée des Antiquités nationales. 1998.

AARSLEFF, Hans. 1982. *From Locke to Saussure.* U. of Minnesota P.

Adnotationes super Lucanum. 1909/1969. Coll. Teubner.

ALTHAMER, Andreas. 1529. *Scholia in Cornelium Tacitum de situ, moribus, populisque Germaniae.* Nuremberg: Fr. Peypus.

ALTING, Menso. 1697. *Descriptio secundum antiquos agri Batavi et Frisi, sive Notitia Germaniae inferioris cis et ultra Rhenum.* Amsterdam: Wetstein.

AMMIEN MARCELLIN. 1978-89. *Histoire. Tomes I et II (livres XIV-XIX).* Coll. Budé.

AUBERT, Marcel. 1957. *La cathédrale de Chartres.* Paris: Arthaud.

AUBERY, Jean-Henri. 1637. *Theogonia.* Toulouse: A. Colomiès.

AUGUSTIN, saint. 1531. *Le premier volume de Monseigneur Sainct Augustin de la Cité de Dieu, translaté de latin en francoys* (par Raoul de PRESLES). Paris: Fr. Regnault. – *Le Second volume.* Paris: à l'Enseigne de la fleur de Lys.

AUGUSTIN, saint. 1980. *La cité de Dieu.* Dans *Œuvres de saint Augustin.* 33-37. Paris: Desclée de Brouwer.

AUGUSTIN, saint. 1998. *Les confessions.* Éd. L. Jerphagnon et al. Paris: Gallimard.

AULU GELLE. 1517. *Noctium atticarum libri undeviginti.* Paris: J. Bade. – 1967 sv. *Les nuits attiques.* Coll. Budé – 1978-84. *The Attic nights.* Coll. Loeb.

AUSONE. 1558. *Opera.* Lyon: J. de Tournes. – 1575. *Opera in meliorem ordinem digesta. Recognita sunt a Iosepho Scaligero Iulij Caes. F. et infinitis loca emendata. Eiusdem Iosephi Scaligeri Ausoniarum lectionum libri duo, ad Eliam Vinetum Santonem in quibus castigationum rationes reddeuntur, et diffici-*

liores loci Ausoniani explicantur. Lyon: A. Gryphius. – 1580. *Omnia, quae adhuc in veteribus bibliothecis inveniri potuerunt, opera.* Bordeaux: S. Millanges. – 1886. *Opuscula.* Coll. Teubner. – 1934. *Œuvres.* Paris: Garnier. – 1988. Coll. Loeb.

AVENTINUS, Joannes (TURMAIR). 1710. *Annalium Boiorum libri VII.* Leipzig: J. Fr. Braun.

BALCOU, Jean. 1982. «La Tour d'Auvergne, théoricien breton du mythe gaulois». Dans VIALLANEIX & EHRARD. 107-13.

BANIER, Antoine. 1733. «Dissertation sur les déesses mères». *Histoire de l'Académie roy. des Inscr. et Belles Lettres, avec les Mémoires de littérature tirez des registres de cette Académie.* Paris: de l'Imprimerie royale. VII, 34-51 (Prononcé à l'Acad. des Inscr. le 16 juin 1730).

BARRET-KRIEGEL, Blandine. 1988. *Les historiens et la monarchie. II. La défaite de l'érudition. III. Les académies de l'histoire.* Paris: PUF.

BAUDELOT DE DAIRVAL, Charles-César. 1711. *Description des bas-reliefs anciens trouvez depuis peu dans l'Eglise Cathédrale de Paris.* Paris: P. Cot.

BAYLE, Pierre. 1820-1824. *Dictionnaire historique et critique.* 4e éd. Paris.

BEAULIEU, L. 1840. *Archéologie de la Lorraine.* Paris: Le Normant.

BEAUNE, Colette. 1985. *Naissance de la nation France.* Paris: Gallimard.

BELLEFOREST, François de. 1575. *La cosmographie universelle.* Paris: M. Sonnius.

BERNARD, Edward. *Etymologicon britannicum.* Dans HICKES 1689.

BLANKAART, Nikolas (BLANCARDUS). *Epistolica disceptatio de Nehalennia, Zelandorum dea.* Dans LYDIUS 1668. 262-71 (lettre du 8 oct. 1663). – Dans BURMANN 1724. II, n° 379, 644-47.

BOCHART, Samuel. 1646-51. *Geographiae sacrae pars prior, Phaleg. – Geographiae sacrae pars altera, Chanaan.* Caen: P. Cardonelli.

BOREL, Pierre. 1655. *Thresor de recherches et antiquitez gauloises et françoises.* Paris: A. Courbé.

BORST, Arno. 1957-63. *Der Turmbau von Babel.* Stuttgart: Hiersemann.

BOSAU, Helmold von. 1973. *Slawenchronik.* Darmstadt: Wiss. Buchgesellschaft.

BOUILLET, Jean-Baptiste. 1846. *Statistique monumentale du département du Puy-de-Dôme.* Clermont-Ferrand: Perol.

BOULDUC, Jacques. 1626. *De Ecclesia ante legem libri tres.* Lyon: C. Landry.

BOUTRAYS, Raoul. 1624. *Urbis gentisque Carnutum historia.* Paris: J. Bessin.

BOXHORN, Marc Zuer. 1647. *Bediedinge van de tot noch toe onbekende afgodinne Nehalennia, over de dusent ende meer jaren onder het sandt begrave, dan onlancx ontdeckt op het strandt van Walcheren in Zeelandt.* Leyde: W.C. vander Boxe.

BOXHORN, Marc Zuer. 1662. *Epistolae et poemata.* Amsterdam: C. Commelin.

BRAUN, Johannes. 1700. *Selecta sacra.* Amsterdam: H. Wetstein.

BRAUSSE, Ursula. S.d. *Die Auseinandersetzung über den keltischen Anteil an der französischen Sprachentwicklung biz zur Ausgang des 18. Jahrhunderts.* Diss. Akad. der Wiss. der DDR. Zentralinst. f. Sprachwiss. Dactylogr.

BUDÉ, Guillaume. 1508. *Annotationes in quattuor et viginti pandectarum libros.* Paris: J. Bade

BURMANN, Pieter. 1724 sv. *Sylloges epistolarum a viris illustribus scriptarum.* S.l.

CALDERINI, Aristide. 1972. *Aquileia romana.* Rome: L'Erma.

CAMDEN, William. 1586. *Britannia.* Londres: R. Newbery. – 1587. Ibid. – 1590. Francfort: P. Fischer & al. – 1594. Londres: G. Bishop. – 1600. Ibid. – 1607. Londres: G. Bishop et J. Norton.

CAPITOLINUS, Julius. 1533. *Maximini duo.* Dans C. SUETONIUS et al. *Omnia quam antehac emendatiora. Annotationes Des. Erasmi et Egnatii cognitu dignae.* Bâle: Froben. – 1844. *Ecrivains de l'Histoire Auguste. Tome III.* Paris: Panckoucke.

CARTARI, Vincenzo. 1566. *Le imagini con la spositione de i dei de gli antichi.* Venise: Fr. Rampazzetto. – 1610. *L'histoire généalogique des dieux des Anciens.* Trad. A. Du Verdier. Lyon: P. Frellon.

CASAUBON, Isaac. Cf. *Histoire Auguste* 1620.

CATULLE. 1984. *Poésies*. Coll. Budé.
CAVE, William. 1684. *Antiquitates apostolicae*. Londres: M. Flesher & R. Royston.
CAYLUS, 1756. *Recueil d'antiquités egyptiennes, etrusques, grecques et romaines*. Paris: Duchesne.
CÉSAR. 1651. *Quae extant*. Éd. A. Montanus. Leyde: Wijngaerden.
CÉSAR. 1989. *Guerre des Gaules*. Coll. Budé.
CHAGNY, André. 1935. *La basilique Saint-Martin d'Ainay.* Lyon / Paris: Masson / Vitte.
CHASSENEUX, Barthélemy de. 1546. *Catalogus gloriae mundi*. Lyon: G. Regnault.
Childéric-Tournai. 1500ᵉ anniversaire. Catalogue. Tournai. 1982.
CHOTZEN, Theodor Max. 1938. « Some sidelights on Cambro-Dutch relations ». *Transactions of the Cymmrodorion Soc. for 1937*. 101-44.
CLARK, Graham. 1972. *Archaelogy and society. Reconstructing the prehistoric past*. Londres: Methuen.
CLÜVER, Philip. 1616. *Germaniae antiquae libri tres*. Leyde: L. Elsevier – 1631. Leyde: Elsevier.
CLÜVER, Philip. 1624. *Italia antiqua*. Leyde: Elsevier.
CONTI, Natale. 1551. *Mythologia*. Venise: Manuzio. – 1596. S.l.: G. Carterius. – 1616. Padoue: P.P. Tozzi. – 1612. *Mythologie*. Trad. fr. J. de Montlyard. Lyon: P. Frellon..
Corpus inscriptionum latinarum. Berlin: G. Reimer. 1863 sv.
COSERIU, Eugenio. 1978. « Lo que se dice de Hervás ». *Estudios ofrecidos a Emilio Alarcos Llorach*. U. de Oviedo. III, 35-58.
CUNO, Friedrich-Wilhelm. 1891. *Franciscus Junius der Ältere*. Amsterdam: Scheffer. – 1971. Genève: Slatkine.
CZARNOWSKI, Stefan Zygmunt. 1927. *Nehalennia, la dame aux pommes*. Varsovie: sumpt. Univ. Liberae Polonae.
DAMASCIUS. 1850. *Vita Isidori*. Dans DIOGÈNE LAËRCE. *De clarorum philosophorum vitis. Accedunt Olympiodori, Ammonii, etc. vitae Platonis, Aristotelis, etc*. Paris: Didot.
DANCKERTS, Hendrick. 1647. *Affbeeldinge vande overoude rarieteyten aende strandt ontrent Domburch inden eylande van Walcheren (...) gevonden den 5en january 1647*. S.l.
DANIEL, Glyn. 1981. *A short history of archaeology.* Londres: Thames & Hudson.

DANIEL, Glyn & Colin RENFREW. 1988. *The idea of prehistory.* Edinburgh U. P.

DANIEL, le P. 1717. [Sur le pilier des nautes parisiens]. *Mémoires de Trévoux.* Avril, 625 sv.

DAUZAT, Albert & Charles ROSTAING. 1963. *Dictionnaire étymologique des noms de lieux en France.* Paris : Larousse.

Deae Nehalenniae. Gids bij de tentoonstelling Nehalennia de Zeeuwse godin, Zeeland in de Romeinse tijd, Romeinse monumenten uit de Oosterschelde. Stadhuis Middelburg 17/6 – 29/8 1971. Middelburg / Leyde : Koninkl. Zeeuwsch Genootschap der Wetensch. / Rijksmuseum van Oudheden. 1971.

DE CAFMEYER, Géry. 1993. « Un manuscrit de Nicolas Fréret : *Mémoire sur le mot dunum* (1745) ». *La linguistique entre mythe et histoire.* Éd. D. Droixhe & Ch. Grell. Münster : Nodus. 145-58.

DE LAET, Siegfried J. 1971. « Nehalennia, déesse germanique ou celtique ? ». *Helinium* 11/2. 154-62.

DERRIDA, Jacques. 1967. « La linguistique de Rousseau ». *Revue intern. de philosophie* 82. 443-62.

DESCARTES. 2000. *Segno e linguaggio.* Éd. Cl. Stancati. Rome : Ed. Riuniti.

DESGRAVES, Louis. 1986. « Joseph Scaliger, Elie Vinet et l'édition des œuvres d'Ausone ». *Acta Scaligerana.* Éd. J. Cubelier de Beynac & M. Magnien. 51-60.

DEYTS, Simone. 1992. *Images des dieux de la Gaule.* Paris : Errance.

DICKINSON, Edmund. 1655. *De origine druidum.* Dans *Delphi phoenicizantes.* Oxford : H. Hall.

DIETZ, Karlheinz. 1980. *Senatus contra principem : Untersuchungen zur senatorischen Opposition gegen Kaiser Maximinus Thrax.* Munich : Beck.

DIODORE DE SICILE. 1997. *Mythologie des Grecs. Bibliothèque historique. Livre IV.* Éd. A. Bianquis & al. Paris : Les Belles Lettres.

DIOGÈNE LAËRCE. 1991. *Lives of eminent philosophers.* Coll. Loeb.

DIOSCORIDE. 1549. *Libri octo, graece et latine.* Paris : P. Haultin.

DOUTREPONT, Georges. 1934. *Jean Lemaire de Belges et la Renaissance.* Bruxelles : Lamertin. – 1974. Genève : Slatkine.

DROIXHE, Daniel. 1978. *La linguistique et l'appel de l'histoire (1600-1800)*. Genève: Droz.

DROIXHE, Daniel. 1988. «Sur la correspondance linguistique de Peiresc». *Schifanoia* 2. 113-18.

DROIXHE, Daniel. 1989a. «Boxhorn's bad reputation. A chapter in academic linguistics». *Speculum historiographiae linguistica*. Éd. K. Dutz. Münster: Nodus. 359-384.

DROIXHE, Daniel. 1989b. «Gottfried Hensel's comparativism». *The Henry Sweet Soc. Newsletter* 13. 1989. 31-34.

DROIXHE, Daniel. 1990a. «Le voyage de Schreiten. Leibniz et les débuts du comparatisme finno-ougrien». *Leibniz, Humboldt, and the origins of comparativism*. Éd. T. de Mauro & L. Formigari. Amsterdam: Benjamins. 3-29.

DROIXHE, Daniel. 1990b. «Langues mères, vierges folles». *Le genre humain* 21. 141-48.

DROIXHE, Daniel. 1992. «La crise de l'hébreu langue-mère au XVIIe siècle». Dans GRELL 1992. 65-99.

DROIXHE, Daniel. 1993. «Boxhorn». *The Encyclopedia of language and linguistics*. Oxford: Clarendon / Aberdeen U. P.

DROIXHE, Daniel. 1994a. «Ménage et le latin vulgaire ou tardif». *Lingua et traditio. Festschrift f. H.H. Christmann z. 65. Geburtstag*. Tübingen: Narr. 143-64.

DROIXHE, Daniel. 1994b. «Le comparatisme du P. Thomassin». *Florilegium historiographiae linguisticae*. Éd. J. De Clercq & P. Desmet. Louvain: Peeters. 217-28.

DROIXHE, Daniel. 1995. «Quelques mots sur Ménage, Saumaise, Vossius et l'étymologie française». *Gilles Ménage grammairien et lexicographe*. Éd. I. Leroy-Turcan & T.R. Wooldridge. Lyon: Univ. J. Moulin. 187-202.

DROIXHE, Daniel. 1996. «Adam ou Babel? Théorie du signe linguistique et linguistique biblique de Descartes à Leibniz». *Language philosophies and the language sciences*. Éd. D. Gambarara & al. Münster: Nodus. 115-128.

DROIXHE, Daniel. 1998. «Réflexion sur quelques pages d'Umberto Eco: *La ricerca della lingua Perfetta*». *Grammatica e ideologia nella storia della linguistica*. Margiacchi: Galeno. 281-92.

DROIXHE, Daniel. 1999. « Aldrete, Sarmiento et les 'lois phonétiques' ». *Sprachdiskussion und Beschreibung von Sprachen.* Éd. G. Hassler & P. Schmitter. Münster: Nodus. 273-96.

DROIXHE, Daniel. 2000. « Les conceptions du changement et de la parenté des langues européenes aux XVIIe et XVIIIe siècles ». *History of the language sciences – Geschichte der Sprachwissenschaften – Histoire des sciences du langage.* Éd. S. Auroux & al. Berlin-New York: De Gruyter. I, 1057-72.

DUBOIS, Claude-Gilbert. 1972. *Celtes et Gaulois au XVIe siècle.* Paris: Vrin.

DUBOIS, Claude-Gilbert. 1992. *Mots et règles, jeux et délires. Etudes sur l'imaginaire verbal au XVIe siècle.* Caen: Paradigme.

DUCHET, Michèle. 1971. *Anthropologie et histoire au siècle des Lumières.* Paris: Maspéro.

DU MÈGE, Alexandre. 1858-1860. *Archéologie pyrénéenne.* Toulouse: Delboy.

DU MÈGE, Alexandre. 1814. *Monumens religieux des Volces-Tectosages, des Garumni et des Convenae, ou fragmens de l'archéologie pyrénéenne.* Toulouse: Benichet.

DUPRONT, Alphonse. 1930. *P.-D. Huet et l'exégèse comparatiste au XVIIe siècle.* Paris: Leroux.

DUVAL, Pierre-Marie. 1956. « Le groupe de bas-reliefs des *Nautae Parisiaci* ». *Monuments Piot* 48/2. 63-90.

DUVAL, Pierre-Marie. 1993. *Les dieux de la Gaule.* Paris: Payot.

ESPÉRANDIEU, Émile. 1911. *Recueil général des bas-reliefs, statues et bustes de la Gaule romaine.* Paris: Imprimerie nationale.

FABRICIUS, Georg. 1606. *Saxoniae illustratae libri novem.* Leipzig: H. Grosse.

FAUCHET, Claude. 1599. *Les antiquitez gauloises et françoises.* Paris: J. Perier.

FÉLIBIEN, Michel & Guy-Alexis LOBINEAU. 1725. *Histoire de Paris.* Paris: G. Desprez.

FELDMAN, Burton & Robert D. RICHARDSON. 1972. *The rise of modern mythology. 1680-1860.* Indiana U. P.

FELLMAN, Jack. 1974. « The first historical linguist ». *Linguistics* 137. 31-33.

FESTUS, Sextus Pompeius. *De verborum veterum significatione*. Dans PEROTTI 1527. 1125 sv. – 1576. *M. Verri Flacci quae extant et Sex. Pompeii Festi de verborum significatione libri XX. Iosephi Scaligeri in eosdem libros castigationes*. Paris: M. Patisson & R. Estienne. – *De verbis veteribus*. Dans ISIDORE DE SÉVILLE 1577. 543 sv.

FONTENELLE. 1971. *Histoire des oracles*. Éd. L. Maigron. Paris: Didier.

FORCADEL, Étienne. 1580. *De Gallorum imperio et philosophia*. Paris: G. Chaudière.

FORMIGARI, Lia. 1972. *Linguistica e antropologia nel secondo Settecento*. Messine: La Libra.

FORMIGARI, Lia & Nicolao MERKER. 1973. *Herder – Monboddo. Linguaggio e società*. Bari: Laterza.

FRÉRET, Nicolas. 1756. «Observations sur la religion des Gaulois et sur celle des Germains». *Hist. de l'Acad. roy. des Inscr. et Belles Lettres, avec les Mémoires de litt. tirez des registres de cette Acad.* Paris: de l'Imprimerie royale. XXIV, 389-401 (Prononcé à l'Acad. des Inscr. en 1747). – Dans FRÉRET 1996. 247-302.

FRÉRET, Nicolas. 1799. *Œuvres complètes*. Paris: Moutardier.

FRÉRET, Nicolas. 1996. *Mémoires académiques*. Éd. C. Volpilhac-Auger. Paris: Fayard.

FRICK, Johann Georg. 1744. *Commentatio de druidis*. Ulm: D. Bartholomäi.

FUNAIOLI, Hyginus. 1907. *Grammaticae romanae fragmenta*. – 1969. Teubner.

GAIGNEBET, Jean-Baptiste. 1981. «Initiation à la connaissance de Peiresc». Dans ACADÉMIE DU VAR. *Les fioretti du quadricentenaire de Fabri de Peiresc*. Avignon: Aubanel. 17-28.

GAISSER, Julia Haig. 1993. *Catullus and his Renaissance readers*. Oxford: Clarendon.

GALLE, Servaes. 1688. *De deo Hercule Magusano et de dea Nehalennia in littore Maris Zelandici effossis*. Dans *Dissertationes de sibyllis earumque oraculis*. Amsterdam: H. & Veuve T. Boom. 649 sv.

GARGON, Mattheus. 1755. *Walchersche Arkadia*. Middelburg: Callenfels.

GENSINI, Stefano. 1991. *Il naturale e il simbolico. Saggio su Leibniz.* Rome: Bulzoni.

GENSINI, Stefano. 1993. «Naturale, arbitrarium and casus in Leibniz' theory of language». *La linguistique entre mythe et histoire.* Éd. D. Droixhe & Ch. Grell. Münster: Nodus. 71-110.

GENSINI, Stefano. Cf. LEIBNIZ 1995.

GIRALDI, Lilio Gregorio. 1548. *De deis gentium.* Bâle: J. Oporinus. – 1560. Ibid.

GLIOZZI, Giuliano. 1977. *Adamo e il nuovo mondo.* Florence: Nuova Italia.

GODARD DE DONVILLE, Louise (éd.). 1981. *La mythologie au XVIIe siècle.* Centre nat. des Lettres / U. de Nice.

GORP, Jan van (GOROPIUS BECANUS). 1569. *Origines antwerpianae.* Anvers: C. Plantin.

GORP, Jan van (GOROPIUS BECANUS). 1580. *Opera hactenus in lucem non edita, nempe Hermathena, Hieroglyphica, etc.* Anvers: C. Plantin.

GOSSELIN, Antoine. 1636. *Historia Gallorum veterum.* Caen: P. Poisson.

GOSSIAUX, Pol-Pierre. 1981. «De Brosses: le fétichisme, de la démonologie à la linguistique». *Charles de Brosses, 1777-1977.* Éd. J.-Cl. Garreta. Genève: Slatkine. 167-85.

GOSSIAUX, Pol-Pierre. 1993. *L'homme et la nature. Genèses de l'anthropologie à l'âge classique, 1580-1750.* Bruxelles: De Boeck.

GRAEVIUS, Johann Georg. 1722. *Thesaurus antiquitatum et historiarum Italiae.* Leyde: P. Van der Aa.

GRAFTON, Anthony. 1975. «J.J. Scaliger's Indices to J. Gruter's *Inscriptiones antiquae*: a note on Leiden University Libray Ms Scal. 11». *Lias* 2. 109-113.

GRAFTON, Anthony. 1983. *Joseph Scaliger. A study in the history of classical scholarship. I. Textual criticism and exegesis.* Oxford: Clarendon.

GRAFTON, Anthony. 1993. *Faussaires et critiques. Créativité et duplicité chez les érudits occidentaux.* Paris: Les Belles Lettres.

GRAFTON, Anthony. 1997. *Commerce with the classics. Ancient books and Renaissance readers.* U. of Michigan P.

GRÉGOIRE DE ROSTRENEN, le P. 1732. *Dictionnaire françoisceltique ou françois-breton.* Rennes: J. Vatar.

GRÉGOIRE DE TOURS. 1857. *Les livres des miracles.* Paris: Renouard.

GRÉGOIRE DE TOURS. 1982. *Opera omnia.* Turnhout: Brepols.

GRELL, Chantal (éd.). 1989. *Primitivisme et mythe des origines dans la France des Lumières, 1680-1820.* Mythe, critique et histoire 3. P. U. Paris-Sorbonne.

GRELL, Chantal (éd.). 1990. *Pratiques et concepts de l'histoire en Europe, XVIe-XVIIIe siècles.* Mythe, critique et histoire 4. P. U. Paris-Sorbonne.

GRELL, Chantal (éd.). 1992. *La République des Lettres et l'histoire du judaïsme antique, XVIe-XVIIIe siècle.* Mythe, critique et histoire 5. P. U. Paris-Sorbonne.

GRELL, Chantal. 1995. *Le dix-huitième siècle et l'antiquité en France. 1680-1789.* Oxford: Voltaire Foundation.

GROOTENS, P.M. 1942. *Dominicus Baudius.* Nimègue / Utrecht: Dekker / Van de Vegt.

GROTIUS, Hugo. 1655. *Historia Gotthorum, Vandalorum et Langobardorum.* Amsterdam: L. Elsevier.

GRUTER, Janus. 1602-1603. *Inscriptiones antiquae totius orbis Romani.*[Heidelberg]: H. Commelin. – 1616. Ibid. – 1707. *Et cum notis J.G. Graevii.* Amsterdam: Fr. Halma.

GUDIUS, Marquardus. 1697. *Epistolae.* Éd. P. Burmann. Utrecht: Fr. Hamam & G. van de Water.

GUDIUS, Marquardus. 1707. *Inscriptiones antiquae totius orbis Romani.* Amsterdam.

HACHENBERG, Paul. 1686. *Dissertatio historica septima, de lingua veterum Germanorum.* Dans *Germania media.* Iena: J.J. Ehrten. 233-50. – *Dissertatio historica octava, prior de religione gentili veterum Germanorum.* Ibid. 251-98.

HAGENBUCH, Johann Caspar. 1723. *De Asciburgio Ulixis ad Taciti locum exercitatio.* Zürich: Gessner.

HALLOWELL, Robert E. 1966. «L'Hercule gallique. Expression et image politique». *Lumières de la Pléiade.* Ed. R. Antonioli & al. Paris: Vrin. 243-53.

HALMA, François. 1725. *Tooneel der vereenigde Nederlanden.* Leeuwaarden: H. Halma.

HANI, Jean. 1976. *La religion égyptienne dans la pensée de Plutarque.* Paris: Les Belles Lettres.

HASSLER, Gerda. 1992. «Sprachphilosophie in der Aufklärung». *Sprachphilosophie – Philosophy of language – La philosophie du langage.* Ed. M. Dascal & al. Berlin-New York: De Gruyter. 116-44.

HECHT, Gottfried. 1717. *Germania sacra.* Wittenberg: G. Zimmermann.

HÉRODIEN. 1533. *Historiae de imperio post Marcum.* Dans C. SUETONIUS & al. *Omnia quam antehac emendatiora. Annotationes Des. Erasmi et Egnatii cognitu dignae.* Bâle: Froben. – 1990. *Histoire des empereurs romains de Marc-Aurèle à Gordien III (180 ap. J.-C. – 238 ap. J.-C.).* Coll. Budé.

HÉSYCHIUS D'ALEXANDRIE. 1746. *Lexicon.* Leyde: S. Luchtmans. – 1953. *Lexicon. Volumen I.* Éd. K. Latte. Copenhague: Munksgaard.

HEURNE, Otto van (HEURNIUS). 1600. *Barbaricae philosophiae antiquitatum libri duo.* Leyde: C. Plantin & C. Rapheleng.

HICKES, George. 1689. *Institutiones grammaticae anglosaxonicae et moesogothicae.* Oxford: e theatro Sheldoniano.

(*Histoire Auguste*). 1620. *Historiae Augustae scriptores VI. Claudius Salmasius ex veteribus libris recensuit et librum adiecit notarum ac emendationum. Quib. adiunctae sunt notae ac emendationes Isaaci Casauboni.* Paris. – 1661. *Historiae Augustae scriptores VI. Cum notis selectis Isaaci Casauboni, Cl. Salmasii et Jani Gruteri.* Leyde: Fr. Hack – 1996. *Histoire Auguste. Tome V 1ère partie. Vies d'Aurélien, Tacite.* Coll.Budé.

HOFFMANN, Frank. 1974. «Das Grab des Bischofs Egino von Verona in St. Peter und Paulm zu Reichenau-Niederzell». *Die Abtei Reichenau.* Éd. H. Maurer. Sigmaringen: Thorbecke. 545-75.

HORN, Georg. 1666. *Arca Noae.* Leyde / Rotterdam: Fr. Hack.

HUET, Pierre-Daniel. 1690. *Demonstratio evangelica.* 3ᵉ éd. Paris: D. Hortemels.

HUYGENS, Constantijn. 1911-17. *Briefwisseling.* Éd. J.A. Worp. 'S-Gravenhage: Nijhoff.

IRÉNÉE, P. 1904. *Aulon, monographie locale.* Toulouse / Saint-Gaudens: Privat / Abadie.

ISIDORE DE SÉVILLE. (1577). *Originum libri viginti. Uterque, praeter Fulgentium et veteres grammaticos, variis lectionibus et scholiis illustratus opera atque industria Bon. Vulcanii.*

Bâle: P. Perna. – 1951. *Etimologías*. Éd. L. Cortés y Góngora & al. Madrid: La Editorial Católica.

JACOB, André. 1973. *Genèse de la pensée linguistique*. Paris: Colin.

JUNIUS, François. Cf. TERTULLIEN 1597.

KERVERZHIOU, G.B. 1951. «Cernunnos. Le dieu cornu, à la posture 'bouddhique'». *Ogam* 13. 120-28.

KEYSLER, Johann Georg. 1720. *Antiquitates selectae septentrionales et celticae*. Hanovre: N. Förster.

KEYSLER, Johann Georg. *Dissertatio de cultu Solis, Freji et Othni*. Avec SCHEDE 1728.

KIEL, Cornelis van (KILIANUS). 1605. *Etymologicum teutonicae linguae* Amsterdam: C. Nicolai.

KIEL, Cornelis van (KILIANUS). 1889-1902. *Synonymia latino-teutonica (ex Etymologico C. Kiliani deprompta)*. Éd. E. Spanoghe. Anvers: Buschmann.

KIRCHMAIER, Georg Kaspar. 1664. *In C.C. Tacitum De German. liber commentarius*. Wittenberg: l'Auteur.

LACAZE, Julien. 1885. *Les anciens dieux des Pyrénées*. Saint-Gaudens: Abadie.

LACTANCE. 1986. *Institutions divines. 1*. Paris: Éd. du Cerf.

LAFITAU, Joseph-François. 1983. *Mœurs des sauvages américains comparées aux mœurs des premiers temps*. Ed. E.H. Lemay. Paris: Maspéro.

LAMING-EMPERAIRE, Annette. 1964. *Origines de l'archéologie préhistorique en France, des superstitions médiévales à la découverte de l'homme fossile*. Paris: Picard.

LAPLANCHE, François. 1992. «Les religions du paganisme antique dans l'Europe chrétienne. Tendances actuelles de la recherche. Présentation générale des XVIe et XVIIe siècles». Dans GRELL 1992. 11-28.

LAVAGNE, Henri. 1998. Cf. *A la rencontre des dieux gaulois*. 35-38.

LE BONNIEC, Henri. 1970. «Lucain et la religion». *Lucain. Sept exposés suivis de discussions*. Éd. M. Durry. Vandœuvres / Genève: Hardt. 161-200.

LEIBNIZ. 1710. *Brevis designatio meditationum de originibus gentium, ductis potissimum ex indicio linguarum. – Bref essai sur l'origine des peuples déduite principalement des indica-*

tions fournies par les langues. Dans JACOB 1973. 46-62. — Dans LEIBNIZ 2000. 171-93.

LEIBNIZ. [1712-16]. *Epistolica de historia etymologica dissertatio*. Ms. Bibl. Hanovre. — Dans GENSINI 1991. 201-71. — Trad. it. partielle dans LEIBNIZ 1995. 67-93.

LEIBNIZ. 1717. *Collectanea etymologica*. Hanovre: N. Förster.

LEIBNIZ. 1768. *Opera omnia*. Éd. Dutens. Genève: de Tournes.

LEIBNIZ. 1995. *L'armonia delle lingue*. Éd. St. Gensini, Bari: Laterza.

LEIBNIZ. 2000. *L'harmonie des langues*. Éd. M. Crépon. Paris: Seuil.

LEEUWEN, Simon van. 1685. *Batavia illustrata*. La Haye: J. Vely.

LEMAIRE DE BELGES, Jean. 1882-85. *Les illustrations de Gaule et singularitez de Troie. Œuvres*. Éd. J. Stecher. Louvain: J. Lefever. — 1969. Genève: Stalkine.

LE ROY. *Dissertation sur les restes d'un ancien monument*. Dans FÉLIBIEN & LOBINEAU 1725. I, cxxix-clij.

LESCALOPIER, Pierre. 1660. *Theologia veterum Gallorum*. Dans *Humanitas theologica*. Paris: S. Cramoisy. 713-38. — Dans FRICK 1744. 86-38.

LIPPOLD, Adolf. 1991. *Kommentar zur Vita Maximini Duo der Historia Augusta*. Bonn: Habelt.

LIPSE Juste. Cf. SMET 1588.

LUCAIN. 1538. *Pharsalia*. Paris: P. Calvarin. — 1569. *De bello civili*. Leyde: A. Gryphius. — 1976. *La guerre civile (La Pharsale)*. Coll. Budé. — 1988. *De bello civili*. Coll. Teubner.

LUCIEN. 1528. *Opuscula quaedam, Erasmo Rote. & Thoma Moro interpretib*. Leyde: S. Gryphius. — 1991. *Lucian*. Coll. Loeb.

LÜDTKE, Jens. 1987. «Die Debatte um die Herkunft des Französischen 1733-1757». *Die Frühgeschichte der romanischen Philologie: von Dante biz Diez*. Éd. H.-J. Niederehe & Br. Schlieben-Lange. Tübingen: Narr. 151-76.

Lutèce: Paris de César à Clovis. Catalogue de l'exposition. Paris: Musée Carnavalet. 1985.

LYDIUS, Jacob. 1668. *Belgium gloriosum*. Dordrecht: V. Caymax.

MABILLON, Jean & Michel GERMAIN. 1685. *Veterum analectorum tomes IV.* Paris: E. Martin & J. Boudot.

MAGNÉ, Bernard. 1976. *Crise de la littérature française sous Louis XIV. Humanisme et nationalisme*. Paris: Champion.

MAGNÉ, Bernard. «Le procès de la mythologie dans la querelle des Anciens et des Modernes». Dans GODARD DE DONVILLE 1981. 49-55.

MAICHIN, Armand. 1671. *Histoire de Saintonge, Poitou, Aunis et Angoumois*. Saint-Jean-d'Angely: H. Boysset.

MANDOWSKY, Erna & Charles MICHELL. 1963. *Pirro Ligorio's Roman antiquities*. Londres: The Warburg Institute.

MANUEL, Frank E. 1959. *The eighteenth century confronts the gods*. Harvard U.P.

MARTIN, Jacques. 1727. *La religion des Gaulois tirée des plus pures sources de l'Antiquité*. Paris: Saugrain.

MAS, R. 1982. ««Dom Jacques Martin, historien des Gaulois (1684-1751)». Dans VIALLANEIX et EHRARD. 41-50.

MASIUS, Hector Gottfried. 1688. *Schediasma historico-philologicum de diis obotritis seu idolis Mecklenburgensium et praecipue de Radegasto, celebri olim idolo*. Copenhague: J. P. Bockenhoffer.

MATTHAEUS, Anton. 1698. *Veteris aevi analecta*. Leyde: F. Haaring. – 1738. La Haye: G. Block. T. VI.

MEISNER, Balthasar. 1663. *Orationes duae, prior de arca Noachi*. [Wittenberg]: M. Henckelius.

MÉNESTRIER, Claude François. 1696. *Histoire civile ou consulaire de la ville de Lyon*. Lyon: J.-B. & N. de Ville.

MEURISSE, Martin. 1634. *Histoire des evesques de l'église de Metz*. Metz: J. Anthoine.

MINUCIUS FELIX. 1984. *Octavius*. Coll. Loeb.

MOLHUYSEN, P.C. & al. 1930. *Nieuw Nederlandsch Biografisch Woordenboek*. Leyde: Sijthoff.

MOLNAR, Albert. 1604. *Dictionarium latino-ungaricum*. Nuremberg: E. Hutter.

MONTAIGNE. 1962. *Œuvres complètes*. Éd. A. Thibaudet & M. Rat. Paris: Gallimard. – 1992. *Les essais*. Éd. P. Villey. Paris: Quadrige / PUF.

MONTFAUCON, Bernard de. 1719. *L'antiquité expliquée*. Paris: Delaulne. – 1722. Ibid.

MOREAU DE MAUTOUR, Philibert-Bernard. 1711. *Observations sur des monuments d'antiquité trouvez dans l'Eglise Cathedrale de Paris*. Paris : P. Cot.

MORÉRI, Louis. 1759. *Le grand dictionnaire historique*. Paris : Libraires associés.

MORPURGO DAVIES, Anna. 1996. *La linguistica dell'Ottocento*. Bologne : Il Mulino.

MULLER, Jean-Claude. 1986. «Early stages of language comparison from Sassetti to Sir William Jones (1786)». *Kratylos* 31. 1-31.

MURATORI, Lodovico Antonio. 1739. *Novus thesaurus veterum inscriptionum*. Milan : ex. aed. Palatinis.

NEANDER, Michael. (1561). *Graecae linguae erotemata*. Bâle : J. Oporinus.

NICOLAS, Anne. 1977. «L'énonciateur infatigable». *Revue des sciences humaines* 166. 241-59.

NONIUS MARCELLUS. *Compendiosa doctrina ad filium de proprietate sermonum*. Dans PEROTTI 1527. 1219 sv.

NORDMAN, V.A. 1934. *Die Wandalia des Albert Krantz. Eine Untersuchung*. Helsinki : Suomalainen Tiedeakatemia.

NOREEN, Adolf. 1883. «Aperçu de la science linguistique suédoise». *Le muséon* 2. 411-30 & 547-60.

OELSCHLAEGER, Adam (OLEARIUS). 1666. *Relation du voyage en Moscovie, Tartarie, Perse, etc*. Paris : J. Du Puis.

OLENDER, Maurice. 1989. *Les langues du paradis. Aryens et Sémites : un couple providentiel*. – 1994. Paris : Gallimard / Le Seuil.

OUDENDORP, François. 1746. *Brevis veterum monumentorum, ab ampl. viro G. Papenbroekio Academiae Lugduno-batavae legatorum, descriptio*. Leyde : S. Luchtmans.

PALLADIO DEGLI OLIVI, Enrico. 1659. *Rerum Forojuliensium libri undecim*. – Dans GRAEVIUS 1722. VI, pars quarta, 2.

PAMELIUS, Jacob. Cf. TERTULLIEN 1584.

PARADIN, Guillaume. 1573. *Mémoires de l'histoire de Lyon*. Lyon : A. Gryphius.

PARSONS, James. 1767. *Remains of Japhet*. Londres : L. Davis & C. Reymers.

PAUL DIACRE. 1994. *Histoire des Lombards*. Éd. Fr. Bougard. Turnhout : Brepols.

PAUSANIAS. 1583. *Accurata Graeciae descriptio.* Francfort: Héritiers d'A. Wechel.

PELLOUTIER, Simon. 1741. *Histoire des Celtes.* Paris: Coustelier. Livres I-II. – 1750. La Haye: Beauregard. Livre III. – 1771. Éd. de Chiniac. Paris: Quillau. Livres I-IV.

PEROTTI, Nicolai. 1527. *Cornucopiae, sive linguae latinae commentarii diligentissime recogniti atque ex archetypo emendati.* Venise: A. Manuzio & A. Torresano (Asulanus).

PERSE. 1966. *Satires.* Coll. Budé.

PEZRON, Paul-Yves. 1703. *Antiquité de la nation et de la langue des Celtes.* Paris: Pr. Marchand & G. Martin.

PICARD, Jean. 1556. *De prisca celtopaedia.* Paris: M. David.

PICTOR, Georg. 1532. *Theologia mythologica.* Anvers: M. Hillenius.

PICTOR, Georg. 1558. *Apotheseos tam exterarum gentium quam romanorum deorum libri tres.* Bâle.

PIGGOTT, Stuart. 1976. *Ruins in a landscape: essays in antiquarianism.* Edinburgh U.P.

PIGGOTT, Stuart. 1989. *Ancient Britons and the antiquarian imagination. Ideas from the Renaissance to the Regency.* Londres: Thames & Hudson.

PIGHIUS, Stephanus. Cf. WYNANTS 1587.

PISANI, Vittorio. 1947. *L'etimologia. Storia, questioni, metodo.* Brescia: Paideia.

PITHOU, Pierre. 1565. *Adversariorum subsecivorum libri II.* Paris: J. Borel.

PLINE L'ANCIEN. 1962. *Histoire naturelle.* Coll. Budé.

PLINE LE JEUNE. 1992. *Lettres. Tome III. Livres VII-IX.* Coll. Budé.

PLUTARQUE. 1989. *Moralia. III.* Coll. Loeb.

POMIAN, Krzysztof. 1992. «Francs et Gaulois». *Les lieux de mémoire. Les France. 1. Conflits et partages.* Dir. P. Nora. Paris: Gallimard. 41-105.

POMPONIUS MELA. 1522. *De orbis situ libri tres.* Bâle: A. Cratander. – 1988. *Chorographie.* Coll. Budé.

PONTANUS, Johannes Isaac. 1606. *Itinerarium Galliae Narbonensis, cum duplici appendici, id est universae fere Galliae descriptione philologica ac politica. Cui accedit glossarium prisco-gallicum seu de lingua Gallorum veteri dissertatio.* Leyde: Th. Basson.

PONTANUS, Johannes Isaac. 1616. *Originum Francicarum libri VI.* Harderwyck: T. Henricus.

POUGENS, Charles. 1810. *Doutes et conjectures sur la déesse Néhalennia.* Paris: Pougens.

PRESLES, Raoul de. Cf. saint AUGUSTIN 1531.

PRIDEAUX, Humphrey. 1676. *Marmora Oxoniensia ex Arundellianis, Seldenianis, aliisque conflata.* Oxford: e theatro Sheldoniano.

PUFENDÖRFFER, Esaias. 1650. *De druidibus dissertatio.* [Leipzig]: Veuve Hön.

QUINTILIEN. 1975. *Institution oratoire.* Coll. Budé.

RACHOU, Henri. 1912. *Catalogue des collections de sculpture et d'épigraphie du musée de Toulouse.* Toulouse: Privat.

RAUMER, Rudolf von. 1870. *Geschichte der germanischen Philologie.* Munich: Oldenburg.

RAVISIUS TEXTOR, Jean. 1552. *Officina.* Bâle: N. Brylinger.

RE, Antonio del. 1611. *Dell'antichita Tiburtine.* Rome: G. Mascardi.

REINESIUS, Thomas. 1682. *Syntagma inscriptionum antiquarum cum primis Romae veteris, quarum omissa est recensio in vasto J. Gruteri opere. Opus posthumum.* Leipzig: J. Fritsch & J. Fr. Gleditsch.

REVENTLOW, Henning. 1980. *Bibelautorität und Geist der Moderne.* Göttingen: Vandenhoeck & Ruprecht.

REYNOLDS, Leighton Durham (éd.). 1983. *Texts and transmission. A survey of the Latin classics.* Oxford: Clarendon.

REYNOLDS, Leighton Durham & Nigel Guy WILSON. 1991. *Scribes and scholars: a guide to the transmission of Greek and Latin literature.* Oxford: Clarendon.

RIPOLL, R. 1982. «Bouvard et Pécuchet à la recherche des Gaulois». Dans VIALLANEIX & EHRARD. 331-37.

ROSCHACH, Ernest. 1865. *Musée de Toulouse. Catalogue.* Toulouse: Viguier.

RUPP-EISENREICH, Britta. 1983. «Des choses occultes en histoire des sciences humaines: le destin de la *Science nouvelle* de Christoph Meiners». *L'ethnographie* 79. 131-83.

RYCKE, Theodor. 1684. *Dissertatio de primis Italiae colonis et Aeneae adventu.* Dans *Lucae Holstenii Notae et castigationes postumae in Stephani Byzantii.* Leyde: J. Hack. 393-467.

RYCKE, Theodor. 1686. *Ad C. Cornelium Tacitum animadversiones.* Leyde: J. Hack.

SABLON, Vincent. 1683. *Histoire de l'auguste et venerable église de Chartres, dediée par les anciens Druïdes à une Vierge qui devoit enfanter. Seconde edition.* Chartres: R. Bocquet & Et. Massot.

SAUMAISE, Claude. Cf. *Histoire Auguste* 1620.

SCALIGER, Joseph Juste. Cf. FESTUS 1576.

SCALIGER, Joseph Juste. 1565. *Conjectanea in M. Terentium Varronem De lingua latina.* Paris: R. Estienne.

SCALIGER, Joseph Juste. 1574. *Ausonianarum lectionum libri duo.* Leyde: A. Gryphius.

SCALIGER, Joseph Juste. 1609. *Thesaurus temporum.* – 1658. Amsterdam: J. Janssonius.

SCHEDE, Elias. 1648. *De diis germanis, sive veteri Germanorum, Gallorum, Britannorum, Vandalorum religione.* Amsterdam: L. Elsevier. – 1728. *Accedit J.G. Keysleri Dissertatio de cultu Solis, Freji et Othni.* Halle: ex off. Crugiana.

SCHENCK, Jean-Luc. Cf. *A la rencontre des dieux gaulois* 1998.

SCHMIDT, Francis (éd.). 1988. *L'impensable polythéisme.* Paris: Ed. des Archives contemporaines.

SCHNAPP, Alain. 1993. *La conquête du passé. Aux origines de l'archéologie.* Paris: Carré. – 1998. Ibid.

SCHRIJVER, Pieter (SCRIVERIUS). 1737. *Opera anecdota philologica et poëtica.* Éd. A. H. Westerhovius. Utrecht: H. Besseling.

SEELEN, Johann Heinrich von. 1736. *De diis deabusque veterum gentium medicis exercitatio.* Lübeck: J. N. Greenius.

SERVIUS, Honorat. Cf. VIRGILE [1516-17].

SEZNEC, Jean. 1933. «Les manuels mythologiques italiens et leur diffusion en Angleterre à la fin de la Renaissance». *Mélanges d'archéologie et d'histoire de l'École française de Rome* 40. 1-17.

SEZNEC, Jean. 1980. *La survivance des dieux antiques. Essai sur le rôle de la tradition mythologique dans l'humanisme et dans l'art de la Renaissance.* Paris: Flammarion.

SHERINGHAM, Robert. 1670. *De Anglorum gentis origine disceptatio*. Cambridge: J. Hayes.

SIMEONI, Gabriele. 1558. *Les illustres observations antiques du seigneur G.S. Florentin. En son dernier voyage d'Italie l'an 1557.* Lyon: J. de Tournes. – 1558. *Illustratione de gli epitaffi e medaglie antiche.* Ibid.

SIMEONI, Gabriele. 1560. *Dialogio pio e speculativo.* Lyon: G. Rouillé – 1561. *Description de la Limagne d'Auvergne en forme de dialogue.* Ibid.

SIMONE Raffaele. 1988. «The early modern period». *History of linguistics.* Éd. G. Lepschy. Bologne: Il Mulino. III, 149-236.

SMET, Martin de. 1588. *Inscriptionum antiquarum quae passim per Europam liber. Accessit auctarium a J. Lipsio.* Leyde: C. Plantin & Fr. Rapheleng.

SOLÉ, Jacques. 1982. «Le mythe gaulois sous Louis XIV: Paul Pezron et son *Antiquité des Celtes* de 1703». Dans VIALLANEIX et EHRARD. 37-40.

SOMNER, William. 1659. *Dictionarium saxonico-latino-anglicum.* Londres: D. White.

SPELMAN, Henry. 1626. *Archaelogus in modum glossarii.* Londres: J. Beale.

SPON, Jacob. 1673. *Recherche des antiquités et curiosités de la ville de Lyon.* Lyon: J. Faeton.

SPON, Jacob. 1676. *Ignotorum atque obscurorum quorundam deorum arae.* Lyon: J. Faeton.

SPON, Jacob. 1679. *Miscellanea eruditae antiquitatis.* Francfort: J.H. Widerholdt. – 1685. *Miscellaena, in quibus marmora, statuae, musiva, toreumata, gemmae, numismata, Grutero, Ursino, Boissardo, Reinesiio...ignota et hucusque inedita referuntur ac illustrantur.* Lyon: l'Auteur.

STANCATI, Claudia. Cf. DESCARTES 2000.

STÉFANINI, Jean. 1978. «Remarques sur l'influence de Varron grammairien, au moyen âge et à la Renaissance». *Varron. Grammaire antique et stylistique latine. Par/pour Jean Collart.* Paris: Les Belles Lettres. 185-92.

STRABON. 1966 sv. *Géographie.* Coll. Budé.

STRUYS, Jan Janszzoon. 1682. *Les voyages en Moscovie, en Tartarie, en Perse, aux Indes, etc.* Lyon: T. Amaulry.

SWIGGERS, Pierre. 1984. «Adrianus Schrieckius: de la langue des Scythes à l'Europe linguistique». *Histoire, épistémologie, langage* 6/2. 17-35.

SWIGGERS, Pierre. 1991. «Le travail éymologique: typologie historique et analytique, perspective, effets». *Discours étymologiques. Actes du Colloque intern. organisé à l'occasion du centenaire de la naissance de W. von Wartburg.* Tübingen: Niemeyer. 29-45.

SWIGGERS, Pierre. 1997. *Histoire de la pensée linguistique.* Paris: PUF.

TACITE. 1574. *Historiarum et annalium libri qui extant, I. Lipsii studio emendati et illustrati.* Anvers: C. Plantin. – 1585. *Opera omnia quae extant, ex I. Lipsi editione ultima, et cum eiusdem ad ea omnia commentariis aut notis.* Anvers [Leyde]: C. Plantin.

TACITE. 1983. *La Germanie.* Coll. Budé.

TACITE. 1990. *Annales. Livres I-III.* Coll. Budé.

TACITE. 1992. *Histoires. Livres IV et V.* Coll. Budé.

TAILLEPIED, Noël. 1585. *Histoire de l'estat et republique des Druides, Eubages, Sarronides, Bardes, Vacies, Anciens François, etc.* Paris: J. Parent.

TAVONI, Mirko. 1986. «On the Renaissance idea that Latin derives from Greek». *Annali della Scuola Normale Superiore di Pisa* 16. 205-38.

TAVONI, Mirko. 1998. «Renaissance Linguistics». *History of linguistics.* Éd. G. Lepschy. Bologne: Il Mulino. III, 1-148.

TERTULLIEN. 1562. *Scripta. Non omissis accuratis Beati Rhenani annotationibus.* Bâle. – 1584. *Opera. Cum Jacobi Pamelii Brugensis, theologi, archidiaconi Audomaropolitani, argumentis et adnotationibus.* Paris: M. Sonnius – 1597. *Opera. Ex editione Iacobi Pamelii Brugensis. Quibus seorsim additae sunt annotationes Beati Rhenani Seletstadiensis, aucta censura Inquisitionis Hispanica: Itemque castigationes ac notae perspicuae et breves Francisci Junii Biturigis, tum ex Mss. Fide, et Latini Litinii Viterbiensis, aliorumque symbolis comportatae, tum coniecturis gravissimis atque lectissimis accuratae.* Franeker: A. vanden Rade.

TERTULLIEN. 1961. *Apologétique.* Coll. Budé. – 1984. *Apology.* Coll. Loeb.

THOMAS, Hubert (LEODIUS). 1551. *De Tungris et Eburonibus, aliisque inferioris Germaniae populis*. S.l.

THOMAS, Hubert (LEODIUS). 1599. *De palatinorum origine et Heidelbergae antiquitatibus commentatio*. Dans Marquard FREHER. *Originum palatinarum commentarius*. Heidelberg: Commelin.

THOMASSIN, Louis. 1690. *La méthode d'étudier et d'enseigner chrestiennement et utilement la grammaire ou les langues par rapport à l'Ecriture sainte en les reduisant toutes à l'hébreu*. Paris: Fr. Muguet. – 1693. Ibid.

TITE-LIVE. 1985. *Histoire romaine*. Coll. Budé. – 1990 sv. *Ab urbe condita*. Oxford C. T.

TORRE, Filippo della. 1700. *Dissertatio de Beleno, veterum Aquilejensium deo*. Dans *Monumenta veteris Antii*. Rome: G. Zenobi & G. Plachi. 253-89.

TORY, Geoffroy. 1529. *Champ fleury, au quel est contenu lart et sciencxe de la deue et vraye proportion des lettres attiques*. Paris: [l'auteur] & G. Gourmont. – 1973. Éd. G. Cohen & al. Genève: Slatkine.

TOURNEUR, Victor. 1905. *Esquisse d'une histoire des études celtiques*. Liège: Vaillant-Carmanne.

ULPIEN. 1586. *Regularum liber singularis*. Dans *Codicis Theodosiani libri XVI. Veterum iurisconsultorum reliquiae*. Paris: S. Nivelle. II, 79-101.

URSATI, Sertorio. 1652. *Monumenta Patavina*. Padoue: P. Frambottus.

VALERIUS FLACCUS. 1970. *Argonauticon libri octo*. Coll. Teubner.

VALOIS, Adrien de (VALESIUS). 1675. *Notitia Galliarum*. Paris: F. Léonard.

VANWELKENHUYZEN, Nadine. 1995. «Langue des hommes, signes des dieux. Fréret et la mythologie». *Corpus* 29. 63-73.

VANWELKENHUYZEN, Nadine. 2000. *L'étymologie en France et en Italie à l'âge classique*. Thèse de doctorat de l'U. Libre de Bruxelles. Dactyl.

VARRON. *De lingua latina*. Dans PEROTTI 1527. – 1985. *La langue latine. Livre VI*. Coll. Budé. – 1993. *On the Latin language. Books V-VII*. Coll. Loeb.

VEEN, P.A.F. van. 1989. *Etymologisch woordenboek*. Utrecht / Anvers: Van Dale.

VERDAM, J. 1932. *Middelnederlandsch handwoordenboek*. 's-Gravenhage: M. Nijhoff.

VERELIUS, Olaus (éd. et trad.). 1672. *Hervarar saga*. Uppsala.

VIALLANEIX, P. & Jean EHRARD (éd.). 1982. *Nos ancêtres les Gaulois*. Fac. des Lettres et Sc. Humaines de l'U. de Clermont-Ferrand II.

VIOT, Roland. 1627. *Miroir de toute saincteté, en la vie du sainct merveilleux Bernard de Menton*. Lyon: Fr. de La Bottiere.

VIRGILE. (1516-17). *Aeneis Vergiliana cum Servii Honorati grammatici huberrimis commentariis*. S.l.n.d. – 1977 sv. *Énéide*. Coll. Budé.

VOLPILHAC, Catherine. 1982. «Les Gaulois à l'Académie des Inscriptions et Belles-Lettres de 1701 à 1793». Dans VIALLANEIX & EHRARD. 77-83.

VOLTAIRE. 1771 sv. *Collection complette des œuvres*. Genève [Liège: Plomteux].

VOLTAIRE. 1961. *Mélanges*. Éd. J. van den Heuvel. Paris: Gallimard.

VOLTAIRE. 1980. *Correspondance. VI (octobre 1760-décembre 1762)*. Éd. Th. Besterman. Paris: Gallimard.

VOLTAIRE. 1990. *Essai sur les mœurs*. Éd. R. Pomeau. Paris: Bordas.

VOSSIUS, Gerardus Joannes. 1641. *De theologia gentili et physiologia christiana*. Amsterdam: J. & C. Blaeu. – 1642. Ibid. – 1668. Ibid. – 1668. Francfort: J.N. Humm. – 1700. Amsterdam: Blaeu.

VOSSIUS, Gerardus Joannes. 1645. *De vitiis sermonis et glossematis latino-barbaris*. Amsterdam: L. Elsevier. – 1666. Francfort: C. Waechtler.

VOSSIUS, Gerardus Joannes. 1662. *Etymologicon linguae latinae; praefigitur ejusdem de literarum permutatione tractatus*. Amsterdam: L. & D. Elsevier. – 1664. Leyde. – 1695. Amsterdam: P. & J. Blaeu. – 1762. Naples.

WACHTER, Johann Georg. 1737. *Glossarium germanicum, continens origines et antiquitates totius linguae germanicae*. Leipzig: J.Fr. Gleditsch.

WILLICH Josse (JODOCHUS VUILLICHIUS). 1551. *In Cornelii Taciti Germaniam commentaria.* Francfort: J. Eichorn.

WITTEN, Henning. 1677-79. *Memoriae philosophorum, oratorum, poetarum, etc.* Francfort: M. Hallervord.

WYNANTS, Etienne, ou WINAND (PIGHIUS). 1587. *Hercules prodicius, seu principis juventutis vita et peregrinatio.* Anvers: C. Plantin.

WREE, Olivier de, ou VRÉE (VREDIUS). 1650. *Historiae comitum Flandriae libri prodromi duo. Quid comes? Quid Flandria?* Bruges: L. Kerckhove.

ZUMTHOR, Paul. 1958. «Fr. *étymologie* (essai d'histoire sémantique)». *Etymologica. W. von Wartburg z. siebzigsten Geburtstag.* Tübingen: Niemeyer. 873-93.

INDEX

Aachen : 157
Aarsleff : 9, 208
Abellio : 42, 51, 91-95, 109, 119, 122
Abraham : 111, 130, 211-13
Abraxas : 121
Abundantia : 137
Académie de Berlin : 219
Académie des Inscriptions : 10, 238
Accurse : 84
Adam, -isme : 208, 217, 221, 248 – V. pré- adamisme
Adam (J.-P.) : 270-71
Aelfric le Grammairien : 77
Afrique : 67, 118
Agen : 88
Ainay : 56, 225
Aius : 20
Aix-en-Provence : 62
Aix-la-Chapelle : 157
Alains : 13, 185
Alamans : 30-31, 143
Alcmène : 22
Aldrovandi : 28
Alesia : 52, 68
Alexandrie : 20
Allemagne, allemand : 105-6, 115, 143, 148, 157-58, 168, 185, 201-4, 207-10, 221, 224, 235-37, 240 – vieux-haut-all. : 157-58, 227

Almenstorf, Almanshofen : 22
Alohim : 178
Alpes : 203, 224
Altdorf : 154, 167
Alting : 148-49
Amérique : 44, 76, 146, 160, 245
Ammien Marcellin : 30, 140, 165, 201
Ammonites : 193
Amsterdam : 53
Andalousie : 222
André : 141
Andveiler : 165
Angleterre, Angles, anglais : 31, 36, 45, 49, 75, 77, 97, 150, 162, 168-69, 209, 213, 222, 227, 235-38
Anglesey (île d') : 98
anglo-saxon : 49, 97, 155, 160, 169, 185
Annius de Viterbe : 15-16, 23-24, 37, 130, 153
Anselme : 213
Antenor : 123
Anteverta : 69
Antinoüs : 85
Antonin : 49, 92
Anubis : 35, 40, 199
Apennins : 224
Anvers : 21, 73, 105, 115, 152-53
Apis : 45, 268

Apollon: 19, 21, 29, 39-40, 43, 51, 68, 79, 84-89, 94, 99-101, 112, 117-25, 129, 158, 174, 211, 225 – A. Borvo: 68 – A. Didyme: 198 – A. Moritasgus: 52, 68
Aquilée: 81-85, 89, 123, 125, 132
Aquitaine: 27, 86, 91, 95
Arabes: 118, 177
Aragon: 65
Archiloque: 153
Ardenne: 149
Arens: 93
Ares: 209
Argonautes: 116, 123
Arius: 72
Arles: 41, 222
Arménie: 49, 202
Armentières: 145
Armorique: 35, 38, 46, 87, 108, 114, 123, 182, 202, 204, 231, 238 – V. Bretons, Brigants
Arnobe: 110
Arnold: 154
Arundel: 50
Arvernes: 125
Aryens: 218
Asburg: 143, 166, 222
Ascanius: 143
Ascelburg: 143, 166, 222
Asciburgius: 142-43, 166, 222
Assyrie: 20, 21, 109-12, 118-21, 124, 129- 30, 220, 244
Astarté: 66, 118
Atlantide: 169
Attila: 82

attique: 177, 197
Attius Patera: 86
Aubrey: 213
Auguste: 37, 211
Augustin (saint): 34, 66, 110, 145
Aulon: 92
Aulu-Gelle: 58, 142, 177, 198
Aurélien: 101, 118
Ausone: 34, 86-88, 96, 100, 120-21, 129, 131
Autun: 40, 225
Auvergne: 90, 260-61
Aventinus: 46, 72

Baal: 109-12, 117-20, 129-30, 184, 220
Babel: 15
Babylone: 72, 109, 180
Bacchus: 82, 96, 118, 203-7, 227, 273
Bacon-Tacon: 218
Bagnères-de-Luchon: 92
Bâle: 25
Banier: 53-54, 60-66
Barret-Kriegel: 11
bas-breton: v. Bretons, Armorique
basque: 231
Batavie: 137, 149, 163, 175-76, 199
Baudelot de Dairval: 188, 190-92, 200-3, 206, 269
Bavière: 46, 72, 154
Bayeux: 86, 218
Bayle: 10
Baulieu: 70
Beaune, C.: 13-14, 16
Beale: 76
Beaulieu: 70, 257

Beauzée: 219
Becanus (Goropius): v. Gorp (van)
Behemoth: 111
Bel: v. Baal
Belenus: 29, 39-42, 81-133, 182, 184, 216, 220, 237-38, 259-60
belgique (nation, langue): v. Flamands, néerlandais
Beligna: 84
Belisana: 39
Bel(l)inus: 98-100
Belleforest: 90
Belli: 239
Bellone: 68
Belloni: 84
Bellovèse: 14
Belonia: 120
Belphégor: 111
Belus: 110, 120-21
Belvedere: 84
Belzébuth: 111
Bergame: 104
Berlin: 219
Bernard de Menton (saint): 224
Bernard: 48-49
Bérose: 15, 37, 72
Besançon: 48
Besnier: 236
Bimard de La Bastie: 69
Blan(c)kaart, -cardus: 147-48, 154-55, 164, 172, 181, 264
Blumenbach: 221
Boccace: 17-18, 21
Bochart: 42, 66, 120, 125, 183, 220
Bodin: 31, 201
Boissard: 54-55

Bolathen: 110
Bonn: 64
Bopp: 230
Bordeaux: 86-88
Borel: 42-43, 220
Boulduc: 128-31
Bouquet: 244
Bourbonne-les-Bains: 68
Bourgogne: 69
Bout: 136
Boutrays: 127
Boxe (van der): 161
Boxhorn: 8, 38, 65, 78, 138-39, 150-64, 175-81, 183, 192, 206-7, 210, 219-21, 234
Braun: 157, 180-83, 220
Bréal: 230
Brennus: 14, 104, 195
Brescia: 104
Bretons, (bas)-breton: 32, 108, 165, 192, 196, 202, 207, 216-19, 231, 238, 242-45
Brielle: 184
Brioude: 199
Brigants: 165, 182
Britanniques (peuples), britannique (langue), brittonique, Grande-Bretagne: 35-39, 46, 49, 62-65, 78, 96-99, 199, 207, 213, 216
Brosses (de): 216, 221, 240-42
Bructère: 107
Bruges: 74, 115, 138, 141, 148, 266
Bruno: 20
Bruxelles: 85
Budé: 25

Bure: 229

Cabbale: 131, 209
Calderini: 84
Caligula: 99
Calmet: 176
Calov: 180
Camalodunum: 96
Cambrie, cambro-breton: 50, 202 – V. Galles (pays de)
Cambridge: 75
Camden: 9, 34-37, 45-46, 49-50, 75, 96- 101, 199, 238, 259
Canaan: 130
Canini: 93, 106
Canter: 89
Canterbury: 213
Capitolin: 83, 89
Carnac: 212
Carniole: 123-25
Carnutum, -nutes: 124-27 – V. Chartres
Cartari: 26-28, 251
Carthagène: 46
Carthaginois: 135 – V. Phéniciens
Cassandre: 108
Cassi: 98
Cassibellinus, -velaunus: 98-100
Cassiodore: 151
Castor: 116, 199
Catalogne: 65
Catti: 98
Cattimarus: 98
Cave: 79
Caylus: 17, 188, 212, 233
Celestis: 118
Celtibères: 9

Celtus (roi): 15
Cerbère: 137
Cérès: 116, 150, 178
Cernunnos: 8, 194, 203-7, 227, 245, 273
Cervini: 84
César: 11, 14, 16-19, 30, 33, 35, 52, 90- 91, 97, 123-25, 130-31, 142, 181-82, 199, 210, 244
Chaldée: 15, 20, 179, 183
Champoulet: 68
Chardin: 236
Charlet: 69
Charpin: 87-88
Chartres: 41, 125-29, 222
Chasseneux: 41
Chelmsford: 96
Chester: 49-50
Chiflet: 268
Childéric: 45, 190, 268
Chine: 76, 117, 244
Christine de Suède: 76
Chypre: 21
Cicéron: 42-43, 122, 179
Cimbres: 152, 202, 238
Cimmériens: 144, 152
Circé: 156
Cissonius: v. Mercure C.
Cité de Dieu: 18
Clément d'Alexandrie: 20, 110, 130
Clermont-Ferrand: 90, 121, 130, 260-61
Clèves (prince de): 81
Clitumne: 132 – V. Jupiter Cl.
Clüver, Cluvier: 38, 72, 74, 77-78, 116, 146, 202, 234-37
Cocherel: 190

Colijnsplaat: 136
Colbert: 190
Cologne: 115, 141, 163, 182, 198
Colonne-Joux: 224
Cômes: 104
Commelin: 53
Comminges: 91, 94
Condillac: 226
Constant: 221
Conti: 26
Convènes: 91
Cordoue: 120
Cornély (saint): 204
cornique: 216
Corogne: 63
Cot: 188
Côte-d'Or: 68, 187
Cratander: 25
Crémone: 104
Crète: 109
Crimée: 155
Crinesius: 216
Crispinus: 83
Croatie: 158, 219
Cruciger: 216
Cujas: 88
Cumberland: 65
Cunobel(l)inus, -bilinus: 96-100, 238, 259
Cupidon: 40
Cybèle: 66

Daces: 98
Dalmatie: 48, 64, 158, 219
Damas: 110
Damascius: 110, 124
Damona: 68
Danckerts: 262-64

Danemark: 37, 45, 162, 169, 181, 185, 229
Daniel (Glyn): 97, 248
Daniel (le P.): 66, 189-194, 198, 203
Danckerts: 136
David: 193
Davies: 38, 50, 62, 78, 99, 192, 239
Débora: 130, 218
Decebalus: 98
Decima: 58
De Laet: v. Laet
Delphes: 79, 86
Denis (saint): 19
Dercéto: 67
Descartes: 180, 208, 227
De Smet (Bonaventure), Desmet, Vulcanius: v. Smet
De Smet (Martin), Desmet: v. Smet
Deva: 223
Deyts: 68
Diane: 28, 51, 137, 147-49, 174-77, 184, 264
Dickinson: 79
Diderot: 233-34
Didon: 110
Die: 224
Dijon: 47, 213
Diodore de Sicile: 11, 116, 239
Diogène Laërce: 20, 77, 130
Dioscoride: 89
Dioscures: 116
Disartes: 118
Divonne: 223
Domburg: 135-36, 148, 155, 171, 177
Domitien: 19

Dordrecht: 147
dorien: 112
Douchet: 219
druides, -isme: 11, 18-20, 26, 39, 57, 63, 72-79, 86, 124, 126-35, 142, 147, 177, 184, 191-92, 200, 209-14, 218, 225, 237-39, 243, 252
Druydis: 72
Du Bellay: 24
Dublin: 216
Du Cange: 221, 225
Duclos: 214
Du Deffand: 236
Du Jon: v. Junius
Du Mège: 92, 95, 119
Durant de Bréval:
Dürer: 24
Dupuis: 149
Duval: 55, 64, 196
Du Verdier: 26

Eckhart, Eccard: 189, 192-93, 206-7, 209- 11, 217, 227, 238
Edda: 171
Éduens: 125
Egmunda: 166
Égypte: 20-22, 27, 30, 40, 43-45, 66-67, 86, 152, 174, 178-79, 212, 220, 244
Ehrard: 213, 245
Eif(f)el: 165
Elohim: 178
Elseneur: 35
Emerica: 167
Encyclopédie (de Diderot et d'Alembert): 109, 213, 219, 228, 234, 237-39, 243-45, 248

Endovellicus: 182, 239
Énée: 13, 123-25
Énéide: 110, 120
Éole: 142, 222
éolien: 104, 112, 155
Épire: 123
Epona: 51
Erda: 178
Érasme: 22
Éric: 209
Erriape: 92
Escaut: 136, 147, 165, 183-84
Eschile: 109
Esclavon: v. Slaves, slavon(ique) (langue).
Esculape: 137
Espagne: 9, 27, 46, 62, 65, 107, 119, 135, 239, 248
Essenberg: 143, 166, 222
Essex: 96
Estienne: 93, 104, 146
Éthiopie: 179
Esus: v. Hesus
Eusèbe de Césarée: 110
Éthiopie: 20, 76
étrusque: 211-12 – V. toscan (ancien)
Eure: 223
Évhémère: 110-11
Évry: 193, 222
Évreux: 190

Fabri de Peiresc: v. Peiresc.
Fabricius (Georg): 113-5
Fabricius (Johann Alb.): 205
Fauchet: 31, 40, 230
Faune: 205
Faunus (mont): 218
Félibien: 191
Ferrare: 27

INDEX

Festus: 87, 106, 145, 200
Fevret de Fontenette: 244
Finlande, finnois: 146, 159
finno-ougrienne (famille): 162, 208
Flaccus: 174
Flandre, flamand: 38, 73, 81, 97, 108, 115, 138-59, 169-78, 183-84, 199, 222, 234-35 – V. néerlandais
Flaubert: 218
Flavius Josèphe: 151
Flavius Vopiscus: 101
Flessingue: 148, 176, 184, 222
Foix (pays de): 43
Fontenelle: 240
Forcadel: 72
Fortuna: 69-70, 137, 256
Fourvière: 57
Fraise: 71, 222
Framont: 222
France, français: 151, 156, 162, 168-69, 197, 203, 210-11, 219, 222, 230-38, 242-44
Francion: 13
Francs, francique: 13, 74-75, 83, 144-45 – F. Saliens: 141, 147
Frea, Freia, Freya, Frigga: 32, 154, 239-40
Frégédaire: 13, 16
Freher: 165
Freia: v. Frea
Fréjus: 140
Fréret: 10, 39, 203, 238-39, 245
Freya, Frigga: v. Frea
Frisons: 35

Fro (dieu): 20

Galatea: 24
Galates: 51, 144
Galice: 63
Galle, -lé, Gallaeus: 183, 220, 265
Galles (pays de), gallois: 38, 49-50, 62, 78, 98, 192, 196, 202, 207, 231, 234
Gargon: 176-77
Garonne: 92, 96
Gassendi: 229
Gay: 236
Gaza: 139
Gelenius: 94
Gênes: 195
Genève: 43, 115
Gérion: 23
Gérone: 65
Gètes: 74
Giraldi, Gyr-: 27-30, 118, 220
Glanum: 64
Glibolus: 118
Gliozzi: 76
Golius: 159
Goltzius: 103
Gomer: 130-31, 151
Gorp (van), 73, 78-79, 93, 130, 152, 210, 235
Gosselin: 33, 51
Gossiaux: 221, 241
Goths, got(h)ique: 45, 62, 65, 74-76, 98, 151, 155, 164, 169-70, 221, 229, 235
Gottiso: 98
Goupil: 89
Grafton: 104-5, 152
Grand-Saint-Bernard: 224

Grande-Bretagne: v. Britanniques (peuples)
Granvelle: 85
Grèce, Grecs, grec: 10-11, 15-17, 23-26, 30, 37, 39, 48, 51, 60-63, 66, 72, 79, 87-89, 94, 96-97, 104-6, 109-12, 115- 16, 121-25, 129-30,138-47, 151-55, 158, 161, 164, 172, 177-79, 184, 187, 194-98, 201-2, 208, 210, 237-40, 246
Greenhalgh: 50, 234
Grégoire de Rostrenen: 245
Grégoire de Tours: 56, 199
Grell: 36, 210, 214, 244
Gréoux-les-Bains: 223
Grès, Grèzes: 224
Grimani: 81-84
Grimarest: 189, 203
Groningen: 148
Gronov: 150
Grotius: 45, 76, 160, 210
Gruter: 53-55, 64, 69-71, 82-85, 90, 94- 95, 102-4, 119, 132, 140, 148, 165-66, 177
Gryphe: 88
Guadalquivir: 143
Gude: 161-63, 167
Gueldre: 143
Guignes (de): 244
Guerre des Gaules: 14, 18
Gundestrup (bassin de): 33, 196, 204

Hachenberg: 38
Hadrien: 85-86
Haeg-Emmerick: 143
Hagenbuch: 142
Hallowell: 23, 24
Halma: 178, 183-85
Hannibal: 43
Harderwyck: 35
Haarlem: 183
Haringvliet: 184
Hébreux, hébreu: 38, 41-42, 79, 109, 119- 22, 130, 149, 176-84, 200, 209, 216-22, 242
Hector: 123
Heidelberg: 53, 104, 115
Heinsius: 150, 162
Hel: 110, 124
Helenus: 123-24
Helle-voet: 184
Hellewoutsdijk: 184
Helmold de Bosau: 113
Helmstedt, -stat: 189
Helvétius: 240
Hensel: 221
Hercule: 15, 95, 116, 135, 174, 177 – H. Gallique: 22-25, 28, 43, 212 – H. Magusanus: 170, 176, 183, 199, 265
Hermes: 23, 42 – H. Trismégiste: 20, 24
Hérodien: 83, 89, 112, 120
Hérodote: 159, 174, 205
Herold: 31, 75
Hertha: 178
Hertum: 106
Hervarar (saga de): 62, 65, 206, 273
Hervás: 248
Hesus: 28, 35, 39-43, 51, 195-200, 209- 14, 238, 243-45
Hesychius: 44, 95, 109
Heurne (van), -nius: 131
Hibernie: v. Irlande

Hickes: 169
Histoire Auguste: 101-2
Hobbes: 216-17, 226
Hogmius: v. Ogmios
Holbein: 24
Hollande: 35, 97, 137, 151, 158, 162, 170- 80, 183-85, 222
Holstein (duc de): 162
Homère: 15, 143, 153
Hongrie: 105, 107, 113, 158, 219
Horn: 221
Hotman: 31
Huath: 35
Huet: 42, 44-46, 189, 205
Huygens (Constantin): 137-40, 155, 184
Humboldt (von): 221
Huysmans: 128
Hyères: 195

Iapetus: 22
Ibères: 154, 239
Ihre: 170-71, 221
Illyrie: 101, 158, 219
Inde: 20, 130, 174, 244
indo-européen, hypothèse i.-e.: 157, 161, 168, 219, 230-31, 234 – V. Scythes, scythique (hypothèse)
Innocent VIII: 83
ionien: 104
iranien: 219, 234
Irlande, -dais: 37, 194, 196, 202, 204, 216
Isaïe: 126
Isidore de Séville: 16-17, 34, 102, 111, 145, 152, 192
Isis: 66, 95, 116, 176-78
Islande: 62, 157, 169-71, 229
Istrie: 48
Italie: 82, 123, 162, 222, 237
Ivry: 193

Jacob: 130
Jacoby: 153
Janus: 73, 98-99
Japhet: 15, 130, 151
Jaribolo: 182
Jaucourt: 237, 243-44
Jean (saint): 177
Jean d'Outremeuse: 14
Jephté: 218
Jérôme (saint): 111, 144
Jésus-Christ: 200, 212
Jonas, Jonsson: 169, 229
Jones: 219
Jordanes, -nandes: 152
Josué: 130
Journal des savants: 188
juifs: 11, 44, 131, 211, 218, 227 – V. Hébreux, hébreu, etc.
Julien (empereur): 30, 206-7, 244
Julien de Brioude (saint): 199
Juliers: 63-64, 165-67
Jullian: 203
Junius (François J. l'ancien, François J. le jeune): 104-6, 169
Junon: 60, 116, 118
Jupiter: 18, 19, 26, 37-41, 44, 82, 116, 174, 187, 195-97, 202-3, 207, 211, 224, 243-45 – J. Brontaios: 37, 50 – J. Clitumnus: 132 – J. Poeninus: 224 – J. Taranucus:

48 – J. Tarpéien: 198 – J. Tonans: 37, 50

Kaiserslautern: 180
Kampen: 82
Katwijk: 184
Keys(s)ler: 32, 55, 61-65, 147-50, 154, 164-71, 206, 229, 237, 253, 267, 273
Kiel (van), Kilianus Dufflaeus: 160
Kircher: 117
Kukenheim: 93

Labienus: 90-91, 260-61
Lacédémone: 125
laconien: 112
La Croze: 8, 189, 203-5
Lactance: 18, 28, 110
Laërte: 142
Laet (De): 160
Lafitau: 245
La Haye: 175
La Loubère: 45
Lambarde: 97
Laming-Emperaire: 228-32, 239, 246
Langres: 68-71, 256
Languedoc: 56
La Peyrère: 220, 229
Larboust (vallée de l'): 94-95
Lascaris: 139
Latins, latin: 11, 24, 36-39, 50, 55, 60-63, 69, 75, 102-6, 115-16, 120-21, 129-30, 141, 145, 149-57, 168-72, 176-79, 182, 194-99, 207, 234-35, 240 – V. Romains
La Tour d'Auvergne: 218
Lavagne: 187

Le Brigant: 218-19
Le Comte: 26
Leeuwen (van): 171, 175-76
Leibniz: 8-9, 32, 38, 44, 62, 83, 106, 119, 157-62, 188, 192, 200-209, 217-19, 224-27, 235, 245, 273
Leland: 97
Lelong: 244
Lemaire de Belges: 15-17, 24
Le Pelletier: 219
Léricée: 195
Leroux Deshauterayes: 244
Le Roy: 191-96, 199, 209
Lescalopier: 43-44, 129, 200
Leusden: 180
Lévi: 44
Leyde: 53, 101, 105, 111, 136, 150, 154, 159, 163, 170, 175, 180
Lhuyd, Llwyd (Humphrey): 97
Lhuyd, Llwyd (Edward): 215-17
Liburnie: 48
Liège: 14, 165
Ligurie: 195, 224
Lille: 145
Lindenbrog: 31, 75
Lipse: 54, 85, 94, 148, 154, 227
Lisseweg: 148, 222
Litavis: 68
Liverpool: 49
Livie: 165
Lobineau: 191
Locke: 216-17, 226, 240
Loiret: 68
Lombards: 45, 146
Londres: 98
Lorraine: 54, 70, 257

Louvain: 85
Luc (saint): 128
Lucain: 11, 19, 26-29, 33, 51, 131, 196, 252
Lucanie: 104
Lucien de Samosate: 22-25, 197
Lucine: 60-61
Lug: 37
Lugdus: 16
Lybie: 23, 27
Lydius: 147, 171-75, 185
Lyon: 37, 52, 56-57, 62, 64, 87-88, 102, 225, 255

Mabillon: 69
Magliabecchi: 162, 189, 203
Magnus: 229
Magog: 151
Maia: 68
Maichin: 121
Malachbelus: 118-19
Malaga: 143
Mâlain: 68
Maldon: 96, 222
Malebranche: 226
Mambré: 212
Man (île de): 97
Mannus: 21
Marie: v. Vierge M.
Marliani: 14
Marne: 223
Mars: 19, 27, 33, 36, 39-43, 68, 116, 141, 154, 197-200, 209-11, 223
Marseille: 22, 27, 143, 195, 224
Martin: 55, 59-63, 69-71, 79, 107-8, 191, 197, 210-12, 218, 245, 257

Martres-Tolosane: 95
Mas: 212
Masius: 117
Matrona: 223
Maunoir: 192
Mavilly (pilier de): 33, 187
Maximin Ier: 82-84
Mayence: 68
Mecklembourg: 117
Meillet: 230
Meisner: 180
Melpomène: 102
Mémoires de Trévoux: 188
Ménage: 31, 73, 145, 162, 221, 225, 236
Ménapiens: 144, 181
Ménestrier: 56-60, 193, 225
Ménophile: 83
Mercure: 19, 21-24, 28-47, 68-70, 82, 102, 135, 198-99, 211, 222, 227, 245, 256- 58 – M. Cissonius: 47, 256
Metz: 46, 52, 54, 58-59, 222, 254
Meurisse: 47
Meurthe: 203
Meuse: 162-63
Mexique: 44
Meysonnier: 57
Middelburg: 136, 147, 182
Milan: 163
Minerve: 19, 39, 51, 102, 173-74, 198 – M. Tritonia: 67
Minucius Felix: 28, 110, 165
Miraeus: 87
Mithra: 101, 121, 129
Moersen: 143
moeso-gothique: 49
Moïse: 44, 205, 218

Molnar: 106
Moloch: 119
Mona (île de): 97
Monboddo: 247
Montaigne: 27
Montfaucon: 47, 55, 69-71, 94, 122, 135, 190, 223, 256
Mont-Joux: 24
Montmartre: 19, 41, 222
More: 22
Moreau de Mautour: 188, 190, 194-97, 202, 205
Moréri: 27
Moselle: 70
Munster: 156
Muratori: 69
Murcie: 46
Mursa: 143
Musée de Cluny: 7, 188
Myl (van der): 153

Naharvales: 116
Nancy: 70
Nanni: 15 – V. Annius de Viterbe
Neander: 112
Néerlandais, néerl.-: 73, 108, 138, 146-48, 151-52, 161, 175, 178, 185, 227
Nehalennia: 65, 67, 135-85, 219, 230, 237, 262-67
Nemetona: 68
néo-platonisme: 20
Neptune: 43, 116, 135, 174-76, 179, 182, 211
Neuilly: 193
Neumarkt: 113
New Grange: 216
Nicaise: 47

Nicéphore: 128
Nicolas: 12
Nil: 162
Nimègue: 65, 180-81
Nîmes: 64, 190
Ninus: 111
Noé: 15, 20, 36, 66, 130-31
Nona: 58
Nonius Marcellus: 145
nordique (ancien): 169
Noreen: 170
Norique: 105, 113, 118
Normandie: 190
Normands: 181
Notre-Dame de Paris: 7, 187
Noue (vallée de la): 92

Obodrites: 117
Odendorf: 166
Odenhausen: 166
Odin, Othin: 32, 154, 239 – V. Wodan
Oducia: 143, 222
Ogmios, -ius, Hogmius: 22, 25, 40-42, 135, 243
Olender: 217
Onoba: 120
Onuaua, Onvana: 42, 51
Orange (princes): 158
Orléans (duchesse d'): 189, 203
Ortelius: 34, 96-98
Osiris: 116
Otfrid: 74
Othin: v. Odin
Othon de Freisingen: 31
Ovide: 123, 174
Oxford: 48, 50, 96, 182

Pallas: 82

Palmyre: 118
Pamele: 115
Pamphylie: 124
Pan: 203, 205
Pannonie: 64, 101, 144
Paradin: 64
Parca: 58
Paris: 187-88, 191, 195
Parker: 77
Parques: 58-61
Parrhasie: 24
Paul Diacre: 30, 146, 227
Paul-Émile: 15
Pausanias: 44
Peiresc: 75, 99, 229-30
Pelloutier: 244-45
Penn: 203
Pen(n)e(s): 224
Pères de l'Église: 20
Périon: 17, 142
Perpignan: 43
Perse: 20, 27, 32, 45, 48-49, 101, 129, 151-55, 159, 219
Perse (auteur): 174
Petau: 69-71
Petit-Saint-Bernard: 224
Pezron: 33, 36, 79, 195-96
Pharamond: 223
Phébus: 86-87
Phénicie: 20, 42-44, 66-67, 110, 120, 174, 178-79, 183
– V. Carthaginois
Philenus Egnatius: 57
Philippe-Auguste: 13
Phocéens: 195
Phrygie: 20, 109, 119, 125, 152
Picard: 10, 17, 72, 79, 195
Piccart: 154
Pictor: 21, 27, 77

Pie II: 14
Pierre (saint): 126
Piggott: 20, 216, 236
Pighi(us): 53-54, 64, 81-85
pilier des nautes parisiens: 135, 187-210, 269
Pithou, P.: 29-31, 33, 87, 114-18, 122, 198, 234
Pithou, Fr.: 31, 75, 112
Plantin: 85, 153
Platon: 36, 42-43, 131, 241
Pline: 40, 66, 72, 97, 132, 192, 210
Pluche: 228
Plutarque: 51, 66, 116
Pluton: 30, 137
Politien: 83
Pollux: 116, 199, 223
Pomian: 16, 18
Pomone: 67, 139, 149, 185
Pompée: 90
Pomponius Mela: 11, 25, 131, 194
Pontanus: 35, 72, 74, 143, 145, 199
Ponthoise: 19
Port-Royal: 226
Portugal: 143
Postel: 20
Postverta: 69-70, 257
Potentien: 126
Pougens: 136, 139, 149-50, 165-71, 183
Powell: 98
Prasch: 39
pré-adamisme: 220-21
Presles, de: 18-19, 141
Priam: 123
Priape: 41, 111
Prichard

Prideaux: 49-50, 234
Procope: 164
Prométhée: 111
Provence: 14, 224
Psammétique: 152
Psaumes: 183
Pyrénées: 91, 119
Pyrrhus: 123-24
Pythagore, -ricien: 20, 117, 131
Python: 123

Queneau: 219
Querelle des Anciens et des Modernes: 189-90, 243
Quintilien: 102, 122

Rangone: 27
Raphael: 24
Rask: 248
Ravisus Textor: 20
Ravlenghien, Rapheleng, -gius: 153-54
Re (del): 85-86
Reichenau: 22
Reinach: 28, 204
Reinesius: 8-9, 54, 64, 85, 95, 102-3, 119, 130-33, 178-83, 220
Remus: 16
Rhéa: 39
Rhétie: 143
Rhin: 142, 162-66, 234
Rhumaneim: 63-64
Rigord: 13
romance (langue): 145
Rome, Romains: 10, 13-14, 24-27, 31, 35, 37, 40, 49, 66-70, 82, 92, 96, 98, 101-2, 118-25, 131, 137-39, 144-45, 149-50, 158-61, 166-67, 171-77, 181, 183, 187- 88, 199, 227, 235, 245-46
Roompoot: 147, 222
Rosmerta: 67-71, 257-58
Rouen: 115
Rouillard: 127-29
Rousseau: 247
Rudbeck: 169
runique: 169
Ruprecht: 154
Russie: 49, 152
Rycke: 107, 125

Sabins: 195
Sablon: 125-26
Saint-Aventin: 92, 94
Saint-Barthélemy (la): 244
Saint-Béat: 95
Saint-Bernard: v. Grand-Saint-Bernard, Petit-Saint-Bernard
Saint-Évremond: 243
Saint-Pé: 94
Saint-Rémy-de-Provence: 64
Saleheim: 141
Saliens (Francs): 31, 141, 147
salique (loi): 141
Salomon: 128
Samanéens: 130
Samarie: 212
Samothes: 15-16
Sanchoniathon: 42, 120
Sannazaro: 87
sanskrit: 95, 219
Saone: 58
Sarmiento: 248
Saturne: 39, 110-11

Saumaise: 9, 101-4, 139-40, 150-51, 155, 162, 171, 180, 230, 234
Savile: 96
Savinien: 126
Savoie: 224
Savorgnan: 84
Saxe, Saxons: 27, 31, 38, 77, 96-97, 101, 113-16, 156, 177, 234, 259
Scaliger (Joseph): 9, 51, 86, 88-96, 100- 101, 104-6, 109-10, 120, 146, 154, 179
Scaliger (Jules-César): 93
Scandinavie: 76, 144, 146, 169, 206, 221, 228, 235
Schede: 32, 120, 129, 149, 154, 237, 252
Schenck: 91, 96
Schickard: 180
Schnapp: 40, 57, 97, 218, 228-31, 235
Schottel: 73, 208, 235
Schönleben: 125
Schouwen: 156
Schrieck (van): 153, 156, 175, 185
Schultingh: 180
Schryver, Schrijver, Scriverius: 137, 158
Scipion: 47
Scythes, scythique (hypothèse): 27, 63, 152-62, 176-82, 202, 220-22, 230-31
Sein (île de): 25, 194
Seine: 192, 194, 203
Selden: 42, 66, 109, 111, 182, 220
Sem: 130

Sémites, sémitique(s) (famille, langue): 119, 218 – V. hébreu, phénicien, etc
Semni, -nothei: 130
Senanus: 195
Sennert: 180
Sénons: 52
Sens: 126
sensualisme: 247 – V. Locke
Septante: 220
Septime Sévère: 64
Sérapion: 30
Serapis: 30
Serments de Strasbourg: 14, 165
Servius: 61, 110, 124, 199
Seznec: 21, 28, 41, 110-11
Shakespeare: 26
Sheringham: 78
Siam: 45
Sibenik: 48
Sigovèse: 14
Simeoni: 90-91, 260-61
Sion: 44, 70-71, 257-58
Sirmium: 101
Sirona: 68
Slaves, slavon(ique) (langue): 49, 94, 114, 116, 159, 201
Slovénie: 123
Smertrios: 68, 199
Smet (Bonaventure De), Desmet, Vulcanius: 74
Smet (Martin De), Desmet: 53-54, 64, 94, 165
Smetius: 180
Someren (van): 149
Somner: 77
Soulosse:
Spelman: 75-76, 210, 221

Spon: 9, 47-48, 53, 65, 118, 223-24, 231- 32
Stonehenge: 213, 237
Strabon: 11, 14, 142-43, 159
Stukeley: 213, 237
Suède: 38, 76, 169-70, 221, 228, 234-35
Suétone: 99, 211
Süssmilch: 219
Syrie: 21, 43, 66, 109-10, 118, 182-83, 193, 220, 240 – V. Assyrie.

Tacite: 14, 21, 26, 34-36, 65, 97, 106-7, 116, 142-43, 148, 162-66, 195, 198, 201, 222, 227
Taillandier: 219
Taillepied: 39-41
Tanfana: 65
Taranis, -mis: 28, 37-44, 48-51, 207, 209, 227-28, 234, 238, 243-45
Tartares: 158-59, 219
Tatien: 74
Tenctères: 198
Tertullien: 28, 105, 110, 113-18, 140
Teutanis: 21
Teutates: 28-30, 33-36, 39-46, 202, 220, 238, 244-45, 256
Teutl: 44
Teutobochus: 45-46, 98
Teutomarus: 98
Teutons: 35-36, 45, 202
Teves: 45
Theodobald, -domann: 46
Théodoric: 151
Théodose: 31
Thomas: 142, 165

Thomassin: 121-22, 215-17, 222, 236
Thor: 20, 50, 203
Thot, Theut(us), Thouth: 22, 29, 36, 42-45, 220
Thou (de): 27
Thuiscou: 202 – V. Tuisco
Tibère: 98, 165, 187
Tibre: 132, 162
Tiis: 45
Timmermans: 219
Titans: 36
Tite-Live: 14, 46, 202
Tivoli: 85
Toland: 213-14
Torre, della: 8, 83, 117, 120-24
Tory: 22, 24, 25
toscan (ancien): 243 – V. étrusque.
Toulouse: 92
Tournai: 45, 145, 176, 190, 268
Tournemine: 32
Tourneur: 216
Tout: 45
Toxandres: 181-82
Trèves: 144, 196
Trinobantes: 99
Trippault: 10, 17, 142
Tritonia: v. Minerve
Troie, Troyens: 13-17, 110, 123-25, 143- 44
Trophime (saint): 41
Tübingen: 180
Tuisco, -to, -tio, Thuiscou: 21, 36, 45, 202
turco-tartares (langues): 159
Turgot: 109, 216, 241, 248
Turmair: 46

Turnèbe: 88, 201
Tyrol: 113

Ulisi: 143, 222
Ulisippo: 143.
Ulphilas: 49, 65, 235
Ulpien: 198
Ulysse: 117, 142-43, 146, 148, 166, 222
Uppsala: 62
Ura: 223
Usscher: 220
Utrecht: 158, 163, 180, 221

Vacalli: 63, 165-67
Vachlendorf(f): 63-64, 165
Vahal(is): 161-63 – V. Waal
Vaison: 62
Valognes: 190
Valois (de): 221, 225
van Gorp, van Kiel, etc.: v. Gorp, Kiel, etc.
Vandales: 32, 45, 76, 118
Vannes: 123
Varron: 58, 60, 102
Velia: 104, 222
Vel(l)eda: 107-8
Vénasque: 223
Vence: 223
Venise, -nétie, Vénètes: 81, 119, 123-25, 130
Vénus: 21, 32, 41, 96, 118, 154, 160, 239 – V. saxonne: 27, 251
Vercingétorix: 14
Verdon (vallée du): 223
Verelius: 62, 206
Vérone: 104, 222
Vesta: 66
Vico: 125, 208, 217, 227, 240

Vienne (Fr.): 62, 199
Vierge Marie: 62, 125-31, 138, 164 – V. noire: 125-29
Vinet: 87-89
Vintius: 223
Viot: 224
Virgile: 61, 110, 123, 174
Visigoths: 31
Vlisseg(h)em: 148, 222
Vlissingen: 148, 176, 184, 222
Volpilhac: 212
Voltaire: 218, 236, 240-44
Vossius: 9, 31, 42, 74, 106, 109-17, 131, 220-21, 234
Vredius: v. Wree
Vree (de): v. Wree
Vulcain: 195, 197
Vulcanius: v. Smet (Bonaventure De)

Waal: 162
Wachtendonk: 64
Wachter: 168, 221
Walcheren: 140, 147, 155, 173, 176, 182, 184-85, 262-64
wallon: 231
Westkapelle: 176
Westminster: 96
Westphalie: 156
Wielingen: 184
Winand: v. Pighius
Wittenberg: 179
Wittich: 180
Woda, -dan, -tan, Wondam, -stam: 30, 32, 154, 227, 239
Worm: 169, 229

Wree (de): 141-48, 164, 176, 178, 181, 266
Wynants: v. Pighius

Xanthen: 143

Yvon: 213

Zélande: 135, 137, 142-44, 148, 156, 159-62, 166, 172, 175, 179-81, 184, 219, 222, 262-64
Zierickzee: 148, 156, 222
Zobell: 180

TABLE DES MATIÈRES

INTRODUCTION 7

CHAPITRE I.
LA DÉCOUVERTE DU PANTHÉON CELTIQUE .. 13

   1.   LA CONSTITUTION DE L'ARCHIVE .. 13
   1.1. L'ÉMERGENCE DE L'IDENTITÉ
        GAULOISE 13
   1.2. L'OUVERTURE AUX MYTHOLOGIES
        NON CLASSIQUES (XIVe-XVIe S.) 17
   1.3. L'HERCULE GALLIQUE 22
   1.4. LES PREMIÈRES GALERIES
        DE DIEUX GAULOIS (1548-1565) 25
   1.4.1. GIRALDI 27
   1.4.2. PITHOU 29
   2.   LES FIGURES MAJEURES 33
   2.1. TEUTATES 33
   2.2. TARANIS 37
   2.3. GAULE, FILLE D'ORIENT 39
   2.4. NOMS DE LIEUX,
        NOMS DE DIEUX 46
   3.   L'ÉTYMON DES DÉESSES 51
   3.1. LES DÉESSES-MÈRES DE METZ
        ET DE LYON 52
   3.2. PARQUES,
        ACCOUCHEUSES, CONCUBINES ? ... 58
   3.3. DÉESSES TOPIQUES :
        TOPONYMIE ET FOLKLORE 63
   3.4. ROSMERTA L'OCCULTÉE 67
   4.   DU NOM DES DRUIDES 71

CHAPITRE II
BELENUS 81

1. UN TOURISTE FLAMAND À VENISE . 81
2. JOSEPH SCALIGER, OU
   LES FONDATIONS DE LA CRITIQUE .. 86
2.1. BELENUS EN AQUITAINE 86
2.2. BELENUS EN AUVERGNE 90
2.3. BELENUS ET ABELLIO 91
3. CAMDEN :
   LA LEÇON D'ONOMASTIQUE 96
4. SAUMAISE ET LA PHONÉTIQUE
   DES INSCRIPTIONS 101
5. V/B/M : DE LA PERMUTATION
   DES LETTRES 104
6. VOSSIUS 109
6.1. ÉVHÉMÉRISME
   ET HYPOTHÈSE ORIENTALE 109
6.2. LE «DIEU NOIR»,
   DE L'ÉCRIT A L'ORAL 113
6.3. VARIATIONS SUR LE DUALISME
   MYTHOLOGIQUE 115
7. L'HYPOTHÈSE ORIENTALE 119
8. L'HYPOTHÈSE TROYENNNE 122
9. NOTRE-DAME-DE-SOUS-TERRE :
   UNE PHILOLOGIE DU RELIGIEUX ... 125
9.1. UNE VISITE À LA CATHÉDRALE
   DE CHARTRES AU XVIIe SIÈCLE 125
9.2. L'ANNONCE GAULOISE FAITE
   À MARIE 128

CHAPITRE III
NEHALENNIA 135

1. PREMIERS DÉBATS 137
2. LUNE GRECQUE OU FLAMANDE ? ... 140
2.1. DE WREE : SE LIBÉRER D'ULYSSE ... 140

2.2.	BLANKAART : LA PHONÉTIQUE À L'APPUI DE DIANE	147
2.3.	ALTING : POUR UNE LUNE BATAVE ..	148
3.	DIEUX D'EAU	149
3.1.	BOXHORN : L'INVENTION DE LA GRAMMAIRE COMPARÉE	150
3.2.	GUDIUS ET LA WAAL	161
3.3.	KEYSLER : DES NYMPHES OU *NEHAE*	164
3.4.	MONSTRES MARINS ET PROGRÈS DE LA GERMANISTIQUE	168
4.	NEEL OU ISIS ?	171
4.1.	LYDIUS : LE TRIOMPHE DU DIALECTE	172
4.2.	VAN LEEUWEN : L'ARCHIVE ANTHROPONYMIQUE ...	175
4.3.	GARGON : ISIS FLAMANDE	176
5.	LA RÉACTION PHILOSÉMITIQUE	178
5.1.	REINESIUS : UN HÉBREU DE FER	178
5.2.	BRAUN : QUAND L'ASIE PEUPLAIT LA ZÉLANDE	180
5.3.	GALLE : L'ÉCHO DES ÉCRITURES	183
6.	HALMA : VERTIGE ET SCEPTICISME .	183

CHAPITRE IV
LE PILIER DES NAUTES PARISIENS 187

1.	L'OR DES DRUIDES	190
2.	PERSISTANCE DU CELTHELLÉNISME	194
3.	SUR HESUS	198
4.	LEIBNIZ : L'ALLEMAGNE AVANT TOUT	200
5.	CERNUNNOS : LA FABRIQUE DE LA LANGUE	203
6.	TRIOMPHE DE L'HARMONIE	207
7.	DRUIDISME ET DÉISME	210

CONCLUSION
LINGUISTIQUE ET ARCHÉOLOGIE
EN PERSPECTIVE 215

    1.   UNE CONTRUCTION LINGUISTIQUE
         EUROPÉENNE 217
    2.   MÉMOIRES DU TERRAIN 222
    3.   PENSÉE SAUVAGE
         ET PENSÉE DE LA LANGUE 225
    4.   TEXTE, OBJET, ORALITÉ 228
    5.   UN NOUVEL ÉTYMOLOGISME 236
    6.   LE GAULOIS
         ET L'ANTHROPOLOGUE 242

ILLUSTRATIONS 249

BIBLIOGRAPHIE 275

INDEX 299

Mise en pages:
Atelier Perrin – CH-2014 Bôle

Impression:
Imprimerie Slatkine – CH-1279 Chavannes-de-Bogis

Avril 2002